新时代美育通识课系列教材
新形态一体化精品教材

大学美育

主　编　何　斓　吴清伙　李正心
副主编　詹其仙　郑玉香　陆　晨　何露茜　李巧燕
参　编　陶湘辉　李梦晴　肖晓梅　严　妍　刘　畅
殷文骏　陈永裕

西安交通大学出版社
XI'AN JIAOTONG UNIVERSITY PRESS

图书在版编目（CIP）数据

大学美育 / 何斓，吴清伙，李正心主编. -- 西安：西安交通大学出版社，2025. 3. -- ISBN 978-7-5693-3890-4

Ⅰ. G40-014

中国国家版本馆CIP数据核字第2024DJ1704号

书　　名　大学美育
　　　　　DAXUE MEIYU
主　　编　何　斓　吴清伙　李正心
责任编辑　魏照民
责任校对　王建洪
封面设计　任加盟

出版发行　西安交通大学出版社
　　　　　（西安市兴庆南路1号　邮政编码710048）
网　　址　http://www.xjtupress.com
电　　话　（029）82668357　82667874（市场营销中心）
　　　　　（029）82668315（总编办）
传　　真　（029）82668280
印　　刷　陕西印科印务有限公司

开　　本　787 mm × 1092 mm　1/16　印张　16.25　字数　441千字
版次印次　2025 年 3 月第 1 版　2025 年 3 月第 1 次印刷
书　　号　ISBN 978-7-5693-3890-4
定　　价　59.90元

如发现印装质量有问题，请与本社市场营销中心联系。
订购热线：（029）82665248　（029）82667874
投稿热线：（029）82668133

前言

PREFACE

美育包含了审美教育、情操教育和心灵教育，是提升个人审美素养、陶冶情操、温润心灵、激发创新创造活力的重要途径。在当今社会，美育不仅是个人全面发展的重要组成部分，也是培养新时代社会主义建设者和接班人的重要手段。

近年来，中共中央办公厅、国务院办公厅、教育部以及相关部门，多次印发关于加强和改进高等学校美育工作的文件，对新时代高校美育改革发展提出明确要求，使高校美育工作有据可循、有规可依，为构建德智体美劳全面培养的教育体系，形成更高水平的人才培养体系提供了重要保障。2019 年，教育部发布了《关于切实加强新时代高等学校美育工作的意见》，表明学校美育是培根铸魂的工作，提高学生的审美和人文素养，全面加强和改进美育是高等教育当前和今后一个时期的重要任务。2020 年，中共中央办公厅、国务院办公厅印发了《关于全面加强和改进新时代学校美育工作的意见》，指出学校美育是立德树人重要载体，要全面深化学校美育教育综合改革，坚持德智体美劳五育并举，加强各学科有机融合，形成开放高效的学校美育教育新格局。2023 年，为深入学习贯彻习近平文化思想和党的二十大精神，进一步加强学校美育工作，强化学校美育的育人功能，教育部印发了《关于全面实施学校美育浸润行动的通知》，首次提出以美育浸润学生、以美育浸润教师、以美育浸润学校三个层面的任务，将全面实施学校美育浸润行动列入教育强国规划纲要，作为教育强国建设的重大工程。

根据中共中央办公厅、国务院办公厅及教育部的文件精神指示，大学美育已成为我国当代高等教育的重要组成部分，在德智体美劳全面发展的人才培养方面发挥着重要的引领作用。其中教育部文件鼓励高校将美学、艺术学课程纳入公共课程体系，并把公共艺术课程与艺术实践纳入学校人才培养方案，实行学分制管理，学生修满公共艺术课程 2 个学分方能毕业。高等院校需开齐、开足、上好美育课，严格落实学校美育课程开设刚性要求，不断拓宽课程领域，逐步增加课时，丰富课程内容。本教材以上述文件精神为指导，坚持马克思主义指导地位，扎根中国，融通中外，体现国家和民族基本价值观，格调高雅，凸显中华美育精神，充分体现思想性、民族性、创新性、实践性，并根据高校学生特点和身心成长规律，围绕课程目标，精选教学素材，丰富教学资源。本教材共有十二章内容，以第一章大美无言为统领，以自然美、社会美和艺术美为三大主线，之后分章展开汉字之美、文学之美、绘画之美、音乐之美、舞蹈之美、戏曲之美、摄影之美、影视之美、建筑之美等专门论述。本课程教材并不是单纯的某一类艺术作品欣赏课教材，而是承载着中国文化精神的“大美育”综合通识课程教材，是跨学科、多元的艺术综合人文素养课程教材，所有章节围绕大学美育核心目标展开。本教材体现了以下三大功能：

一是注重育人，即通过美感教育来促进人的全面发展。教材通过丰富的案例和实践活动，帮助学生更好地理解和体验美育的魅力和价值。如在讲解审美案例时，注意结合多个审美要素，常用诗、书、字、画等集合反映某一美学现象，不仅关注学生的单项审美能力和审美素养的提升，更致力于通过综合审美教育来陶冶学生的情操，温润他们的心灵，激发他们的创新创造活力。这种育人理念体现了美育的深远影响和独特价值。

二是注重陶冶“美好心灵”。本教材以大量国内外知名艺术作品为例，充分展示了艺术创作的情感表达，培养大学生热爱自然、热爱生活的情操，激活大学生的创造性思维和能力。这不仅仅是对学生审美能力的提升，更是对他们内在精神世界的塑造和情操的升华。通过引导学生发现美、感受美、欣赏美和创造美，帮助他们形成正确的审美观和价值观，进而塑造他们高尚的人格和崇高的品质。这种对“美好心灵”的培养，是大学美育的重要使命和终极目标。

三是课程内容与传承和发展中华优秀传统文化密切相关。本教材以中华优秀传统文化传承发展和艺术经典教育为主要内容，通过让学生学习和体验中华优秀传统文化的魅力，增强他们的文化自信心和民族自豪感。这种文化传承与创新的精神，也是大学美育不可或缺的一部分。

综上所述，本教材致力于对学生审美能力和审美素养的提升，也包括对他们内在精神世界的塑造和情操的升华，还包括对中华优秀传统文化的传承和发展，同时注重在各类美育实践中不断探索和创新，以更好地发挥美育在高等教育中的独特作用和价值。

本教材在编写过程中参考了一些相关资料、教材与专著，在此衷心向各位专家和学者表达诚挚的谢意。福建农业职业技术学院美育教研室全体成员参与了本书的编写工作，特向各位编者致以谢意。此外，由于编写时间较为仓促，难免有疏忽之处，还请读者批评指正，以便及时修正，不断创新。

编者

2024 年 6 月

目　录
CONTENTS

第一章　大美无言 ……………………………… 1

第一节　认识美 ……………………………… 4

第二节　美的教育 ……………………………… 17

第三节　美的实践 ……………………………… 24

第二章　自然之美 ……………………………… 27

第一节　自然美概述 ……………………………… 30

第二节　自然美的形态 ……………………………… 36

第三节　自然美的审美 ……………………………… 40

第三章　社会之美 ……………………………… 46

第一节　社会美的基本类别 ……………………………… 49

第二节　社会美的主要特征 ……………………………… 63

第三节　社会美的具体实践 ……………………………… 67

第四章　汉字之美 ……………………………… 75

第一节　汉字的起源 ……………………………… 78

第二节　汉字的演变 ……………………………… 80

第三节　汉字美的具体实践 ……………………………… 84

第五章　文学之美 ……………………………… 91

第一节　文学的定义与类别 ……………………………… 94

第二节　文学审美 ……………………………… 105

第六章　绘画之美 ……………………………… 111

第一节　绘画美概述 ……………………………… 114

第二节　绘画审美的特点 ……………………………… 117

第三节　绘画审美的方法 ……………………………… 119

第七章　音乐之美 …… 123
第一节　音乐和音乐审美 …… 126
第二节　声乐艺术之美 …… 129
第三节　器乐艺术之美 …… 140
第八章　舞蹈之美 …… 150
第一节　舞蹈美概述 …… 154
第二节　舞蹈的审美特征 …… 160
第三节　舞蹈审美的方法 …… 163
第九章　戏曲之美 …… 166
第一节　戏曲美概述 …… 168
第二节　戏曲审美的特点 …… 174
第十章　影视之美 …… 178
第一节　影视艺术的产生与发展 …… 180
第二节　影视艺术的审美特征 …… 188
第三节　影视名片欣赏 …… 199
第十一章　摄影之美 …… 205
第一节　摄影艺术之美 …… 208
第二节　摄影手法及审美 …… 215
第三节　摄影的分类 …… 227
第十二章　建筑之美 …… 234
第一节　建筑的含义与分类 …… 236
第二节　建筑审美方法 …… 238
第三节　中国传统建筑审美 …… 242
参考文献 …… 253

第一章　大美无言

导读

美何处寻？“归来笑拈梅花嗅，春在枝头已十分。”无论是梅花，还是春天，无论是植物美，还是自然美，都是美的。美具有宏阔天地，然而又有时间限定性。美随着时间流转周而复始，产生和消亡。不同时代、不同地域的人们会看到和感知不一样的美。有一点可以肯定，美能通过各种形式在生活中触碰我们的心灵，在历史中进行漫长的真实的传递。千百年来，人们对美的探索从未停止。正如法国著名艺术家罗丹（Rodin）所说：“生活中不是缺少美，而是缺少一双发现美的眼睛。”

枝上梅花初显春意

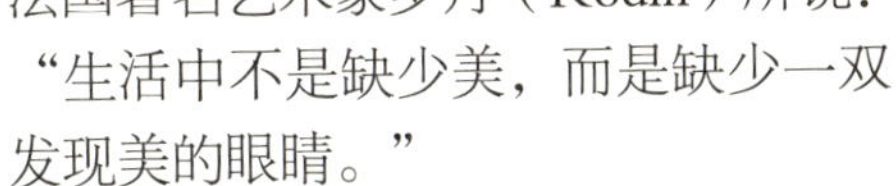

美不仅仅是一个简单的概念，它还可以有很多方面。美不只是抽象的理论，还是感性的欣赏及对人生的体验和感悟。凡是能感染人、愉悦人、激励人，对人类有益、有用，具有具体、鲜明的感性形象，被审美主体所感知的事物就是美的。

美是主观与客观的统一，美育是培养学生认识美、爱好美和创造美的能力的教育。美育必须凭借具体的形象才能进行，是一种以情动人的教育。美育能够提升人的精神境界，使人进入一种超越自我之见、超越功名利禄之境，获得幸福圆满；美育能够陶冶人的情操，使人的情感从弱转强，从薄变厚，给人的高尚行为以推动力。大学美育担当着培养人的全面和谐发展的功能，以马克思主义美学为指导，通过审美、创美实践活动帮助学生树立正确的审美人生观，培养德智体美劳全面发展的人才。美育几乎无处不在，课堂上的各种教学、课外的各种活动、日常生活、社会生活都是开展美育教育的途径。

学习目标

知识目标

1. 掌握美的含义与本质、特征与类型。
2. 了解中西方美学发展史。
3. 了解美育的产生与发展。
4. 掌握美育教育的任务与途径。

能力目标

1. 认识美的本质。
2. 培养审美能力。

素质目标

1. 增加认识美、感知美、体验美的自觉性。
2. 在正确理解美育教育意义的基础上，努力提升审美修养。

思政目标

1. 感悟中华传统文化之美。
2. 把握新时代之美，坚定文化自信。

美学欣赏

中国传统生活美学——诗意的栖居

孟夏草木长，绕屋树扶疏。
众鸟欣有托，吾亦爱吾庐。
既耕亦已种，时还读我书。
穷巷隔深辙，颇回故人车。
欢言酌春酒，摘我园中蔬。
微雨从东来，好风与之俱。
泛览周王传，流观山海图。
俯仰终宇宙，不乐复何如？

——（晋）陶渊明《读〈山海经〉·其一》

《读〈山海经〉·其一》是陶渊明隐居耕读时所写十三首组诗的第一首。诗的前六句向人们讲述初夏之际，草木茂盛，鸟栖居丛林而自有其乐，诗人寓居在绿树环绕的草庐，自寻其趣，耕作之余悠闲地读起书来。该诗突出安雅清闲、自然平和的情调，体现出世间万物，包括诗人，自身各得其所之妙。陶渊明用简朴清雅的表达，显现出他情感的精神价值和美学意味，并为“自然”“田园”赋予了新内涵，唤起了中国人对自然之态度的巨大潜能。著名诗词研究学者叶嘉莹说，陶诗看起来简单，其实并不简单。打个

比方来说，你所看到的太阳光是很简单的白色的光，但实际上那是由红、橙、黄、绿、青、蓝、紫七种颜色的光结合而成的。“日光七色，融为一白”，这恰好用来形容陶诗的风格。六百多年后，苏轼对陶渊明的诗歌几乎都做了“和诗”。而在宋后的书画家那里，陶渊明的诗文被反复摹写，在中国古代社会形成了陶氏精神与美学的蔓延。

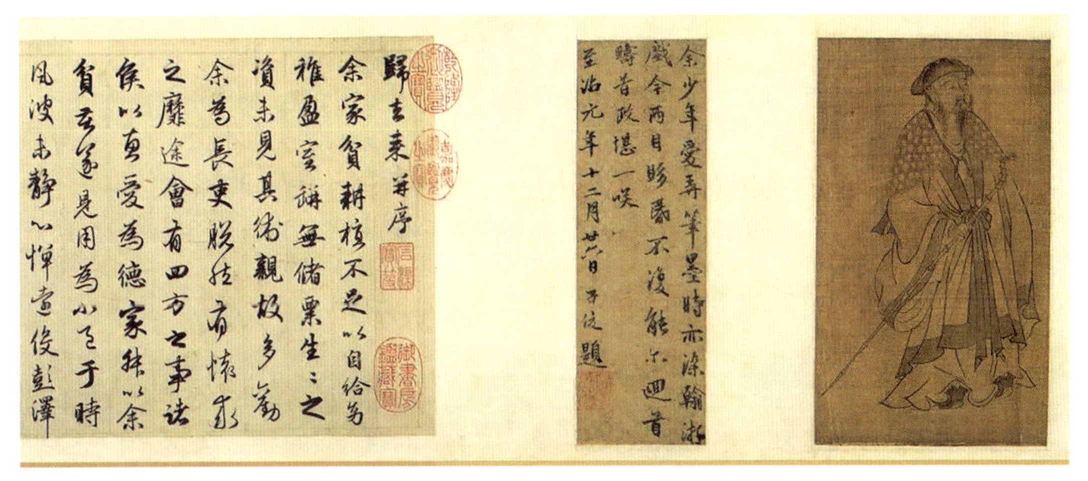

赵孟頫《归去来辞卷》（局部）（辽宁省博物馆藏）

仇英《桃花源图》（局部）（波士顿美术馆藏）

第一节　认识美

美的世界是令人向往的世界，美无处不在，我们的世界充满了美。千百年来，无数美学家、哲学家从不同的角度，采用不同的方法，对“美”进行过不懈的探索。所谓“美育”，可以说就是以美育美，即“由美的对象产生美”（席勒《美育书简》）。美育的基本内容和手段，是美的事物；美育的根本目的，是培养审美的人，创造美的世界。但是，美究竟来自何处，美的本质是什么，美有哪些特征，美和真、善有什么区别和联系，这些都是开展美育首先要认真研究的问题。只有认真地研究了这些问题，我们才会善于发现美、认识美、感受美、创造美，才能开展真正意义上的美育。

一、美的含义

美的含义通常表述为“美的根源”和“美的本质”问题。美的根源就是美从何而来，美的本质即美是什么。

美的内涵的不同观点

（一）美的根源

1. 辩证唯物主义认为人类社会实践——劳动创造美

马克思说，“整个所谓世界历史不外是人通过人的劳动而诞生的过程”，“劳动创造了美”（《马克思恩格斯全集》）。美最初就是产生于原始人制造和使用工具的劳动之中，原始劳动过程、原始工具、原始产品，是原始的自由自觉活动及其结晶，即人类劳动创造的原始美；美以后又不断随着人的劳动能力的提高和范围的扩大而不断地丰富和发展。因此，社会实践，首先是生产实践——劳动，是一切历史现象、一切现实生活的终极根源，也是美的终极根源。

2. 劳动使劳动过程、劳动动作和劳动技能成为审美对象

具有审美意义的史前艺术正是在原始人劳动活动的基础上形成和发展起来的，原始歌舞是最重要的史前艺术之一。原始舞蹈的产生，大概有两种情况：一种来源于物质生产活动和战争，另一种来源于宗教祭祀活动。原始人表演舞蹈的情况比较复杂，表演的场合也很多。朋友访谒、季节开始、疾病痊愈、丧期终了等可以激发人们情感的事情皆可跳舞。原始舞蹈可分为模拟式的和操练式的两种。模拟式的舞蹈是对于动物和人类动作的节奏的模仿，而操练式的舞蹈动作则并不模仿自然界。史前史证明，合乎规律的劳动过程、劳动动作、劳动技能等，由于能达到原始人生存和发展的目的，它不仅是原始人改造自然、生活的物质手段，也是原始人愉悦自己、丰富生活的精神享受。一些能够提高劳动生产率的节奏、号子、动作、姿势，原始人在重复时会感到收获的喜悦和自豪，它们也就成为欣赏的对象，成为原始歌舞。远古的岩画、彩陶所绘的各种舞蹈都证明了

这一点。

青海宗日舞蹈纹彩陶盆（青海省博物馆藏）

青海大通出土的舞蹈纹彩陶盆（中国国家博物馆藏）

3. 劳动使劳动工具成为审美对象

旧石器时代的石器

能制造和使用工具是人类劳动的根本标志。工具的出现，意味着人对自然界能动地改造，意味着人类劳动是有意识、有目的的活动。在工具的创造和改进过程中，逐步产生了人类最初的审美意识，美也由此萌芽、发展。“这些看来粗糙而笨重的工具，躺在尊贵的美术馆、博物馆中，作为人类最初的辨认造型、思考造型、创造造型的最初的纪念”（蒋勋《美的沉思》），大部分的造型艺术如“方”“圆”“三角”是从旧石器的石刀、石斧开始的。根据国内的一些研究，学者认为原始的石制工具有一个从物质产品到精神产品的演变过程。原始人对石器工具的改进，原是出于实用的需要，而不是为了美。他们把石器制成对称的形状，是为了用力均匀，便于命中投掷的目标；把外形磨得光滑，是为了减少阻力，提高砍削或投掷的速度。但是这样的加工和外形，体现了人的创造本质，以及人的智慧和力量。在劳动实践中，原始人感到对称、均衡、光滑的工具用起来顺手，看起来也顺眼，“好用”也就“好看”。在人类漫长的石器时代中，原始人在辨别和利用石器的过程中，能够对石块、石片进一步加工，石器工具趋于多样化、定型化。原始人逐步注意了对称、均衡、比例等关系，后来越来越精细，体现了他们的智慧一步步地发展，创造力一步步地提高，以工具为静态形式的原始美也就在漫长的劳动过程中产生了。例如，新石器时代晚期从石斧演变而来的玉斧，坚硬易碎，不

再作为工具使用，只具有精神享受的意义；人们用更精细的手工打造玉斧，就成了玉圭，玉圭代表了王者财富或权力。从这一过程中我们可以看到，正是原始劳动使原始工具从最初单纯具有实用价值而逐步演化为带有审美价值，成为原始的审美对象。可见，物质产品向精神产品的这种转化，是在生产实践的过程中完成的。生产技术的发展为工具功能的转移，以及专供审美之用的工艺品的产生，提供了物质前提。

含山玉花斑弧刃斧（故宫博物院藏）

龙山玉圭（台北故宫博物院藏）

4. 人类劳动产生的劳动产品——陶器是重要审美对象

人们将泥土与水和拌，再经过火烧而产生了陶器。其造型与纹饰体现了史前艺术发展演变的过程。陶器最初纯粹是为实用而制作的，用来盛放或者蒸煮食物。在制作时，先选用陶土通过编织做成泥坯。泥坯模型可以做成符合实用需要的盆、碗、杯、瓶、瓮、罐等各种造型，再经过烧制而成为可以使用的劳动产品。考古发现，我国新石器时代早期的陶器，动物纹饰较多，有人面、鱼、鸟、鹿等，尤以鱼纹最普遍；中晚期出现抽象几何纹，如旋花纹、水波纹、三角纹、锯齿纹、方格纹、云雷纹等。

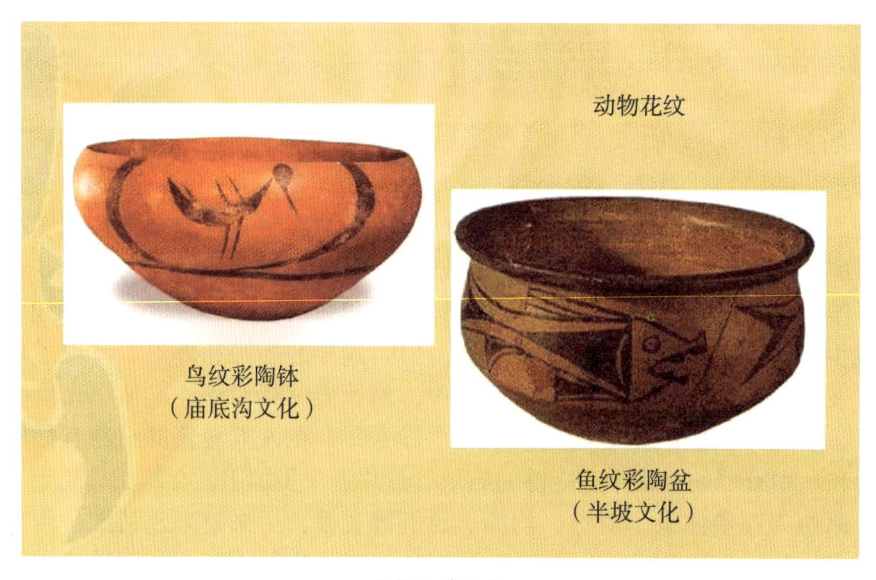

动物纹饰陶盆

庙底沟彩陶罐（山西博院藏）

陶器纹饰的演变可能和多种因素相关，如生产过程中自然形成的图腾形象的简化和演变。有些考古学家认为，早期几何纹陶的纹样是当时不同氏族的图腾标志，如螺旋纹是由鸟纹演变而来的，波浪形的曲线纹和垂障纹是由蛙纹演变而来的。这些看来仅仅是“装饰”“美观”而并无具体内容和含义的抽象几何纹饰，在远古可能包含着某种神秘的巫术观念，包含了某种“意味”或“观念”。

在中国史前重要的劳动产品——陶器的发展历程中，人们在劳动中不自觉地创造和培育了比较纯粹的美的形式和审美的形式感，产生了各种类型的陶器文化。例如，仰韶时代的山西彩陶以花卉图案最具特色。“庙底沟彩陶罐”是山西博物院收藏的国宝级文物之一，烧造于新石器时代（约公元前 4000 年），山西省垣曲县下马村出土。彩陶罐高 45 厘米，口径 35 厘米，腹径 43 厘米，底径 15.6 厘米。泥质红陶，器表磨光。侈口，圆唇，短颈，宽肩，上腹突出，下腹内收，小平底，上腹部以黑彩绘以弧线和圆点等组成的花卉图案。体型硕大，器形完整无缺，属仰韶文化庙底沟类型的典型遗物。

由上可见，美的产生是漫长而复杂的过程，美不是理念，也不是出于内心，而是相对于人类而言的一种价值属性，人类社会实践是美的终极根源。美以事物的自然属性作为物质基础；但美之所以为美，关键在于这些自然属性同人类社会生活的联系。

（二）美的本质

对美的根源探寻的是美的原始基础和深层原因，美的本质则是找寻美的内在品质和质的属性。根据对美的根源探究，我们可以认为，美的本质是人类通过社会生产实践中产生的审美对象呈现出对人的本质力量的肯定和确证。美的本质基础是建立在人的本质之上的，先了解人的本质才能知道美的本质，所谓“人的本质”就是人的内在属性，人与其他物种相区别的地方，即“自由的自觉的活动”（《马克思恩格斯全集》）。

1. 美的本质是拥有宜人的、和谐的感性形式

人能够在认识掌握客观事物的性质、特征的基础上，使劳动对象按照自己的目的、意图发生预定的变化，能从“无意识”转为“自觉”，变“外在之物”为“为我之物”，是合规律性和合目的性的统一，也是人类懂得按照一定的尺度来进行生产，并且懂得怎样处处都把内在的尺度运用到对象上去，按照美的规律来改造自然，使本来实用的对象，变为和谐艺术的审美对象。同时，审美对象具有感人形式，反过来又确证和肯定了人的

本质力量。比如“予击石拊石，百兽率舞”（《尚书·益稷》），在原始社会生产劳动中有轻有重地敲击石磬，感受到了动听的旋律，有意识再和原始舞蹈相结合，就诞生了上古时代的视听艺术；又如人们改造荒山沙漠、建造园林宫殿，无不体现人类自我美化的过程，也是对人的本质力量的肯定和证明。

2. 美的本质是主观和客观高度融合的辩证统一体

从基本的词义学上分析，外语中的“美”都来源于拉丁语 bellus，如英语的 beauty、意大利语的 bello、西班牙语的 bel-lo、法语的 beau 等，而且其含义都与“美好”“愉快”“可爱”有关。在汉语中，“美”字的含义经历了演变。甲骨文中的“美”字，形状像一个人头上戴羊角或羽毛的装饰物。《说文解字》对“美”引申为：“大羊，谓之为美也。”还有人认为与中国人最早的“羊崇拜”有关。此外，“美”还有其他词义。例如，“大”由“火”演变而来，所以“美”也可指火上烤羊，进而强调味美。无论是肥美、饰美、崇拜美，还是味美，都体现出美的社会价值。由此可见，东西方“美”的词义有共通之处，都是感人的客观存在满足人们某种主观需求，是对人们生活有意义、有价值的事物属性。从审美对象看，美是事物通过其外在形象表现出来的某些客观属性，是能够使人产生积极情感体验并促使精神发生积极变化的事物属性。这种积极情感体验可以是情感上的愉悦，也可以是身心上的舒适，还可以是感觉上的满足。某些客观事物能够满足人们某种主观需求，这个客观事物的外部形态就会使人在主观上感觉到某种美。这些客观事物是人们产生美的基础，当客观事物不存在的时候，其能表现出的个性美也会随之消失。

二、美的特征

美的特征主要表现为形象性、感染性、创造性等。

（一）形象性

“美，甘也。从羊从大。”（许慎《说文解字》），一切审美对象必须是个别的、具体的、形象的。“美只能在形象中见出，因为只有形象才是外在的显现”（黑格尔《美学》）。这从一定程度上说明，美与具体事物的属性相关联，美以具体的形象呈现在人们面前。形象性是美的最显著特征，它指的是美的事物总是以其生动具体的感性形象来呈现。

（1）美不是简单的形式，而是通过一定的声、光、色、线等物质材料所构成的外在形式，表现内容的意义、情感和价值。审美对象中具体可感的形象性是有限的，却可以表现出无限的内容与含义。作为审美对象的事物或现象，是审美主体凭借感觉、直觉、知觉等一系列审美心理活动直接感知的感性形态。客观世界中的自然界、社会生活、艺术形象等都是具体的审美对象，是人们内心审美折射产生的形象。例如，中国古典文化中历来讲求意象，对特殊意境的事物都赋与了特殊的主观情感，梅、兰、竹、菊“四君子”是古代文人热衷赞颂的对象，其中梅的意象为独立、高洁、傲骨，素有“梅花香自苦寒来”这样的说法。一提到梅花自然就会联想到坚韧不屈、一身傲骨的君子品格。

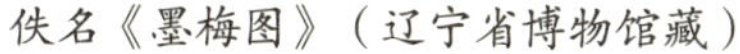

佚名《墨梅图》（辽宁省博物馆藏）

陈洪绶《梅石图轴》（台北故宫博物院藏）

（2）美的形象是多样的并且充满了变化。美可以是具象的，也可以是抽象的；有的可视，有的不可视。在审美感知过程中，人们通过感官直接接触美的形象，形成审美表象，并在此基础上进行审美想象和审美理解，从而体验到美的魅力。鲜花娇艳欲滴，香气怡人，人们通过视觉和嗅觉来感知它；音乐抑扬顿挫，旋律动人，抒情清晰，人们通过听觉来感知它；绿野之巅的雪峰，银装素裹，洁白无瑕，人们通过视觉、身心来感知。美的形象性不仅是审美感知的前提，也是审美创造的基础。在审美创造过程中，艺术家通过塑造具体可感的形象来传达自己的思想感情和审美理想，从而创造出具有感染力和生命力的艺术作品：同样是造型艺术，绘画是相对具象的，书法就比较抽象；音乐、文学通过一个个符号展现出无形的内容与情感；戏剧影视作品中融合了视觉、听觉，综合了舞蹈、音乐、文学等。

总之，美的形象性是美的事物所固有的一种特性，它使得美能够被人们直接感知和体验，同时也为审美创造提供了广阔的空间和可能性。在美学研究和艺术实践中，对美的形象性深入理解和把握具有重要的理论意义和实践价值。

渐江《山水图》

张旭《古诗四帖》“岩”

（二）感染性

美的事物作为实践的产物，积淀着人的个性、智慧、才能、理想和情感等。在审美过程中，审美主体的情感与理想社会、审美对象相调和而引起感情波动或浓烈的感情向纵横方向扩充，就是美的感染性。美的感染性与形象性密切相关，人们被美的形象所感染，不仅是一种简单的生理反应，更是一种高级的精神享受。这种感染性是从美的事物的内容与形式的统一中体现出来的，它既不单纯表现在内容上，也不单纯表现在形式上。美的感染性基本表现为主体情感与美的事物合二为一，具体表现形态有移情、共鸣和升华三种方式。

（1）移情方式是指审美主体将自己的感受、情思、心绪、意志等融汇到美的事物在头脑里的表象之中，使审美对象仿佛具有主观色彩而影响主体的情思。例如，当看到落花时，可能会感到悲伤；看到鸟儿飞翔时，可能会感到自由。

（2）共鸣方式是指审美对象和审美主体之间形成了协调关系，审美对象具有打动人心的魅力，审美主体的生活经验和思想感情又极为丰富，因而审美对象可以最大限度地调动审美主体的心理状态，使其情思异常活跃。例如，当听到一首动人的歌曲时，可能会感到心灵深处的震撼和共鸣。

（3）升华方式是指在审美欣赏过程中，审美主体借助联想将自己对审美对象的感知、表象进行扩充和增补，形成更为丰富而深刻的审美感受，从而使感官上的快感升华为精神上的愉悦。例如，在欣赏一幅美丽的画作时，可能会通过联想和想象，感受到画作所表达的情感和意境，从而获得精神上的愉悦和满足。

美的感染性的核心是人的本质力量。美的事物之所以能够引起人们的爱慕和喜悦，是因为它显示了人的本质力量，即人凭着自己的本质力量创造了新的生活的涵义。例如，迎风招展的五星红旗之所以具有强烈的感染力，是因为它代表了祖国的繁荣和强大，体现了中国人民的团结和奋斗精神。这种感染力来自于五星红旗所蕴含的内容和意义，而不仅仅是它的形式和外观。

总之，美的感染性是美的事物所固有的一种特性，它通过多种方式表现出来，从而引发人们的感情波动和思绪变迁。这种感染性来自于美的事物的内容与形式的统一，以及人的本质力量的显现。

（三）创造性

美的创造性是指美的事物是人类通过实践活动按照美的规律创造出来的，是人类对客观世界改造的结果。随着人们实践活动的深入，这种创造性使得美不仅仅是客观存在的，还会不断地展现出新的面貌。美是人们本质力量的显现。人们的本质力量是积极向上的，人们不仅能够欣赏美，而且可以创造美，从而使整个世界更有色彩，更有魅力，更有生机。

美的创造性的体现

三、美的范畴

美的范畴即审美范畴，是美学的重要内容之一，它是在美学思想形成的漫长过程中产生和发展起来的，并与时代的文化精神、审美理想、民族心理密切联系。审美范畴是人们对美的表现形态的各种概念表述，它的出现，表明了人们对美的各种表现形态所达到的认识程度。美的范畴从不同的方面、不同的角度揭示出美和审美的本质。了解审美范畴，有助于对审美对象作出恰当的审美判断。

由于民族与传统等方面的差异，在东西方传统美学思想中，中国美学的审美范畴与西方美学有很大区别。

（一）审美基本范畴解析

审美基本范畴来源于西方传统美学中重点讨论的几个概念，是对美的几个基本表现形态的理论概括，成为西方美学理论体系的重要基石。

1. 优美

优美作为美的最基础最常见的表现形态之一，早在古代就被人们所发现，但由于历史条件的限制，人们常常把美和优美当作一回事，把美和美的表现形态混为一谈。随着历史的发展，对美的表现形态的研究也逐步深入，美被认为有广义与狭义之分，广义的美泛指一切具有审美价值的审美对象，是美的所有表现形态的总称；狭义的美则是指与崇高（壮美）相对的一种审美范畴，它仅仅是对美的一种表现形态所作的描述，即是优美。

18 世纪英国美学家博克首次把优美与崇高进行比较研究，人们才明确意识到，优美只是与崇高相对的一种美的表现形态。博克把优美的特征归结为小巧、光滑、逐渐变化、不露棱角、娇弱、颜色鲜明且不强烈等，这表明优美作为审美范畴已经形成。优美的形式特征符合均衡、对称、比例、秩序、节奏、韵律及多样统一等形式美的法则，它主要表现为单纯、和谐、完整。在自然界中，优美的例子俯拾皆是，如春风拂面、秋水共长天一色等。在艺术领域，优美的表达常见于温柔的旋律、细腻的画作以及深情的文学作品。优美带给人们的是心灵的宁静、安适与平和，使人在日常生活中感受到生命的美好。

2. 壮美

壮美，亦称为崇高。崇高是与优美相对应的另一种美的表现形态，由于其审美特点与优美相对立，故在美学上与优美组成一对范畴，通常与宏大、雄浑、激昂相关联。壮美的对象往往具有震撼人心的力量，如高山峻岭、狂风骤雨、日出日落等自然景观。在艺术作品中，壮美往往通过宏大的构图、强烈的色彩对比以及激昂的节奏来体现。壮美能够激发人们的豪情壮志，提升精神境界。

尽管崇高与优美紧密关联，但在西方，美学家对崇高的探索要稍晚于优美。古希腊美学家朗吉努斯首先从修辞学角度提出了崇高概念，他撰写的《论崇高》，对崇高作了多方面的探讨，提出了崇高是伟大心灵的回声的观点，对后世产生了深远的影响。荷迦兹认为，事物的巨大会给人庄严敬畏之感，激起人的赞美。博克则明确地把优美与崇高

加以对比，认为优美源于人的社会交往本能，而崇高则源于人的自我保全本能。人在通过理性来把握无限大的对象时，唤起了人对自身使命与道德精神的崇敬。在中国传统美学史上，注意到崇高形态的美，并称之为“大”。春秋时吴公子季札在欣赏音乐后，把“大”与“美”联系起来评价。孔子也用“大”来赞美尧。孟子提出：“可欲之谓善，有诸己之谓信，充实之谓美，充实而有光辉之谓大，大而化之之谓圣，圣而不可知之之谓神。”（《孟子·尽心下》）这说明，“美”与“大”都富有伦理道德上的内涵，并且都是人应去追求的一种精神美境界。“大”包含着“美”，且高于“美”，但是它也需依赖“美”发展而成。

人民英雄纪念碑浮雕（局部）

3. 悲剧美

悲剧美，与悲和悲剧既有联系，又有区别。悲一般指现实生活中发生的悲惨、不幸、痛苦的事件或人物；悲剧是戏剧的一种类型，源于古希腊的山羊之歌，后逐步由宗教祭祀仪式演化而成，是指那些以悲惨结局收尾，却蕴含深刻人生哲理的艺术作品。悲剧美引发人们思考悲与悲剧对于人究竟有何意义，有何价值。悲剧美常常通过展示人物的悲剧命运和英勇抗争来打动人心，如古希腊悲剧中的英雄形象。悲剧美不仅让人感受到生命的脆弱和无常，更引导人们反思生活、思考价值，从而在苦难中寻求意义与力量。

悲与悲剧是形成悲剧美的基础。从悲剧的历史发展看，有人把悲剧分成命运悲剧、性格悲剧与社会悲剧，它们各自体现了不同的悲剧美。如古希腊悲剧由于揭示了人与不可抗拒的命运间的斗争，故被称为命运悲剧；文艺复兴时期莎士比亚等人的作品，如著名的《哈姆雷特》《麦克白》等，大都通过人物性格特点的矛盾冲突而造成了不幸结局，被称为性格悲剧；后来的巴尔扎克、易卜生、托尔斯泰等作家，通过对现代社会中人与人之间冷酷无情的金钱关系的描写，揭示出现代社会中个人与他人、个人与家庭、个人与社会之间的矛盾冲突，深刻地反映了社会的不合理性，被称为社会悲剧。

马克思、恩格斯深刻地揭示出悲剧性的社会历史根源就在于客观现实的矛盾冲突。

当历史的必然要求和这个要求实际上不可能实现时，就不可避免地发生矛盾冲突。社会的发展，历史的演变，无不是新旧两种社会力量斗争的结果。鲁迅也曾指出，悲剧就是将人生有价值的东西毁灭给人看，正是指出了悲剧美的意义。

4. 喜剧美

喜剧美和喜、喜剧有联系又有区别。喜是日常生活中高兴欣喜的情绪或事情；喜剧在中国也称滑稽剧，是指那些通过幽默、讽刺和戏谑手法，揭示生活中的矛盾，从而引发人们笑声的戏剧形式；而喜剧美是对一切乖谬悖理现象所作的审美评价。我国史学家司马迁曾在《史记·滑稽列传》中记叙了一些滑稽人物，认为他们专擅隐语，善为言笑，滑稽巧辩。康德指出，喜剧的笑源于人的紧张期待突然转化为虚无，笑包含着某种荒谬悖理的东西。一旦假象揭穿，真相现形，就会使人感到滑稽可笑。

马克思从历史发展的角度，认为喜剧的根源也是历史发展中的矛盾与斗争。历史发展本身就存在着巨大的喜剧性，因此喜剧具有深刻的社会批判功能，通过揭示社会现象中的不合理之处，引发人们的反思与改变。喜剧能够让人们从轻松愉快的氛围中看到生活的另一面，帮助人们释放压力、调节情绪。鲁迅曾指出，喜剧是将那无价值的东西撕破给人看。喜剧的笑是人对事物的情感态度，它包含着人的审美评价，蕴涵着深刻的人生哲理与社会意义。因此，喜剧性的重要特点是寓庄于谐，也就是说，在诙谐可笑的喜剧艺术中，寄寓着人生的美好希望与憧憬。喜剧美的存在形态多种多样，它充满了机智、讽刺、幽默、谐谑和夸张，广泛表现为喜剧、闹剧、小品、相声等，甚至日常生活中的揶揄、打诨也不乏喜剧之美。

（二）中国传统美的范畴

1. 中和之美

中和以和为美，是对中国古代文化精神的凝聚，也是中国古典艺术的理想境界。“中和”是与来自西方审美范畴的“崇高”相对应的，它突出了审美过程中主体与客体、人与自然、感性与理性及各种形式美的因素的协调统一，给人以愉悦、轻松的审美快感。中和之美是处于优美与壮美两极之间的综合美，其意蕴刚柔兼备，情感力度适中，杂多或对立的审美因素和谐统一，具有含蓄、典雅、静穆等特性。同时，中和之美还要求所有相对应的两极审美因素的兼容，保持平衡。这种平衡不是简单的对立面之间的折中，而是经过多方面的调和、协调和整合达成的一种完美状态。

中和的文化理念贯穿于中国的哲学、文学、艺术、建筑、医学等各个领域。在儒家思想中，中和之美即是中庸之道，强调谦逊、谦卑的美德，以一种平和的心态对待真实自我认知的态度，这些美德在中和之美中得到了充分的体现。在道家哲学中，中和之美是指阴阳两极的和谐相处，达到物我两忘的境界。在艺术领域，中和之美是指表达情感和审美意趣的一种方式，艺术家创作作品时运用对比、平衡、对称等原则，使作品达到一种和谐、平稳、舒适的效果。它可以表现为色彩的搭配与对比、形状的统一与变化、线条的流动与稳定等。例如在建筑中，中和之美则体现在传统园林和建筑中的平衡、轻

重缓急、动静对比等方面；在中国古典舞蹈中，由于中国哲学的影响，无论在形态、韵律和动律各方面都遵循着古典舞“圆”的人体姿态和运动轨迹，圆、曲、拧、倾、收、放、含、仰这八个字，集中体现了中国古典舞蹈的审美特征，也无时无刻体现出“中和之美”的审美原则。

2. 刚柔之美

刚柔之美，指的是阳刚与阴柔两种美学特质的融合与协调。阳刚与阴柔原本是中国古代流传久远的一对哲学范畴，也成为中国传统美学的重要范畴。

刚柔作为哲学范畴出现时，是中国古典哲学对自然、社会事物中普遍存在与发展变化的、对立统一规律的独特概括，它既表示不同事物间的对立统一关系，又表示同一事物中对立而又统一的不同属性。“万物负阴而抱阳，冲气以为和。”（《道德经·第四十二章》）古代中国人在长期的农耕生产中逐步认识到，向阳者丰收，背阴者减产。通过仰观俯察，发现了天地、日月、阴晴、昼夜、男女等一系列自然矛盾现象。《易经》作者总结了前人的思想，提出了“一阴一阳之谓道”的普遍原则，以阴阳二爻的变化来解释事物的矛盾运动，阴阳就成为“范围天地”“曲成万物”的哲学范畴。它对“乾”卦与“坤”卦的说明，为我们分别描述了阳刚壮美与阴柔优美的境界。

当刚柔成为美学范畴时，既表现两个具有对立统一关系的审美对象，又表现同一审美对象中对立而又统一的不同审美属性，甚至还被用来描述艺术家的创作个性与艺术风格。尽管中国古典美学主张的是阳刚美与阴柔美的和谐统一，但由于美的表现形态是无比丰富的，因此中国古典美学并不排斥它们二者各自的美。阳刚之美通常与力量、坚韧、雄伟等特质相关，而阴柔之美则与温柔、细腻、秀美等特质相关。在自然界、社会生活和艺术中，刚柔之美都有广泛的体现。

在自然界中，刚柔之美表现为自然界的壮丽景色与细腻生命的和谐共存。例如，高山峻岭的雄伟与山间溪流的柔美，或是狂风暴雨的力量与花朵绽放的柔美。这种刚柔之美体现了自然界的多样性和生命的活力。

在社会生活中，刚柔之美则体现在人们的性格和行为中。一个性格刚强但又不失温柔的人，通常被认为具有刚柔并济的品质。在处理问题时，他们能够坚持原则，但又不会过于强硬，而是能够灵活地应对各种情况。这种刚柔并济的性格特质被认为是健全人格的体现。

在艺术中，刚柔之美更是被艺术家们所追求。无论是音乐、绘画，还是文学等艺术，艺术家们都试图通过作品表现出刚柔之美。例如，在音乐中，强烈的节奏和旋律可以表现出阳刚之美，而柔和的音色和旋律则可以表现出阴柔之美。在绘画中，艺术家们可以通过线条、色彩和构图等元素来表现出刚柔之美。在文学中，作者们可以通过文字、情节和人物形象来展现出刚柔之美。

总之，刚柔之美是一种重要的美学理念，它强调了阳刚与阴柔两种美学特质的协调与融合。无论是在自然界、社会生活中，还是艺术中，刚柔之美都广泛存在并发挥着重要作用。同时，追求刚柔之美也是人们追求完善、和谐和美好生活的重要体现。

3. 气韵之美

气韵之美是指艺术作品或自然景物所散发出的气质和神韵。气韵之美强调的是一种内在的精神气质和生命力，这种气质和生命力能够使作品或景物具有独特的魅力和感染力。气韵由“气”和“韵＂两概念组合而成，经历了漫长的历史演变。其组合的主导词“气”曾是先秦哲学家表明宇宙本体的元范畴，儒道两家都曾对此作过解释。儒家不仅把“气”看作是生物生存的条件与基础，而且把“气”视为某种人格精神和道德修养，如“我善养吾浩然之气”（《孟子·公孙丑上》）。道家则认为“气”是宇宙万物阴阳刚柔相互感应的产物，它显示出自然生命之道的勃勃生机，是生命运动的本源，如“人之生气之聚也，聚则为生，散则为死”，故“通天下一气耳”（《庄子·知北游》）。魏晋南北朝时期对人物的评价，表现这一时代人们对人物美的重视。人们在品评人物美时，往往把人物美与自然美相类比，产生了许多具有自然生命意味的新名词，如“风韵”“气象”“韵度”等，表现出一种追求艺术与自然相统一的审美要求。顾恺之提出了“传神写照”的命题，认为绘画须“以形写神”，才有生气。自此“气韵”在中国统摄艺术方法，奠定了在绘画乃至其他中国传统艺术理论体系中的核心地位。气韵之美被认为是艺术作品最重要的审美标准之一。例如，在绘画作品中，艺术家们通过线条、色彩、构图等元素来表现出作品的气质和神韵；在书法作品中，则通过笔力、墨色、结构等来表现书法的气韵之美。

4. 虚实之美

虚实之美源于中国古代哲学对有与无的哲学探讨。宗白华在《中国诗画中所表现的空间意识》中说：“中国人不是向无边空间作无限制的追求，而是留得无边在，低回之、玩味之，点化成了音乐。”“空白”不是停留，而是延展，好似白居易的《琵琶行》中有“此时无声胜有声”的句子。中国古琴音乐中运用了大量听觉上的空白，使音可以简化、延长，在空白中流动，使“音”与“无音”、“有声”与“无声”之间发生不可思议的灵动关系。书法作品中的“计白当黑”，绘画作品中的所谓“画留三分白，气韵自然生”，戏曲舞台上的虚拟动作，园林、建筑中的空间布置的美，都反映出虚实的审美要求。虚实之美也体现在中国古典文学作品中。这些作品以虚为美，言不尽意，给读者留下无限的想象空间。例如，在《红楼梦》中，作者曹雪芹运用虚实结合的手法，以丰富的想象和细腻的笔触，描绘了一个封建家族的兴衰历程；在《聊斋志异》中，作者蒲松龄则通过奇幻、怪异的故事，展现了人性的善恶和社会的黑暗。这些作品都体现了虚实之美在文学中的独特魅力。

5. 意境之美

意境是主观生命情感与客观自然景物相互交融、情与景的结合，其蕴含着“意象”“形神”“情景”等诸多范畴的基本思想。意境是一种由主观范畴的“意”与客观范畴的“境”结合起来的一种艺术境界。主观是指欣赏者，“意”是指欣赏者的思想、情感、认知等心理感受活动，“境”是艺术作品所表现出来的形式感。因此，意境就是欣赏者针对艺术作品所产生的心理联想活动，二者是相辅相成的，并且是同时作用后才会产生出“意境”，

单独的一方并无意义。意境凝聚着中国艺术的根本精神，成为中国美学独特体系中的精髓与核心。意境之美是中国哲学、美学与文艺发展的审美传统，是具有中华民族特色的最高审美范畴。

意境孕育于先秦至魏晋南北朝，诞生、成长于唐宋，全面发展于明清，贯穿于中国美学的发展历程之中，并渗透于中国各艺术门类，包括诗、词、曲、赋、戏剧、小说、绘画、音乐、园林、建筑等各方面。它是中国艺术的主要理论原则，标志艺术的最高审美追求。佛教自汉代传入华夏，带来了“境界”“佛境”等概念，随之出现了“意境”一词。唐代王昌龄用佛教用语“意境”作诗艺分析，把诗分成物境、情境与意境三境。僧皎然论诗时多次运用境，并论述到诗境的创造，诗境与艺术风格的关系。唐代书法家孙过庭在《书谱》中说：“元常不草，而使转纵横。”意思是说钟繇的书法虽然不是草书，但却像草书那样自然灵动，气息贯通，仿佛让人感受到了草书的纵横流畅。这种灵动自然的感觉，实际上就是对书法意境美的联想和描述。古人创造了文字，而文字的书写又经过几千年的演变，使得书写又变成了文化艺术，这其中最根本的原因就是由于书法中“意境美”作用的结果。同一幅作品，不同的人欣赏，就会有不同的感受结果，所以说它是千差万别的意境，给人带来的思考启迪也是不同的。

近代美学家王国维对意境作了理论性概括。他认为，意境是指由“情”与“景”的真实感人的交融统一而构成的文艺的美，是“文章之妙”的根本所在。此外，王国维还提出了“有我之境”和“无我之境”两种意境的创造方式。他认为，在文学作品中，“有我之境”表现为作者的情感直接流露，而“无我之境”则表现为作者的情感与景物融为一体，达到物我两忘的境界。这两种境界的创造方式体现了王国维对意境理论的深入思考和独特见解。

四、美的类型

由于人们对美的本质和特征有着不同的理解。美的类型具有多样性和复杂性，根据审美现象的存在状态、存在方式及美的本质的表现所具有的共同特点，美的类型大致可以分为现实美和艺术美两大类。现实美，是指存在于现实世界的美，包括存在于自然界的自然美和存在于人类社会的社会美。科学和技术美也属于现实美，由于科学技术在当代社会的地位和作用越来越重要而愈益受到人们的重视和欣赏。艺术美是指人们通过一定的艺术手段创造出来的艺术作品的美（见下图）。

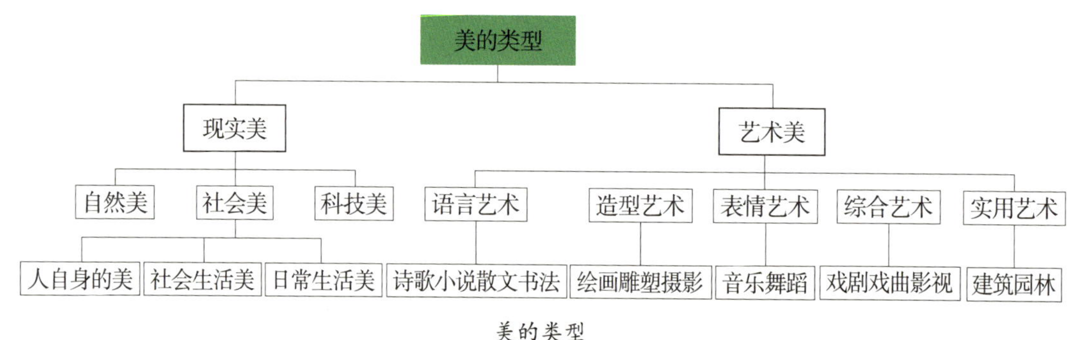

美的类型

第二节 美的教育

美育和美学有着密切的关系，其区别主要在于美学侧重理论，而美育侧重于践行。美学为美育指明了需要践行的目标。美育不是凭空产生的天外之物，而是在人们的社会实践、劳动过程、审美活动中逐步产生、发展和完善的。对于原始人来说，劳动时喊的号子就相当于最初的歌唱。实际上，原始人的舞蹈、壁画、雕像等都是对原始部落生活与劳动的再现，只不过可能会有一些主观的设计和美化在里面。可以肯定地说，早在原始社会就有了最原始的审美活动。于是，这种审美活动所形成的审美经验就会一代代地传承下来。这种传承就是美育的雏形。

美育既是审美方式的教育活动，又是教育方式的审美活动。本节在追溯美育历史的基础上，对美育的内涵、功能和实践进行概要分析，以求对美育有较全面的阐述。

一、西方美育发展概述

人类很早就看到了审美与教育的联系，很早就在实践中把两者自觉地联系起来。西方的美育最早可追溯到古希腊的雅典教育。在古希腊时期，城邦保卫者所接受的系统教育中就有类似于艺术教育的内容。斯巴达致力于将奴隶主的子弟培养成优秀人才，为此有意识地将音乐、舞蹈、宗教与体育活动、军事训练结合在一起。雅典明确规定，必须为 7 ～ 14 岁的儿童设立弦琴学校，以便对他们进行音乐、朗诵等的专业训练。在古罗马，出现了一些修辞学校，也同样开设了音乐教程。当时的儿童和青年，依年龄不同而接受相应的教育，如做游戏、听故事、进行体育活动、学习文学、艺术和哲学等。可见，雅典的教育非常重视人的全面发展，它把智育、体育和艺术教育和谐地结合在一起，是一种人性化的富有生命力的教育。这种最初的艺术教育，是美育的一种雏形。随着美育活动的开展，美育的思想也迅速发展起来。许多哲人和思想家都提出了关于美育的思想，如柏拉图、亚里士多德等。柏拉图在《理想国》与《会饮篇》中，广泛而深入地探讨了美与艺术的问题。在他看来，现实世界来源于理念世界，事物的美也来源于美的理念。总之，美的理念就是美本身。

中世纪，美学思想变得极为复杂而矛盾。一方面，它毫无疑问是神学的附庸。但另一方面，它又有许多反神学的理念。在欧洲的中世纪，传统的骑士教育强调“七技”，其中的吟诗就是为了向领主歌功颂德的。教会学校中也有“七艺”，其中的音乐就是用于教会做礼拜和赞美上帝。

在资产阶级上升时期，美育成为开展启蒙运动的一种手段，因而具有反封建的进步意义。随着意大利文艺复兴和法国启蒙运动的出现，美学逐渐摆脱了神学的束缚，开始关注现实社会中现实的人，歌颂人的理性与欢乐。鲍姆嘉通将第三门学科称之为“感性学”，也就是“美学”。1750 年，他出版了《美学》一书，全面阐释了建立“美学”学科的必要性，

并从 10 个方面驳斥了反对意见。因此，鲍姆嘉通就成为西方美学学科的创始人。

18 世纪末德国人席勒与丹麦王通过书信探讨美育问题，后将这 27 封相关书信结集成《美育书简》，书中正式提出“美育”这一概念，率先将美育界定为“情感教育”，致力于构建美育理论，为马克思主义关于人的全面发展的观点提供了重要思想来源。西方的美育快速发展并逐渐成熟起来。

二、中国美育发展概述

中国古代美育思想的基础奠定于先秦时期。其中，孔子的美育思想是构成这一时期美育思想的重要组成部分。与原始社会不同，奴隶制社会逐渐出现了各种学校，而学校教育的重要内容之一就是美育。西周时期，“乐”已经成为学校“六艺”之一。孔子认为：“安上治民，莫善于礼；移风易俗，莫善于乐”，“兴于诗，立于礼，成于乐”。孔子经过不懈的努力，形成了独具特色的美育思想体系，深刻地影响着后世的中国美育思想的发展。在孔子的美育思想体系中，自然美、艺术美、社会美都是值得高度重视的。在孔子看来，自然美具有显著的陶冶功能，正所谓“仁者乐山，智者乐水”；艺术美具有显著的感化作用；社会美具有显著的教化作用。战国时期，儒家的美学思想得到进一步的发展与完善。孟子推崇“性善论”，并以此为基础，进一步提出了“德教”。在孟子看来，教育的根本目的就是为整个社会培养有道德、有地位、有才学的“君子”和“富贵不能淫，贫贱不能移，威武不能屈”的“大丈夫”。他始终坚持“保民而王”的立场，提倡借助德育来培养“诚意正心修身齐家治国平天下”的优秀人才，为维护社会秩序、追求社会目标服务。孟子的这种美育思想被后世称为“乐教”“诗教”，其特点就是注重德才兼备，注重伦理与审美的有机结合，引导人们以丰富的道德情感去体验深刻的美育境界，后人称此为“诗教”。

如果我们仔细研究中国古代美育史，就会发现两大各具特色的美学流派。一是以孔子、孟子为代表的儒家美学派，其基本特点是以“仁”为核心、以“乐”为手段、以服务社会为根本目的。二是以老子、庄子为代表的道家美学派，其基本特点是以“自然”为核心、以“反观内省”为手段、以颐养天年为根本目的。道家的美育思想非常独特，它是建立在体验、审美超越、境界生成这三大支柱之上的，对中国当代美育体系的构建具有非同凡响的借鉴作用。毋庸讳言，道家美学不像儒家美学那样功利，它缺乏一种积极的入世精神。这既是它的优点，也是它的缺点。事实上，道家对审美活动、审美境界的深刻理解极大地丰富了儒家美学的内涵，尤其在不断追逐理想、超脱现实功利方面更具活力。总体而言，儒家美学与道家美学构成了中国古代美学的理论基础。

战国晚期的《吕氏春秋》是杂家的集大成之作，因此形成了极具个性的美育思想。我们以音乐为例，《吕氏春秋》首先强调音乐本体论，汲取了道家宇宙本体论的素养，属于典型的纯艺术论；其次注重音乐教化论，汲取了儒家礼乐教化论的素养；最后潜心研究音乐的审美心理、养生效能，汲取了道家的阴阳五行学说的某些内容。《吕氏春秋》充分体现出儒家美育思想与道家美育思想的相辅相成与融会贯通。

汉武帝接受董仲舒的“罢黜百家，独尊儒术”的治国方略，给予儒家至高无上的尊崇地位。于是，在整个封建社会，儒家思想就成了最核心的精神支柱，儒家经典就成了

最经典的美育教材。特别是四书五经中的《诗经》与《乐经》，开始受到社会各个阶层的高度关注。

建安时期，曹丕在《典论·论文》中深刻而辩证地阐释了作者才气与文章风格之间的关系。之所以会产生这样一种高度关注个性特质的美学思想，主要还是源于汉末的社会大动乱和国家大解体对于传统儒家思想的巨大冲击，当时的人们面临意识形态的严重危机，进而展现出文艺美学上的“人的自觉”和“文的自觉”。

在中国古代美学发展史上，魏晋南北朝是一个非常特殊的转折期、过渡期。如果说先秦以来的美学家更多地关注艺术与政治、艺术与伦理、艺术与道德之间关系的话，那么魏晋南北朝时期的美学家已开始具体化、专业化地研究美与艺术自身的特征。在这方面，《世说新语》与《人物志》是其典型代表。《世说新语》就像一幅历史画卷，生动地展示了魏晋南北朝时期整个社会的全貌，尤其是突出了魏晋名士的价值取向、审美追求、思维特质、行为模式。至于《人物志》，则明确提出了“精于择而庸适其能”的人才理念。

中唐时期，随着诗歌艺术的繁荣，与诗歌有关的美学研究也越来越普遍，其诗史观、诗道观就极具代表性。如韩愈提出了“文以载道”的观点，强调了文学应该承载和传达儒家的道德观念。北宋时期，伦理美育受到社会各界的高度关注。例如，周敦颐强调以诚为本，邵雍主张借助“反观”来“明心见性”，张载推崇“大其心”的修养方法，二程倡导“存理灭欲”。除了重视伦理美育，北宋时期还重视艺术美育。欧阳修强调经世致用，主张重道而不轻文。苏轼则倡导美育“三论”：一是“寓意于物”则乐的心胸论；二是诗中有画、画中有诗的鉴赏论；三是有道有艺、辞达的表现论。

明代的王阳明是中国历史上罕见的立功、立德、立言“三不朽”人物，他的心学，主张有心即理，知行合一，良知与致良知，即是心灵之美育。明代的袁宏道提出了通俗文学美育，认为真实是艺术最大的生命。清代王夫之提出美论、音乐论和审美教育论，金圣叹关注人物性格和审美教育的价值，曹雪芹在小说创作中呈现出了自己的审美理想与审美人格。在戏曲界，李渔崇尚真实性与通俗化，提出了“贵奇创新”“寓教于乐”的戏剧美育理念。

近代以来随着帝国主义的军事侵略与文化输入，中国近代属于资产阶级范畴的美学思想开始萌芽。崇奉康德哲学并深受叔本华哲学影响的王国维最早在中国传播西方美学。1904 年至 1910 年，他将西方美学理论用于文学欣赏，创作出《红楼梦评论》《古雅之在美学上之位置》《人间词话》等一批美学论著。与王国维同时的蔡元培，是传播西方美学思想的关键人物。今天我们耳熟能详的“美育”一词，就是蔡元培从德语翻译过来的。他还率先提出了“德、智、体、美、劳”的教育理念，将原本不被关注的美育同德育、智育、体育、劳动并举。他提出“科学救国、美育救国”。在美学领域，蔡元培最大的贡献就是将美学与社会教育有机地结合在一起。他主张“以美育代宗教”，认为很多宗教都存在着“扩张己教，攻击异教”的严重弊端，因而“失其陶养之作用”。为此，他主张用现实世界的人性信仰来代替对幻想世界的神性信仰。

从总体上看，中国现代美学的研究大致可分为以下三个派别。

蔡仪主张美是客观的。他认为，美的根源存在于客观事物的各种属性特征之中，与

人没有本质的联系。因此，美的本质就是事物的典型性。

朱光潜主张美是主观与客观的统一。他认为，美是一个融合体：一部分是客观的事物及其性质，另一部分是人的主观意识。两者有机融合，才产生了真正意义上的美。

李泽厚主张美是客观性与社会性的统一。他认为，就像善是人类社会实践的产物，美也是人类社会实践的产物。因此，美只对人有意义，只对人类社会有意义。

1996年，中国召开了第三次全国教育工作会议。正是在这次会议上，“美育”正式进入素质教育体系，被正式写入国家教育方针之中，这标志着中国的美育教育进入到一个新的历史阶段。

三、美育的含义与意义

（一）美育的含义

所谓美育，就是审美教育。简单地说，美育就是审美和教育的有机融合。从狭义上讲，美育是指艺术教育，是通过鉴赏文学艺术作品来感染、熏陶学生，从而提高学生的审美能力的教育。具体来说，美育是在特定的美学理念和教育理念的指导下，借助美的事物和相应的审美活动来激发情感、强化体验，最终促使被教育者全面发展。从广义上讲，美育除艺术美外，还包括自然美、社会美、生活美、科技美等，兼具美的教育、情感教育、人格教育、感化教育、艺术教育等综合教育功能。

美育具有计划性、渐进性、科学性和集中性等特点。学校应根据培养人才的要求，按照教育规律，有目的、有计划地组织美育活动，引导学生进行学习，接受训练，从而保证培养人才的质量和规格。美育的要求和内容应有层次，每一门课、每一个专题、每一项审美实践活动都应遵循循序渐进的原则组织教学，做到连贯、完整、系统。学校美育应讲究科学性，帮助学生树立进步的、健康的审美理想，掌握正确的审美标准。

（二）美育的意义

美学家在研究中会产生一个疑问：美育究竟是如何陶冶情操、激发善行的？这还得从美感的本质说起。

那些美的对象之所以能够陶冶情操，是源于它所具有的两种特性：一是普遍性，二是超脱性。名江大川，人人可游；夕阳明月，人人可赏。孟子所谓“独乐乐不若与人乐乐”“与少乐乐不若与众乐乐”与陶渊明所谓“奇文共欣赏”，都强调了美的普遍性。以植物的花为例，它原本只是为将来结果做准备，但在诗人的笔下，那些梅花、杏花、桃花、梨花就俨然构建一个奇妙的心灵家园。再以动物的毛羽为例，它原本只是用来御寒，但是，在人的手里，白鹭之羽、孔雀之尾就成了绝佳的装饰。我们不妨想一想，那些宫室原本只要避风遮雨就好，为什么还要增补雕刻与彩画？那些器具原本只要能用就好，为什么还要设计图案？事实上，真正意义上的美是超越功利的。在这里，美的普遍性有助于打破人我之见，美的超脱性有助于化解得失之心。

实践证明，美育可以在熏陶感染中培养宁静平和而又刚毅不屈的精神。

1. 从美育哲学角度看

从哲学上看，世界有两个方面，一是现象世界，二是实体世界。所谓现象世界，就是物质世界；所谓实体世界，就是精神世界。与其他动物相比，人最大的特质就是不仅在物质世界生存并具有物质需求，而且在精神世界生存并具有精神需求。所谓美育，实际上是实施世界观教育，使其成为通往精神世界的桥梁与纽带，这是由美育的本质和特点所决定的。人人都有喜怒忧思悲恐惊，这些往往随着生死、祸福、利害、得失而改变。但是，真正意义上的美感是无功利的，是超脱的，是普遍的。因此，这种美感是极其纯洁而无杂念的。这就很容易促使我们忘记人我差别，进而与美浑然一体，顺利进入实体世界。

2. 从美育价值角度看

从美育价值角度看，美育有助于培养超越功利的心态，有助于化解人我对立的偏见，有助于保持崇尚平和的境界。换句话说，美育能够消弭人的卑劣欲望，能够消除人的自私贪念，能够使人自然而然地进入真善美的境界。

蔡元培认为："美育者，应用美学之理论于教育，以陶养感情为目的者也。人生不外乎意志，人与人相互关系，莫大乎行为，故教育之目的，在使人人有适当之行为，即以德育为中心是也。顾欲求行为之适当，必有两方面之准备。一方面，计较利害，考察因果，以冷静之头脑判定之；凡保身卫国之德，属于此类，赖智育之助者也。又一方面，不顾祸福，不计生死，以热烈之感情奔赴之。凡与人同乐，舍己为群之德，属于此类，赖美育之助者也。所以美育者，与智育相辅而行，以图德育之完成者也。美育之目的，在陶冶活泼敏锐之性灵，养成高尚纯洁之人格。"

由此可见，美育的真正目的就在于陶冶情操、净化心灵，培养一种积极进取、追求完美的高尚人格。在这个过程中，陶冶情操是美育的直接目的，净化心灵则是美育的根本目的。

3. 从心理感受角度看

从心理感受角度来看，人的精神大致可以分为三种：一是知识，属于科学的范畴；二是意志，属于理论学的范畴；三是情感，属于美育的范畴。人人都有感情，却不是人人都有高尚的行为。究其原因，关键还是感情推动力的强弱问题。事实上，美育培养的正是感情推动力。这就从心理感受角度圆满地揭示了美育对人的高尚行为的促进作用。从这个意义上说，美育有助于引导人形成勇敢、无私、进取等优秀品质。

四、美育的功能

美育的目标大致有两个面层：一是培养和提高人对美的感知力、欣赏力、创造力；二是美化人自身，即树立美的理想、发展美的品格、培育美的情操、形成美的人格。一言以蔽之，美育的根本宗旨就是培育美的人格和美的心灵。

（一）形成美的自觉，树立正确的审美观

人的审美能力不是天生的，是后天教育的结果。因此，这里所说的“形成美的自觉”，是指经过美育教育的人能够具备自觉地发现美及审美的能力。

审美观是指审美主体从审美的角度出发，对世界和人生的看法。而树立正确的审美观有助于大学生更好地发现美、欣赏美、创造美。

爱美是人的天性。通过实践活动，学生能逐渐形成自己的审美标准和审美方式，但对美的感受存在明显的弱点。例如，在追求美的过程中，学生对美的感受往往是肤浅的、迟钝的，对美的追求带有盲目性，对于美与丑的标准也是模糊的，对什么是美容易产生错觉；在强烈好奇心的驱使下，将“新”“奇”“异”视为美；表现出与年龄不相符的世故；追求外在美，忽视内在心灵美和气质美。这些不正确的审美观会对学生产生不可估量的消极影响。美学家朱光潜说：“我坚信情感比理智重要，要洗刷人心，并非几句道德家言所可了事，一定要从‘怡情养性’做起，一定要于饱食暖衣、高官厚禄等等之外，别有较高尚、较纯洁的企求。要求人心净化，先要求人生美化。”中国古人讲究“腹有诗书气自华”（出自苏轼《和董传留别》），强调审美修养在个人成长过程中起着非常重要的作用。

在实施大学美育，培养学生敏锐感觉能力的同时，还应着重发展他们高尚的审美情感，培养他们审美的比较及分析能力、审美的想象和联想能力，以便更好地塑造艺术形象。

大学美育应使学生掌握各门艺术的基础知识，逐步形成马克思主义的文艺观和审美标准，让学生可以分析和评价艺术作品及社会上的美好事物，以培养他们审美的能力。大学美育应起到激发学生艺术兴趣、培养学生爱美情感、抵制各种精神污染的作用。

（二）提高学生审美能力，塑造美的自我

审美能力是指人感受、鉴赏、评价和创造美的能力，要求审美主体能够凭借自己的生活体验、艺术修养和审美趣味有意识地对审美对象进行鉴赏，从中获得美感；在审美鉴赏基础上，能对审美对象的性质、价值、形式和内容等进行分析并做出评价；在具备一定的审美感受、鉴赏和评价能力的基础上，能运用某种艺术形式和表现技巧，创造美的艺术形象。培养审美能力是美育的特定目标之一。审美能力集中地表现为审美感觉力，它是一种与审美需要相应的感官能力。需要注意的是，审美能力的获得，主要来自美育。美育是一种形象和情感的教育，可以提高想象力和理解力，健全审美心理结构，全面培养审美能力。在美育中，审美对象的反复展现可以促进感官对形式的感知，使人反应敏锐，从而形成高度的审美感知和鉴赏能力。

1. 陶冶性情

人的性情指人的个性和情欲，是人的个体感性生命的组成部分，因此也与个体的欲念功利心相联系，总会带有狭隘的功利主义、利己主义性质。通过美育的陶冶，人会逐步培养和建立起一种超越实用功利的人生态度，改变人的性情。其对人的性情的改变是

深刻的，因而也是具有稳固性和延续性的。情感对人的实践活动有巨大的影响。古往今来，无数伟大的人物，无论是革命家、科学家，还是艺术家，都对自己的事业怀有热烈而深沉的爱。一个情感浅薄之人，对自己的事业不会有什么激情，更谈不上有什么献身精神。所以，美育不仅要使人的情感趋于丰富与纯洁，还要使人具备对事业的巨大激情与动力，这也是美育的特殊目标之一。

2. 完善人格

人格是指人的性格、气质、能力等特征的总和，也指个人的道德品质。人格有一个逐步建构的过程。在审美活动中，审美对象所蕴含的意义总是能潜移默化地直达人心，使人进入高尚的审美境界，使人在感动中去掉“小我”，去掉私心，在人们的身上唤起那些真正具有人的价值的性质和属性。也就是说，人类审美所追求的不是有限的功利目的，不是达到这种有限功利目的的工具。相反，它使人从那种有限的、自私的占有欲中解放出来，上升到自由、无限的崇高精神境界，建构起高尚、美好的人格。

（三）培养创造美的能力，创造美的世界

创造美的能力是指人们按照美的规律创造美的事物和美化自身的能力。要想培养创造美的能力，就要认识和掌握物质对象的特性，重视技巧的学习与运用，掌握对称、均衡、对比、调和、韵律、节奏、多样、统一等基本法则；要有勇于创新、精益求精的精神。

在培养学生创造美的能力的同时，还要注意组织学生参加各种艺术实践活动，培养发展学生创造美的兴趣，使学生学会按照美的法则构建生活，养成美化环境及生活的能力和习惯。

培养具有审美能力的人对于整个社会都有着重要的意义。因为审美能力的提高不仅对于艺术活动有不可估量的作用，而且对于物质生产活动意义也十分重大。如果没有对美的形式的审美感知力，人们就不可能在生产实践中按照美的规律进行生产活动。而随着人类社会的发展，随着物质生活水平和精神生活水平的提高，人们对美的要求也越来越高。人们不仅要求创造出更多的艺术作品来满足自身的精神需要，还要求日常接触的产品处处有美的因素。技术美学在当代的崛起，艺术设计的日益受到重视，正说明了当今时代的这一需求。

五、美育的途径

美育的途径很多，但主要的有三种：一是家庭美育，二是学校美育，三是社会美育。与此同时，在这三种美育中也在一定程度上渗透了自然美育和艺术美育。

（一）家庭美育

家庭美育堪称美育的起点。社会是由一个个家庭组成的，一个个家庭相当于社会的一个个细胞。对于孩子来说，人生的起点就是家庭，最早的老师就是父母。我们必须高

度重视家庭教育，因为这种美育开始最早、持续最久、影响最深。

（二）学校美育

《教育部关于切实加强新时代高等学校美育工作的意见》（教体艺〔2019〕2号）中指出：学校美育是培根铸魂的工作，提高学生的审美和人文素养，全面加强和改进美育是高等教育当前和今后一个时期的重要任务。学校美育堪称美育的重点。从家庭到社会，存在一个中间过渡环节，这就是学校。与家庭美育、社会美育相比，学校美育在理论上更加系统，在实施上更加专业，在时间上更加充足，在条件上更加优越，在效果上更加显著。尤其在当前，学校美育已经成为学校素质教育的重要组成部分。

（三）社会美育

社会美育堪称美育的大课堂。所谓社会美育，是指借助社会上现有的各种美育设施和美育环境所施行的美育。毫无疑问，社会美育要比起家庭美育和学校美育宽泛得多。学校美育中的课外活动也强调走进社会，但其专业性、深广度远远不如真正的社会美育。一般说来，社会美育主要包括社会设施的美育、社会环境的美育、社会生活的美育。

（四）自然美育

自然美育是美育的重要组成部分。所谓自然美，既可以指具体的自然事物的美，也可以指整体的自然界的美。自然美的最大特点，就是形式美，其形式往往胜于内容。学生置身于千变万化、精巧绝妙的自然中，充分感受到仙境般的自然美，便很容易引发对美的追求，不但能增长相关知识，而且有益于身心健康。

（五）艺术美育

艺术美育是美育的特殊手段。在审美教育中，艺术美育的专业化、系统化的作用是难以替代的。学生在接受了成功的艺术美育之后，就会在思维方式、行为方式和表达方式上产生令人瞩目的积极变化。

综上所述，美育的途径包括家庭美育、学校美育、社会美育、自然美育、艺术美育。这些途径都有一个共同的目标，那就是将学生培养成全面发展的高素质人才。

第三节　美的实践

人们的审美观念、审美修养不是与生俱来的，而是长期生产和社会实践的产物。培养审美修养，可以在审美想象力和审美感受力方面着手；审美想象力和审美感悟力的提高可以通过博文广志和接触自然来实现；在接触美或丑的事物的过程中，人们可以通过个人的理解和情感倾向，将从中领悟的尚未被人们发现的美发掘出来。例如：日常生活

中的普通画面，在马致远手中就可以提炼出“枯藤老树昏鸦，小桥流水人家，古道西风瘦马”的经典美学画面，在李商隐诗中就可以提出“夕阳无限好，只是近黄昏”的人生哲思。丰富的知识不仅是学习和工作的需要，也有助于个人品位与修养的提升，与自然亲密接触，更是使人受益匪浅。

一、什么是审美实践

审美实践是指人们在日常生活中对美的追求和体验，包括欣赏艺术作品、自然景观、建筑美学等。它涉及个人对美的感受、评价和创造。审美实践通常包括审美感受、审美评价、审美创造、审美教育、审美交流等。

审美实践是文化和社会发展的重要组成部分，它不仅丰富了人们的精神生活，还促进了社会文化的多样性和创新。我们只有注重审美实践、提升审美修养，才能更好地辨别真假、善恶、美丑，才能更好地感知美、欣赏美、创造美。通过审美实践来提升审美修养，是人才基本素质的集中体现，更是大学生开启自我发展、自我完善大门的金钥匙。

二、大学生审美实践

大学生审美实践就是发展学生的个性及感性能力，即感觉、知觉、情感、想象能力的提升，综合体现为审美感知能力的提升。

（一）大学生审美实践环节

大学生审美实践可以有效地促进感性发展，实现审美情感教育，从而促进完整人格的形成，其包括审美课程综合学习、审美体验与创造、审美文化传承与创新等环节。

首先，大学生应该通过美育、艺术理论基础与审美鉴赏等课程学习了解审美理论，包括美的本质、形态、审美意识、审美过程和艺术史，了解自然美、社会美、艺术美等各种不同美的特点、分类及欣赏标准，为审美实践打下坚实的理论基础。

其次，大学生的审美体验创造主要蕴含于校园文化中，包括校园生态环境构建、校园文化活动开展等方面。美好校园环境的建设可以营造良好的校园文化艺术氛围，对大学生“以美成人”的人格信念养成有积极的作用，可以激发大学生积极、健康、向上的人生追求；通过课外艺术实践形成有特色的校园文化氛围，将文化精神融合到艺术实践活动之中，从而让大学生在文化的熏陶中养成健康人格。

再次，把审美延伸到校外，即充分利用资源，参与社会实践活动、志愿服务、社区艺术项目等，将审美理念应用于现实生活中，提升社会责任感和实践能力，抓住身边无数的“美”。

最后，大学生美育实践应该重视中华优秀传统文化的创造性转化和创新性发展。把中华优秀传统文化教育作为高校美育培根铸魂的基础，弘扬中华美育精神，要在传统文化艺术的提炼、转化、融合上下功夫，让收藏在馆所里的文物、陈列在大地上的文化艺术遗产成为高校美育的丰厚资源，让广大青年学生在艺术学习的过程中了解中华文化变

迁，触摸中华文化脉络，汲取中华文化艺术的精髓。

（二）大学生审美实践类型

1. 艺术美的审美实践

通过对艺术作品的赏析，可以培养高校学生的艺术欣赏能力和审美素养。对艺术作品的欣赏，就好像杜甫的两句诗一样，随风潜入夜，润物细无声。艺术欣赏不仅在潜移默化中提高人的素质，也给人们生活带来愉悦。例如从音乐欣赏课入手，由浅入深地讲解一些音乐专业理论知识并让学生欣赏部分中外名曲，教会大学生鉴赏高雅音乐艺术。

2. 社会美的审美实践

社会美其实就是社会生活的美，它是社会实践的产物。高校美育可以积极引导大学生参与社会美育实践，可以采用走向社会、走进社区、走进乡村等形式开展“文艺扶贫”“乡村文化振兴”等活动，充分发挥大学生的艺术才能，将自身的艺术特长、文化知识、创新能力充分与社会实践相结合，体现创造性的劳动美。大学生在社会艺术实践活动中锻炼了才智，提升了审美思想品质，通过自身的劳动成果换来了审美期待和愿望的满足。这种实践行为充满美感，让自身的思想和行动达成知行合一，体现社会的进步美。

3. 大学生自身美的实践

社会是由人构成的，人之美是社会美的核心。大学生的自身美包括外在美和内在美两个方面。大学社团可以开展与社会礼仪、服饰相关的审美活动。比如“舞蹈社团”让大学生有更好的身体形态，“礼仪社团”教大学生在穿着等社交礼仪方面如何展示身体美，这些实践活动对强化大学生的外在美有积极的引导和帮助作用。内在美即个人修养与人文素养，通过审美实践活动可以对大学生的心灵美、道德美、情操美、品质美进行有效的培养。

美学实践与思考

1. 阅读宗白华的《美学散步》或李泽厚的《美的历程》，然后在读书会上和其他同学交流心得。

2. 拍一些自己家乡的美景，并讲述与景色背景有关的故事和儿时的趣事。

第二章 自然之美

导读

我国现代著名艺术家、教育家丰子恺在《美的教育》译者附言中讲道："对于自然美的真实的爱护心，尤为美的教育上的要务。自然是美的源泉，艺术的源泉，亦可说是人生的源泉。"因此，自然审美在美育上具有十分重要的地位。自然审美是对自然美进行观赏的审美活动。

自然美是客观存在的。如看山，耸然巍峨；临水，滋润万物。不为尧存，不为桀亡。

那镶嵌在绿野之中清波荡漾的湖泊，那湖岸边轻拂水面的垂柳，那满眼的青山叠翠、小桥流水、楼台亭榭……

自然美也是主观感受到的。在春山野外，你是否感受到了"芳草鲜美，落英缤纷"和"有良田美池桑竹之属"的桃花源画境？置身此中，你会像一只"久在樊笼里，复得返自然"的小鸟一般惬意和欢欣，尘虑尽涤，俗念顿消。

自然美是产生和存在于自然中的美，是自然事物、自然现象及其关系所呈现出来的美。天地有大美而不言，自然如同多彩的万花筒，时刻展示着美丽，也提醒人们用心去感受，用情去呵护，真正的天堂就是生活在美的自然中间。

学习目标

知识目标

1. 掌握自然美的含义。
2. 掌握自然美的特点。
3. 了解自然美的类型与形态。

能力目标

1. 初步懂得鉴赏自然美，认识自然美。
2. 掌握自然美的审美方法。

素质目标

1. 提高鉴赏自然美的能力。
2. 通过自然景观的赏析，掌握自然美的赏析方法，理解自然美。

思政目标

1. 融入大自然，培养和谐的生态观和宇宙观。
2. 能够从祖国大好河山欣赏中激发对祖国的热爱。

美学欣赏

自然审美的形成与发展

自然美的欣赏是在人类的社会实践中形成和发展的，大致经历了实用、比德、畅神三个阶段。

第一阶段：实用自然审美。早期人类对美的观念是朦胧、模糊的，是以对人是否有显而易见的实用价值作为审美的标准。有用就亲近、喜欢和赞美；无用，就不感兴趣。与原始生产实践、原始生活方式密切相关的自然物成为人们最初的审美对象。对于以狩猎为主的原始部落来说，最初的审美对象就是动物。尽管他们生活在鲜花盛开的地方，但是由于植物同他们的生产和生活还没有直接的联系，他们不用鲜花装饰自己，而是用兽皮、兽骨、兽牙、兽角、兽尾、羽毛等作为装饰品，以显示自己的智慧和力量。大量动物形象出现在远古的玉器、陶器、服饰或建筑上，甚至成为民族图腾符号。

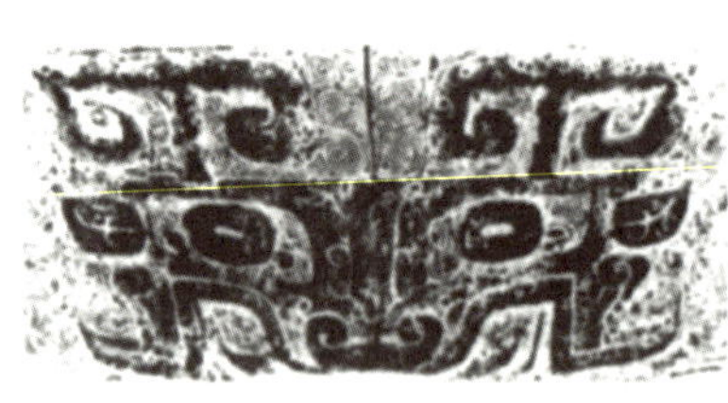
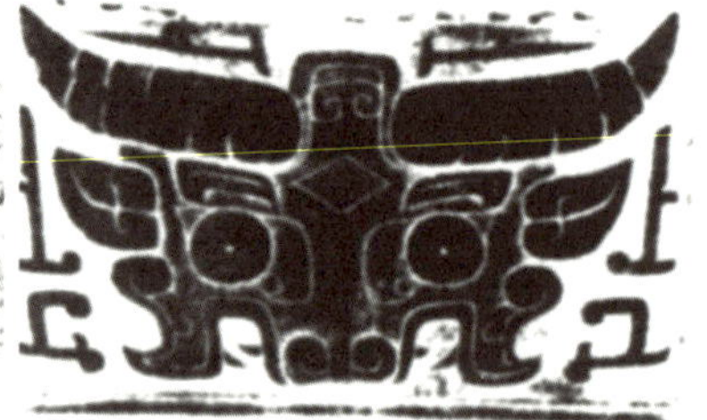

商周时期的兽面纹

饕餮纹，又称兽面纹，是中国的一种传统纹饰，主要特点是：突出动物面部的抽象化图像，形态狰狞可怖，盛行于史前、商代和西周初期。这种兽面纹是古人融合了自然界各种猛兽的特征，再加上自己的想象而形成的，常作为器物的主要纹样。

第二阶段：比德自然审美。“比德”的“比”指比拟或象征，“德”指伦理道德或精神品格。随着人类实践的日益深入和扩大，人们不再拘泥于实用自然美，而是将自然同人的社会生活、风俗习惯、精神活动、道德观念等联系起来，发现并赞叹自然物和自然现象之美。于是自然审美由此脱离物质的实用、功利的内涵而进入更高一级的具有深刻的精神意蕴的比德阶段。我国比德审美阶段大致形成和成熟于商周至秦汉时期。《诗经》中大量的比兴手法，反映了当时人们已经从比德审美的角度进行自然审美。如宋代著名理学家周敦颐赞美荷花“出淤泥而不染，濯清涟而不妖，中通外直，不蔓不枝，香远益清”的自然特征，显示出令人神往的自然美，给人以高洁正直的审美感受。荷花的这种自然素质与人类生活发生联系，便成了人的理想人格的暗示和象征。人们赋予荷花高尚的品格并以其为参照来对照自身，使人在对自然美的欣赏过程中，情感受到触动，心灵得到净化，精神获得提升。

吴炳《出水芙蓉图》
（故宫博物院藏）

第三阶段：畅神自然审美。社会实践的发展，使自然物和自然现象不只被作为一种人格美的象征而受到赞美，而且也作为娱情畅神的对象而为人欣赏。我国在秦汉之后，生产力有了很大的提高，人们也有了更多的闲暇时间。不以功利的观点而从娱情的角度来认识和欣赏自然美在我国东汉时已见端倪。到了魏晋南北朝时期，更是涌现出许许多多描写山水风光的散文、诗歌、绘画，成为人类对自然美的欣赏达到娱情畅神阶段的标志。当时的绍兴会稽山、常熟虞山、南京栖霞山和茅山，都是人们欣赏自然美的胜地。三国嵇康说：“游山泽，观鱼鸟，心甚乐之。”东晋王献之说：“从山阴道上行，山川自相映发，使人应接不暇，若秋冬之际，尤难忘怀。”到了娱情畅神阶段，审美对象是使人心旷神怡、流连忘返的自然物、自然现象。自然之所以美，仅仅因为它本身的勃勃生机、气象万千，给人以精神享受，不因为它有着物质功利性和道德比拟性，这大大开拓了自然美的范围和领域。

张家界风光　吴勇兵摄

第一节　自然美概述

在审美活动中，自然美与社会美同为现实美，它是人类不可或缺的最初始的审美对象。无论是有机物的自然美，还是无机物的自然美，都能引发人的审美愉悦。在自然界中，宇宙星辰、山川草木、花鸟虫鱼、江河湖海、雨露虹霓、风霜雪雾、云霞雷电、奇峰巨石、园林梯田、牧场草原等都是构成审美对象的自然景物，都属于自然美的范围。

一、自然美的含义

自然美是指客观存在于自然界的各种事物和现象的美。客观世界是时刻都在变化的，而且这种变化遵循一定的规律。人类虽然能在一定程度上影响客观世界，但从本质上说，这种影响还是微乎其微的。因此，所谓的自然美往往是自然形成的美，是不依赖于人类社会而存在的自在之物。人类对自然美的感知、欣赏、认识是完全可以理解的，但如果离开了自然界自身的自然物质属性，就谈不上真正意义上的自然美，譬如，宇宙星空之美、朝霞落日之美、草木花卉之美、珍禽异兽之美、风景名胜之美等。无论是有生命的机体，还是无生命的物质，不论是静态的，还是动态的，都能以其自然的感性形式，或令人心旷神怡、叹为观止，或使人情思绵绵、浮想联翩。自然物质这种感性形式之所以能引起人们的审美感受，就是因为它们具有美的特性。

二、自然美的特征

（一）自然性

要构成自然美，必须具备一些先决条件。这里所说的先决条件主要是指自然事物本身的质料、色彩、形状等自然特征。可以毫不夸张地说，离开了这些自然属性，自然美也就成了空中楼阁和镜花水月。

自然美的表现形式是非常直接的，给予人的冲击是非常巨大的。人们在欣赏自然美时，很自然地会忽视其内容，而将审美的注意力集中在形状、色彩、声音、质地等形式上。因此，这些形状、色彩、声音、质地就成为自然美的最重要的成分。判断自然事物究竟美不美，往往是以形式而非内容来进行的。那些公认的自然美的共同点，就是具备比例、对称、和谐、统一等形式上的审美价值。

自然美是自然形成的，是天然之美。这与能工巧匠创造的所谓“巧夺天工”的那种美不是一个层次。大自然的鬼斧神工是人力永远无法展现和超越的，这也正是自然美的永恒之处、绝妙之处。

（二）多面性

自然美不仅具有自然性，而且具有多面性。自然美的这种多面性在客观上为人类提供了异常丰富的审美对象，成为取之不尽的素材宝库。古代知识分子素以菊花比喻隐逸，以莲花比喻君子，以牡丹比喻富贵。现在的人们看见月亮自然想到团圆，看见太阳想到光明和温暖，看见大海想到人的宽广心胸，看到梅竹想到人的高风亮节。由此可见，古今一理，人同此心。

首先，自然事物具有多个方面的属性，因而会在人们面前呈现出多个方面的美。即使是某一个具体的自然事物，它的形式美的展现也是多个方面的。这就需要人们有一双发现美、欣赏美的眼睛，真正去探寻、感悟不同意味的美，引发、寄寓不同偏好的审美情感。苏轼的《题西林壁》中有两句咏庐山的诗句：“横看成岭侧成峰，远近高低各不同。”我们可从中感悟到自然美的多面性。

其次，自然物与人的关系是非常微妙的，存在各种各样的情形。因此，自然物的美会在一定条件下呈现出不同的样貌。以梅花为例，在不同诗人的眼里、心中和笔下，它的美是各不相同的。陆游的《卜算子·咏梅》突出了梅花的端庄、华贵，王安石的《梅花》则突出了梅花的清秀、洁白。

再次，审美主体的文化背景、审美修养直接赋予自然美的多样性。以荷花为例，荷花在中国始终被视为“出淤泥而不染，濯清涟而不妖”的洁身自爱的象征，但在日本却被视为一种忌讳。

最后，即使处在同一时间和同一境况，由于欣赏者的境遇不同、心绪不同，自然物也会呈现出截然不同的审美效果。

随着社会的发展，自然物作为审美对象，其范围正在日益扩大。如当今的海底、宇宙太空，也已成为人们的审美对象。实际上，大自然的美集中体现了天人合一的和谐美。天人合一体现了最高层次的自然和谐美，也是中国古代宇宙观、人生观的重要体现。

（三）变易性

所谓自然美的变易性，是指自然美具有千变万化的特点。从总体上看，自然美具有相对的稳定性和持久性。但如果关注特定的时空，就会发现自然美是时时、处处都在发生变化的。这是一种变动的美，而不是一种静止的美。

走进自然，你会发现，海比天蓝。走进自然，你会发现，每一棵树、每一片草，都是那么纯洁。这是一个宁静的世界，也是一个喧闹的世界。欢快地行走在林间小路上，就连风声都会清晰可闻。成千上万种鸟儿栖息在树林里，在自然的怀抱中合唱一首清脆悦耳的大自然赞歌。小溪舞动着轻灵的步伐，奔向遥远的大海；花儿则姹紫嫣红，争奇斗艳，营造出一个美轮美奂的童话般的梦中花园。事实上，即使是在同一个时空，只要观赏者的角度有所变化，也会感受到自然美的不同侧面。这也属于广义的自然美的变易性。即使是同一个自然事物，在不同的时空条件下也会显现出不同的景象。大自然的这种变易性进一步强化了自然美的变易性。

春夏秋冬四季，都是自然美的体现、爱的体现。从春天的百花齐放，到夏天的绿草如茵，

又到秋天的累累硕果，再到冬天的白雪皑皑，自然正是用这种特殊的方式延续着我们的生命。因此，我们必须深刻地认识到，破坏、浪费自然资源就是破坏、浪费我们人类的生命根基。

（四）和谐性

大自然充满了和谐，是虚实相生、动静相谐的。

大自然的光影、云雾、霞光等虽然具体可感，但瞬息万变、难以琢磨，是自然物或自然景象在时空中的虚景；山川、林木、江河湖海、花虫鸟鱼等是自然物或自然景象在时空中的实景，一虚一实，构成了气韵生动、意境朦胧、千变万化的美好景象。在观赏自然景观的时候，人们既能近距离观赏眼前的实景，也能观望周围广阔的空间领域，产生悠远的联想与想象。

大自然的山静水动、山水相依构成动静相谐的审美空间。宋代郭熙在讨论“山”与“水”的关系时，认为“山以水为血脉，以草木为毛发，以烟云为神采。故山得水而活，得草木而华，得烟云而秀媚。水以山为面，以亭榭为眉目，以渔钓为精神。故水得山而出，得亭榭而明快，得渔钓而旷落。此山水之布置也”。一山一水，一动一静，相映成趣，共同书写出山水景象的诗情画意。

三、自然美的分类

在人类出现以前，自然景物就已经客观存在，本无美丑，其成为审美对象是人们社会实践的结果。自然美主要有两种基本形态，一种是未经人们加工改造的自然美，另一种是经过人们加工改造的自然美。这两类并不可以截然划分，相反，它们经常是相互渗透和转化的。

（一）未经加工改造的自然美

自然造化的神奇难以言表，事物种类之多难以计数，自然事物无处不在。未经人们加工改造的自然事物，保留了自然的原生状态，它们以其天然的本来面目呈现于我们面前。例如，日月星辰、雨雪风霜、原始森林、浩瀚沙漠、绵绵山岭、茫茫大海以及野生的动植物等。

1. 山水之美

中国山脉纵横，河流湖泊星罗棋布，海域浩瀚无际。烟波浩渺，广袤无垠，可以美得大气磅礴；山如黛眉，水如秋波，脉脉无语却含情无限，可以美得清隽秀丽。山水之美在于山的灵性和水的神韵，是自然美中最具魅力的部分。山水相依，山因水而秀，水因山而灵。古往今来，人们乐游山水，寄情于山水。他们徜徉于山光水色之中，寻找山水清音、林泉高致，并将其作为各类艺术作品的重要表现内容。

山水之美是自然美的主旋律，山水之美并不是单纯的山美、水美，同时还是日月星辰、风云雨雪、林泉鸟鸣等自然现象的相互衬托与和谐统一。山水之美是一种综合的自然美

概念，人们通过山水美可以感受整个大自然无尽的美。

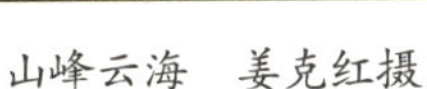

山峰云海 姜克红摄

高山流水 石顺福摄

2. 日月星辰之美

在茫茫的宇宙中，有主宰地球的太阳，有阴晴圆缺的月亮，有短暂耀眼的流星，有千姿百态的星系，它们日日夜夜存于苍穹的一隅。日月星辰自古至今都是人们审美活动的重要组成部分，在人们的审美活动中占据着重要地位。

人们从远古开始便敬仰、崇拜太阳，进而有了“女娲补天”“夸父逐日”“后羿射日”等美丽的传说。直到今天，人们依然没有放弃对太阳的追逐，依然等待着阳光制造的奇迹。初升的太阳像一泓清泉，宁静中透着宽广；正午的太阳光芒万丈，活力四射；傍晚的太阳，伴着云霞，秀丽而温柔。而月亮之美在于它的高洁、柔和、纯净、清幽。月亮时而浑圆如玉盘，时而弯曲似银钩；时而皎洁明亮，时而阴沉晦暗；时而银辉遍泄，时而斑驳朦胧。这种种变化集中了人们无限美好的憧憬与理想，容易启发人们的艺术联想，成为文学作品中永恒的主题。例如，杜甫笔下的“星垂平野阔，月涌大江流”，李白笔下的“明月出天山，苍茫云海间”，王维笔下的“明月松间照，清泉石上流”，李贺笔下的“大漠沙如雪，燕山月似钩”，孟浩然笔下的“野旷天低树，江清月近人”，白居易笔下的“可怜九月初三夜，露似真珠月似弓”，均体现出诗人观赏月亮后的不同感受。

云海日出 姜克红摄

正月十五的圆月 王俊峰摄

星辰之美在于它的宁静而高远，纯净而莫测。当夜幕降临，日月轮换，璀璨的银河直挂天幕时，灿烂的星光犹如明珠般闪亮，令人神往。古人习惯把天上或明或暗的星星

赋予美好的寄托，使之成为人们茶余饭后的谈资，而认知的缺乏更加丰富了古人的想象力。银河还被古人赋予多种美好的称呼。例如，曹操笔下的“星汉灿烂，若出其里”，陆机笔下的“招摇西北指，天汉东南倾”，李白笔下的“永结无情游，相期邈云汉”。现代天文学研究表明，浩瀚无限的宇宙中存在大量星系。宇宙中万物和谐，皆遵循着一定的内在和谐，有条不紊、严谨缜密地运动着，这是一种震撼心灵的神奇，吸引着人们继续探索。

3. 动植物之美

在地球上，从寒带到热带，从陆地到海洋，到处都有动物的踪迹。这些可爱的动物们有千姿百态的外形，有令人眼花缭乱的色彩，有自己的生存法则。它们让地球充满了生机与希望，带来的是生态的稳定和谐，表现出的是生命的奔放之美。

许多动物的生理结构、形体姿态都具有对称性、均衡性，如虎、马、狮等，它们的身体与头、颈的长度之比符合黄金分割法则，能给人视觉上带来和谐的美感，正因为如此，它们也成为艺术创作的重要源泉。动物世界色彩缤纷，有单色的动物，也有多色的动物。单色动物的皮毛颜色纯正，如金色的猴子、黑熊、白鹭等；多色动物的皮毛呈现出对比、规则、奇异的图案，如斑斓的猛虎、蓝绿鹦鹉、小丑鱼、大熊猫等。

植物也是大自然的重要组成部分，它们种类繁多，有高大的树木、美艳的鲜花、青青的绿草……它们千姿百态，各具风采，或以花、叶取胜，或以枝干姿态尽显魅力，或以花、叶、枝相互衬托，表现出不同的风格。

树木之美在于它的挺拔、沉稳。树木能够美化环境，满足人们生存的多种需要。树木具有顽强的生命力，它们富有张力的树枝四散开来，吸收着阳光雨露，经受着狂风暴雨。树木多的地方总是生机盎然。

小草之美在于它的无名、淡泊、清纯与力量。无论环境多么恶劣，它们都能百折不挠，顽强生长。小草没有牡丹的雍容华贵，没有寒梅的凌霜之势，没有桂树的香远益清，却展现出了一种清纯之美，极富自然野趣。酷热的沙漠里，岩石的夹缝中，寒冷缺氧的高山等处都可见小草的踪影，它虽平淡无奇，但也是美的。小草有最纯粹的绿，这纯粹的绿婉转、柔顺，装点着地球，并迸发出强大的生命力量。除绿色之外，小草还有醒目的翠蓝色、白色、金色，甚至红色，有些种类绿色间有黄色或乳白色、红色等条纹，极富色彩美。小草四季皆有景，春夏可观叶，秋季可赏色，冬季可悦絮，风吹草动，声响动听，姿态灵动自然。

“年年岁岁花相似。”一年四季中，美丽的花朵塑造人们的心灵，有多少种花朵，就有多少种美丽。花之美在于它的色香姿韵。在花朵世界里，杜鹃花色彩的丰富度首屈一指，白的高雅纯洁，黄的沉稳而又不掩饰美的格调，红的热烈绚烂，交合成无声的花的合唱。花开时节，花朵簇簇，布满整个树冠，花色艳丽，如同漫天云霞。“小园几许，收尽春光。有桃花红，李花白，菜花黄。”（秦观《行香子·树绕村庄》）小小的油菜花也能在大好春光里开得灿烂而明媚，给人美的震撼。玉兰形态如莲似月，花色有白色、紫色、黄色，或紫白相间，各具风情，美得清冽而高洁、典雅而温润。

盛开的杜鹃花　庞云南摄

金黄的油菜花　何丽荣摄

（二）经过加工改造的自然美

“风吹草低见牛羊”的草原充满了生机和活力，是美的；梯田层叠，在崇山峻岭间连绵，在沟沟坎坎中延伸，也是美的。这些美中都留下了人们活动的印记，这种通过人们的生产实践活动，不同程度地改变自然原有外貌而呈现出的美就是经过人们加工改造的自然美，它表现在人类活动的方方面面。

1. 人造的绿洲

沙漠之美在于它无边无际的苍凉与雄浑，但对周边生活的人们而言，却意味着无尽的风沙。寸草不生的沙地，经过人们的改良，可以变成广袤的林地、草地和良田。让沙漠变绿洲是足以被铭记的壮举和奇迹。过去的塞罕坝草木不见，飞鸟不栖，黄沙遮天，经过几代人的不懈努力，今天的塞罕坝自然风光辽阔壮美，有蜿蜒曲折的河流，有星罗棋布的湖泊，有一望无际的林海，有广袤的草原。这里一年四季风光各异，被誉为“云的故乡、花的世界、林的海洋”。春季，冰雪消融，一片新绿；夏季，万顷绿毯，缀满鲜花绿树；秋季，蓝天白云，层林尽染，湖光山色，色彩斑斓；冬季，银装素裹，雪映青松，韵味无穷。

2. 层叠的梯田

修整梯田是治理坡耕地水土流失的有效措施，蓄水、保土、增产作用十分显著，是人们用双手绘出的一幅美丽田园画卷，是人们长期的劳动成果，是人们智慧的结晶。这些梯田层层叠叠，错落有致，恣意舒缓，大小不一，与蜿蜒曲折的田埂线条交织出流动光影，一切是那么恬静与浪漫，让人陶醉。

梯田四季风光各具特色。春日，水暖融融，青翠点缀其间，遍地金黄色的菜花从山顶铺散到山谷下；夏日，梯田水满田畴，禾苗封行，黛绿浓抹；秋日，稻穗飘香，秋韵舒爽；冬日，白雪轻绕，环环似白玉。梯田的优美线条一条条、一根根，或平行，或交叉，显示了动人心魄的曲线美，因此也成为众多艺术创作的素材与来源。

水稻梯田　史开心摄

第二节　自然美的形态

自然美的形态各异：有奇险美，如悬崖峭壁、古树参天、惊涛骇浪、电闪雷鸣；有壮丽美，如辽阔大海、浩瀚沙漠、无边草原、起伏林海；有幽静美，如幽谷溪流、清潭印月、空山鸟鸣、月明星稀；有秀丽美，如花红柳绿、彩蝶翩翩、小溪叮咚、山清水秀……在这里我们选择中华大地上山川湖泊自然景观中“雄”“秀”“奇”“险”“幽”“旷”等六个方面的典型代表作以介绍，让读者去感悟自然美的重要形态。

一、自然美的雄——泰山之雄

在中国的名山中，首先被提及的就是五岳，而五岳之中又以古称“岱宗”的泰山为首。泰山位于山东省中部，海拔 1545 米，东临沧海，西镇大河。泰山一向拥有“五岳独尊，雄镇天下”的美誉，它既是华夏文化的一个典型缩影，又是“天人合一”思想的寄托之地。千百年来，无数帝王在泰山盛典登封，无数名人在泰山留言存迹，更不用说那来自五湖四海的如云游客。

在中国人的心目中，泰山代表着伟岸、高尚、坚毅的形象。司马迁在《报任少卿书》中写道：“人固有一死，或重于泰山，或轻于鸿毛。”毛主席则教导人们：“为人民利益而死，比泰山还重。”这就将泰山精神与人生意义紧密地联系在一起。

说到泰山之美，不能不提“十八盘”。泰山一向有三个“十八盘”之说，当地还有“紧十八，慢十八，不紧不慢又十八”的顺口溜。仰望泰山，只见南天门立在山谷之间，“十八盘”

就像一架长梯，挂在南天门口。正所谓“拔地五千丈，冲霄十八盘”，令游客心生畏惧。

从对松山至龙门为“慢十八”，共393级石阶，坡度较缓。一路缓步而行，不仅轻松自在，而且能尽情欣赏周围的绝佳景致。

从龙门至升仙坊，共767级石阶，为“不紧不慢又十八”。从这一段开始，游客就会逐渐感觉疲劳。这一段是“十八盘”中最长的，坡度达到50度。游客登山速度明显变慢，每上一个平台，就要休息一下。山道两侧都有铁栏杆扶手，便于游客借力。前方就是升仙坊，这是一个两柱单门式的石坊。这里山势陡峻，上临岱顶，给人咫尺仙境之感，故名“升仙坊”。回视山下，游客顿生腾云驾雾之感。

从升仙坊再到南天门，就是最险要的“紧十八”。对于游客来说，这一段才是整个泰山攀登的最大考验。连接天门的盘道，如天梯倒挂，如银河下泄，沟通了人间与仙境。坡度已高达80度，不到1000米的距离，海拔骤升400米，共有石阶1827级。

南天门又名三天门，位于十八盘的尽头。由下仰视南大门，恰似天上宫阙。南天门创建于1264年，明清多次重修，现代又翻修两次。城门上书写着：“门辟九霄仰步三天胜迹，阶崇万级俯临千嶂奇观。”这时，游客回首被自己征服的十八盘，一股壮志豪情油然而生。

二、自然美的秀——峨眉之秀

峨眉山位于四川省乐山市峨眉山市境内，地势陡峭，风景秀丽。最高处是万佛顶，海拔3099米，高出峨眉平原2700多米。《峨眉郡志》云：“云鬘凝翠，鬒黛遥妆，真如螓首蛾眉，细而长，美而艳也，故名峨眉山。”

峨眉山具有得天独厚的地理位置，集自然风光与佛教文化于一体，被誉为“植物国”“动物乐园”“地质博物馆”“仙山佛国”等。明朝诗人周洪谟咏叹道：“三峨之秀甲天下，何须涉海寻蓬莱。”1996年12月6日，作为中国国家级山岳型风景名胜区的峨眉山被列入《世界遗产名录》。

峨眉山的主峰叫金顶。在这里，有世界最高的金佛——四面十方普贤；有世界最大的金属建筑群——金殿、银殿、铜殿；有世界最美的自然观景台，可尽情欣赏云海、日出、佛光、圣灯、金殿、金佛六大奇观。《杂华经·佛授记》中说：“震旦国中，峨眉者，山之领袖。”唐代大诗人李白的诗中，也有“蜀国多仙山，峨眉邈难匹”的千古绝唱。

峨眉山的金顶有四大奇观，备受古今中外游客赞叹。

一是日出。清晨五点，站在舍身岩上，只见天边缓缓出现了镶上金边的云层。一会儿，云层中裂开一丝裂缝，透出橙黄色的光芒。云缝越变越大，最终变为橙黄色。接着，红日衬托下的弧形金边越变越大，橙红色的旭日冉冉上升。这时，速度突然加快，恰似打足了气的皮球，猛然跳出地平线，金光四射，就连每个人的脸上都被涂上一层红晕，整个金顶披上了一件神话般的金色彩衣。

二是云海。在天气晴朗的日子，站在舍身岩前，白云缭绕，四处翻涌。这时，一个个山峰变成了一座座孤岛，只露出青葱的峰巅。云海瞬息万变，有时是“云毯”，如絮绵平铺；有时是“云涛”，如波涛漫卷；有时是“云峰”，如群山簇拥；有时是“云团”，

如蓬堆聚结；有时是“云洞”，如洞窟分割。金顶云海，古称“兜罗绵云”或“兜罗绵世界”。兜罗是梵语，指的是一种树。“兜罗绵”意指此树绽放的花絮。

三是佛光。佛光古称“光相”，又称“金顶祥光”。用今天的科学眼光来看，这种佛光应当是日光照射在云层上所产生的衍射现象。每逢雨雪初歇，阳光普照，光映云海，游客立于睹光台上，可见到自己的身影被云面一轮七色光环笼罩，影随身动。最神奇的是，即使是两人并肩而立，也只能看到自己的影子，绝无双影。佛光的大小、色彩、形状不同，称谓也不同：白色无红晕的，称“水光”；大如簸箕的，称“辟支光”；小如铙钹形的，称“童子光”；光稍上映，直东斜移的，称“仙人首”或“仙人掌光”；光环如虹的，称“金桥”。

四是圣灯。金顶的夜晚，在舍身岩下的峡谷林莽中，可见一两点如豆的星光，渐次变成千点万点，飘曳腾涌，恰似银河繁星坠落岩谷，“时而散舞，星星点点；时而相聚，网网团团，令人眼花缭乱，心动神摇”。这就是被古人称作“万盏明灯朝普贤”的“圣灯”。究其成因，说法不一：有人说是磷火，有人说是萤火虫，有人说是附在树枝上的“密环菌”所发的光亮。

三、自然美的奇——黄山之奇

作为中国“三山五岳”中的“三山”之一，黄山一向有“五岳归来不看山，黄山归来不看岳”“登上黄山，天下无山”等美称。

黄山位于安徽省南部，面积约 1200 平方米。1985 年，黄山入选全国十大风景名胜区。1990 年，黄山被联合国教科文组织列入《世界遗产名录》。值得一提的是，黄山是中国第一个进入自然、文化双重遗产名录的旅游胜地。

绝美的黄山堪称天地奇山，能登临黄山自然就成了人生一大乐事。黄山之美，首先就美在它的奇峰。在黄山上，千峰竞秀，各具特色。但是，黄山究竟有多少奇峰，至今还没有一个统一的说法。历史上，黄山有 36 大峰、36 小峰之称。近年来，《黄山志》又收入 10 座名峰。单就这 82 座山峰来看，绝大多数的海拔都超过 1000 米。

黄山中部的莲花峰海拔 1864 米，是黄山三大主峰中的最高峰，也是华东地区名副其实的第一高峰。莲花峰的特点是主峰突兀、小峰簇拥，俨若莲花绽放。这正是其得名的原因所在。《徐霞客游记》中介绍，莲花峰“居黄山之中，独出诸峰之上……天都亦俯首矣”。在莲花峰的绝顶处，方圆丈余。身临其境，顿感顶天立地。莲花峰上一向有“百步云梯”之说，实际是 200 级台阶。在观景台上，可以欣赏到许多景点，诸如“猪八戒写情书”“鳌鱼吃螺蛳”“老鼠偷油”等。

黄山东南部的天都峰海拔 1810 米，也是黄山三大主峰之一。天都峰在古时候被称为“群仙所都”，意为天上都会，这也是其名称的由来。天都峰气势非凡，雄奇险峭，在黄山群峰中显得最为雄壮。天都峰上奇景很多，如仙桃石、天梯、鱼背及探海松、舞松等。在天都峰的峰壁上，刻有“登峰造极”四个大字。

玉屏峰介于天都、莲花峰之间，海拔 1716 米。玉屏风的峰壁恰似玉雕屏障，“玉屏”之名由此获得。在玉屏峰前，有一块巨大的平台式的石头，左侧是青狮石、迎客松，右

侧是白象石、送客松、立雪台。黄山的松树很多，但最珍贵的还是玉屏峰上的迎客松。迎客松至今已有800年的寿命，枝干长达7.6米，恰似一位好客的主人，热情迎接四面八方的游客。毫不夸张地说，迎客松是黄山的象征和名片，更是黄山人的化身和骄傲。

四、自然美的险——华山之险

华山又称“太华山”，是中国“五岳”中的“西岳”。按照中国古代的五行学说，五大名山对应五行。华山在西方，属金，其形状恰似一个金元宝。之所以叫华山，是因为其山峰自然排列若花状。华山位于陕西省华阴市，南接秦岭，北瞰黄河渭河，素有“奇险天下第一山”之称。

华山的险峻，首先是其独特的地质构造。它由五座主要山峰组成，即东峰（朝阳峰）、西峰（莲花峰）、南峰（落雁峰）、北峰（云台峰）和中峰（玉女峰），各峰之间以险要的山路相连。其中，南峰海拔高达2154.9米，是华山的最高峰，也是五岳的最高点。华山的山体主要由坚硬的花岗岩构成，经过数亿年的风化和侵蚀，形成了陡峭的悬崖和奇异的峰峦，给人以震撼的视觉冲击。

攀登华山，无疑是一场勇气与智慧的较量。华山的登山路线，险象环生，步步惊心。“长空栈道”悬挂在峭壁之上，仅容一人通过，脚下即是万丈深渊，令人心跳加速；“苍龙岭”如同一条蜿蜒的巨龙，横亘在两峰之间，两侧是深不可测的山谷，行走其上，宛如凌空飞渡；“百尺峡”狭窄曲折，两侧石壁如刀削般直立，给人以压迫感。这些路段，既是华山的标志性景观，也是对攀登者心理与体能的双重考验。

华山的魅力，不仅在于它壮观的自然景观，更在于它所承载的文化意义。这里是古代文人墨客的灵感源泉，留下了无数脍炙人口的诗词歌赋；这里是武侠小说中的江湖圣地，侠客们在这里挥剑论英雄，演绎着一段段传奇故事；这里是探险者和登山爱好者的梦想之地，他们在这里挑战自我，实现人生的突破。

五、自然美的幽——青城山之幽

青城山位于四川省都江堰市，历来是旅游胜地与避暑胜地。青城山是中国道教发源地之一，是名副其实的道教名山。

青城之幽历来为文人墨客所推崇。杜甫最早用“幽”来形容青城山，他的《丈人山》这样写道：“自为青城客，不唾青城地。为爱丈人山，丹梯近幽意。”陆游赞叹青城山：“坐观山水气幽清。”近人吴稚晖则认为：“青城在亦雄亦奇亦秀外，而其幽邃曲深，似剑阁、三峡、峨眉皆无逊色。故以天下幽标明青城特点。”

20世纪40年代，国画大师张大千寓居青城山上清宫，自号“青城客”。在这里，他不仅寻幽探胜，而且创作了上千幅佳作。

青城山的年平均气温15摄氏度，年均降雨量1300毫米，适宜植物生长。青城山风景区的林木面积达2350公顷，仅木本植物就达110余科、730余种。青城山的银杏是世界上最古老的树种之一，俗称白果树。尤其是青城山天师洞的银杏，传说是张天师亲手种植的，已有1800多年历史，被誉为“天府树王”，堪称青城山的镇山之宝。青城山还

有大量的珍稀树种，如楠木、唐衫、棕树、珙桐等。青城山的花卉极为丰富，青城幽兰驰名中外。

青城山也是野生动物的天堂，拥有野生动物197科、50多种，包括200余种禽鸟、20余种鱼类及20多种野生两栖动物、爬行动物。其中，大熊猫、金丝猴、青城玉鸦、红嘴相思鸟、杜鹃鸟、娃娃鱼都属于国家级保护动物。

六、自然美的旷——洞庭湖之旷

在古时候，洞庭湖有多种称谓，诸如“云梦”“九江”“重湖”等。洞庭湖最大的特点便是湖外有湖、湖中有山。到了春秋战国时期，由于湖中有一座洞庭山，所以称为洞庭湖。所谓“洞庭湖”，意为神仙洞府，可见其风光之美。洞庭湖主要位于长江中游荆江南岸，涉及岳阳、汨罗、湘阴、望城、益阳、沅江、汉寿、常德、津市、安乡、南县等。洞庭湖区一般分为“莼湖区”和“四水尾间区”，整个长沙城区属于四水尾间区。

作为中国第二大淡水湖，洞庭湖总面积约18000平方千米，又有“八百里洞庭湖”的美誉。洪水期间，洞庭湖的容积可达200亿立方米。洞庭湖的南边是湘江、资水、沅水、澧水，北边则通过松滋、太平、藕池、调弦四口与长江相连，宛如一个天然的大水库。

洞庭湖拥有多个国家级风景区，如岳阳楼、君山、杜甫墓、文庙、龙州书院等。洞庭湖最著名的是君山（又名洞庭山），这是一个风景秀丽的孤岛，共有72个大小山峰。每天都有渡轮来往，航程约一个小时。传说在4000年前，舜帝南巡后，未能一同前往的两个妃子娥皇、女英悲伤痛哭，眼泪滴在竹上，变成斑竹。后来，她们死在洞庭山上。二人又称湘妃、湘君。为了纪念她们，洞庭山就改称君山。君山的古迹包括二妃墓、湘妃庙、飞来钟等。君山的竹子远近闻名，包括斑竹、罗汉竹、紫竹、毛竹等。每年，君山都要举办龙舟节、荷花节和各种水上运动。

“衔远山，吞长江，浩浩汤汤，横无际涯，朝晖夕阴，气象万千。”千百年来，八百里洞庭凭借其恢宏之势被纳入历史的取景框。碧波万顷，沙鸥翱翔，浮光跃金，诗意荡漾，渔舟唱晚，平湖秋月，堪称人间一绝。与几十年前相比，现在洞庭湖的面积已缩小了一半，但依然是全国第二大淡水湖。

第三节　自然美的审美

一、自然美的审美意义

（一）自然审美的特点

1. 主观性

自然美不是自然物本身客观存在的美，而是人心目中显现的自然物、自然风景的意

象世界。自然美是在审美活动中生成的，是人与自然风景的契合。古往今来，人类总能在自然中寻找到精神所需。

自然审美是人类钟情的一种审美活动，很难把审美价值同精神效用完全脱离开来。审美价值以直接超越物质需要为前提，体现为对人的精神的满足。用马克思的话来说：“忧心忡忡的穷人甚至对最美丽的景色都没有什么感觉。贩卖矿物的商人只看到矿物的商业价值，而看不到矿物的美和特性。”审美主体关心的是对象的精神意义，而自然审美带来的正是一种超功利的精神价值。由于审美主体的心理结构、文化背景不同，其内在的审美需求、审美尺度具有极大的差异性和独特性。

2. 客观性

自然审美价值也具有客观性。正如一句谚语所说：“没有一种声音比布谷鸟的声音更优美。”在自然审美关系中，欣赏者是客观存在的，审美对象对审美主体的作用和影响也是从客观中获得会心的愉悦。对审美主体需要的满足和审美能力的提升也是客观的，这就确定了审美价值客观性的理论基础。自然审美发生必须以承认对象存在为前提条件，正如空气、处女地、天然草地、野生林等的客观存在与审美价值有关。

不同的主体对相同的审美对象的价值会有不同的感知，这既是自然审美的主观性的表现，也是自然审美客观性的表现。在自然审美活动中，主体心理形成一个审美力场，它以视听触感、运动感、时空感为条件。客观性为审美提供现实基础，自然形象又与感性意识结为一体。当人捕捉到大自然中的光、色、点、线、形、音、性质、特征等可感因素时，这些因素进入人的意识世界。于是，人就产生主体审美愉悦。

（二）自然审美的意义

1. 健身怡心

自然审美有益于人的身心健康。费尔巴哈认为，人们在户外和在室内判若两人。狭窄的地方压迫着心灵，宽阔的地方舒展心情。没有活动的广阔空间，就没有对活动的渴望，至少没有真正对活动的渴望。恩格斯也认为，当大自然向我们展示出它的全部壮丽时，纯属个人的病痛和苦恼就会立即融化在周围的壮丽之中。于是，人便获得一种自由的、被解放了的体验，获得非常愉快的解脱。事实证明，这种来源于自然审美的心灵愉悦对身体的健康也极具促进作用。

2. 生爱向善

观赏自然美，可以生发爱心，引人向善，砥砺品性，陶冶情操。苏霍姆林斯基说：“如果儿童培育玫瑰花是为了欣赏它的美，如果这种劳动的唯一报酬就是对美的享受，就是为了别人的幸福和欢乐而创造这种美——他就不可能成为一个内心邪恶、举止卑劣、恬不知耻、冷酷无情的人。”乌申斯基说：“自然、美丽的城郊，馥郁的山谷，凹凸起伏的原野，蔷薇色的春天和金黄色的秋天，难道不是我们的教师吗？我深信，美丽的风景在青年气质的发展上具有巨大的教育影响。对于教师的影响来说，是很难和它竞争的。”

方志敏热爱自然，曾在卧室悬挂自拟自书的对联：“心有三爱，奇书骏马佳山水；园栽四物，青松翠竹白梅兰。”他在就义前写下的《可爱的中国》淋漓尽致地抒发了他由山水之美产生的强烈的爱国主义感情。自然审美可以使人心灵净化，情操升华。

3. 返璞归真

自然审美使人获得与大自然亲和、融合的享受与乐趣，和大自然和谐相处，最终达到返璞归真的境界。庄子在《庄子·齐物论》中说：“天地与我并生，而万物与我为一。”清朝画家石涛在《石涛画语录》中说：“山川使予代山川而言也，山川脱胎于予也，予脱胎于山川也……山川与予神遇而迹化也。”

二、自然美的发现

（一）西方：文艺复兴

瑞士学者布克哈特在他的名著《意大利文艺复兴时期的文化》中，探讨了“自然美的发现历程”这个问题。他认为，这种欣赏自然美的能力通常是一个长期而复杂的发现的结果，而它的结果是不容易被察觉的，因为它表现在诗歌和绘画中并因此使人意识到以前可能早就有这种模糊的感觉存在。他强调，准确无误地证明自然对于人类精神有深刻影响的还是始于但丁。但丁不仅用一些有力的诗句给我们展示对清晨的新鲜空气和远洋上颤动着的光辉，或者暴风雨袭击下的森林的壮观的真切感受，而且可能是自古以来第一个为了远眺景色而攀登高峰的人。

文艺复兴时期对于自然美的发现不是孤立的，而是和那个时期对于人的发现紧密地联系在一起。

（二）中国：魏晋风骨

中国人对于自然美的发现也有一个过程。朱光潜说：“中国和西方一样，诗人对于自然的爱好都比较晚。最初的诗偏重于人事，纵使偶尔涉及自然，也不过如最初的画家用山水为人物画的背景，兴趣中心却不在自然本身。”

《诗经》中便有这样的例子。“关关雎鸠，在河之洲”只是作为“窈窕淑女，君子好逑”的陪衬；“蒹葭苍苍，白露为霜”只是作为“所谓伊人，在水一方”的背景。

宗白华认为，中国魏晋时期和欧洲的文艺复兴时期相似，是强烈、矛盾、热情的一个时代，是精神大解放的一个时代，其中一个表现就是对自然美的发掘。据《世说新语》记载，东晋画家顾恺之从会稽返回。有人问山水之美，顾云：“千岩竞秀，万壑争流，草木蒙笼其上，若云兴霞蔚。”这几句话不正是后来荆浩、关仝、董源、巨然等人的山水画境界的绝妙写照吗？

西晋、刘宋人欣赏山水，由实入虚，即实即虚，超入玄境，如陶渊明的“采菊东篱下，悠然见南山”“此中有真意，欲辨已忘言”。魏晋人欣赏自然，“目送归鸿，手挥五弦”，颇有超然玄远的意趣。这使中国山水画自始即是一种“意境中的山水”。两晋人以虚灵

的胸襟、玄学的意味体会自然，表里澄澈，一片空明，建立了最高境界的美的意境。王羲之曰："从山阴道上行，如在镜中游。"其心情朗澄，使山川影映在光明净体中。

自然美的发现，自然美的欣赏，自然美的生命，离不开人的胸襟，离不开人的心灵，离不开人的精神，最终离不开时代，离不开社会文化环境。在一个特定的文化环境中，山川映入人的胸襟，虚灵化而又情致化，情与景合，境与神会，从而呈现出一个包含新的生命意象世界，这就是自然美。

三、自然美的审美

（一）加强自然审美的前期准备

游览风景名胜，最好事先搜寻有关资料，或询问他人，了解审美对象的总体特征、渊源沿革、人文背景、景点分布、游览路线、注意事项等。这样一来，就有事半功倍之效。要真正进入自然审美的境界，必须独具慧眼，调动自己的审美情绪、审美经验，用自己的眼、耳、身、心去发现和体察对象之美。下面以衡山为例，谈谈自然审美的前期准备工作。

秀冠五岳的衡山，气势磅礴，长啸楚天。它始封于唐虞，从古至今，人文荟萃，自然景观和人文景观交相辉映。要寻觅衡山自然美的神韵和风采，就应对衡山的概貌和发展有所了解。衡山大致有四处胜境。

一是"磨镜台"。衡山磨镜台是唐代禅宗七祖怀让以磨砖作镜，点化佛教洪州宗创始人道一之处，环境幽静，历代名流常在此聚会。

二是"最胜轮塔"。磨镜台右侧山坡有怀让禅师的墓塔，"最胜轮塔"四字为唐代宰相裴休所书。

三是"麻姑仙境"。传说麻姑每年都要来衡山采集灵芝，酿成仙酒为王母娘娘祝寿。此处有一塑像，表现正要飞上天的麻姑，手提酒壶站在绛珠池中的岩石上，身旁是挂着灵芝的仙鹿。此处绿树成荫，泉水淙淙，恍若仙境。

四是祝融峰。祝融峰是衡山 72 峰的最高峰，海拔 1300 米。祝融峰高峻雄伟，被列为南岳风光四绝第一。韩愈《游祝融峰》诗云："祝融万丈拔地起，欲见不见轻烟里。"祝融是神话中的火神，也是主管南方事务的神，故后人把南岳最高峰命名为祝融峰。

（二）注重自然审美的心境

有无审美态度，是能否进入自然审美活动的关键。我们应专注于对象本身，直接从对象的感性特征的观照中体味同人生相联系的某种情调、意味和精神境界，获得审美享受。自然审美的心境是一种悠然自适的心境。从尘世的烦嚣中解脱出来，优哉游哉，才能最充分地领略自然美。

（三）注重自然审美的时空

为达到主体和客体相和、情和景相融的最佳境界，自然审美要选择合适的时间和地点。袁宏道的《瓶史·清赏》说："夫赏花有地有时，不得其时而漫然命客者，皆为唐突。"

刘禹锡的《浪淘沙》说："八月涛声吼地来，头高数丈触山回。须臾却入海门去，卷起沙堆似雪堆。"

审美距离主要是指自然审美的心理距离，也包括空间距离和时间距离。自然美是三维的、立体的美。从不同角度观赏，就会有不同的审美效果，下面举几个实例。

一是夕阳。一个女子平时并不觉得家乡景色有多美。一次乘船离家，她回首远眺家乡，顿觉湖光山色令人心驰神往，便吟诗道："侬家住在两湖东，十二珠帘夕照红。今日忽从江上望，始知家在图画中。"

二是黄山奇石。黄山的猴子观海、仙人指路等，近看不过是普通的石头，有一定距离才形成奇特的意象美。

三是万寿山。从北京玉泉山遥望颐和园万寿山，万寿山似乎是一个不起眼的小山头，难觉其美。但从昆明湖东岸眺望万寿山，万寿山便显得高峻雄伟，郁郁葱葱，壮观美丽。

（四）注重自然审美的顺序

自然美有一个充满节律的序列，需要依照一定的顺序，逐一观赏，才能悟得自然美的真谛。这就是所谓"游览"，也就是动态审美。

观赏自然风光，在动态审美的过程中，有时也需要停下来对一些景点进行静态审美。对花卉、虫鱼一类形体小巧的自然物，更须通过静观品味其美。在这方面，我们从以下诗句中得到相应的感悟。

李白在流放途中遇赦返回经过长江三峡之时，写下《早发白帝城》："朝辞白帝彩云间，千里江陵一日还。两岸猿声啼不住，轻舟已过万重山。"

杜牧光临岳麓山爱晚亭，写下《山行》："远上寒山石径斜，白云生处有人家。停车坐爱枫林晚，霜叶红于二月花。"

四、自然美的境界

（一）感受自然美形式的悦耳悦目

自然审美是从对形式的欣赏开始的，它直接作用于欣赏者的感官，引起生理、心理上的愉悦。这一点特别表现在观赏自然物的声响、形状、色彩引起耳目的愉悦上。对自然美形式的悦耳悦目的感受，是整个自然审美的基础和第一步，表明已经进入审美欣赏活动，但所获得的审美享受和教益主要在感官方面，是肤浅的、模糊的、朦胧的、短暂的，有待于继续深化。

（二）领悟自然美意蕴的悦心悦志

欣赏者在自然审美时，从某些外表特征和自己的思想情感有某种相似性的自然物上，会产生丰富的想象和情感，找到自己的精神寄托，感受到对自己的理想、信念的肯定，因而产生精神的愉悦。不同的欣赏者对同一自然物的意蕴感受，甚至同一欣赏者每次欣赏同一自然物都会有新的感受和领悟。因此，对自然美意蕴的悦心悦志的感受远比对自

然美形式的悦耳悦目的感受丰富、深刻，这种感受也是无穷尽的。郁达夫说：“自然景物以及山水，对于人生、对于艺术，都有绝大的影响，绝大的威力……欣赏山水以及自然景物的心情，就是欣赏艺术与人生的心情。”华兹华斯说：“一朵微小的花对于我，可以唤起不能用眼泪表达出的那样深的思想。”茅盾礼赞白杨：“白杨不是平凡的树。它在西北极普通，不被人重视，就跟北方农民相似；它有极强的生命力，磨折不了，压迫不倒，也跟北方的农民相似。我赞美白杨树，就因为它不但象征了北方的农民，尤其象征了今天我们民族解放斗争中所不可缺的朴质、坚强，以及力求上进的精神。”同是赏菊，不同的诗人有着不同的感悟。李白说：“可叹东篱菊，茎疏叶且微……当荣君不采，飘落欲何依？”白居易说：“满园花菊郁金黄，中有孤丛色似霜。还似今朝歌酒席，白头翁入少年场。”黄巢说：“飒飒西风满院栽，蕊寒香冷蝶难来。他年我若为青帝，报与桃花一处开。”

（三）从至真至善到至美至乐

超越物象和自我的至美至乐，是哲人们在长期的自然审美的基础上才能达到的境界，是指通过自然审美超越了物象、超越了自我对世界的哲学思考，达到了心灵与宇宙融为一体。

在自然审美中，欣赏者所获得的审美愉悦已不是常见的悦心悦志的形态，更不仅仅是感官的悦耳悦目，主要是感悟到宇宙、人生的极度愉快，是对生命永恒不朽的精神追求，对自我人格超越的高峰体验。对此，朱光潜的感悟是：“我和物的界限完全消灭，我没入大自然，大自然也没入我。我和大自然打成一气，在一块生展，在一起震颤。”宗白华的感悟是：“既使心灵和宇宙净化，又使心灵和宇宙深化，使人在超脱的胸襟里体味到宇宙的深境。”黑格尔的感悟是：“大海给了我们茫茫无定、浩浩无际和渺渺无限的观念。人类在大海的无限里感到他自己的无限时，他们就被激起了勇气，要去超越那有限的一切。”孔子的感悟是：“逝者如斯夫！不舍昼夜。”

美学实践与思考

一、以“发现身边的美”为主题，在班级举办一次摄影大赛。作品不局限于风景美，可以是身边不一样的美，有内涵有深意的“美”。照片可以是风景、人文、建筑、艺术；视频可以是延时摄影、慢动作等，能展现“美”的均可。要求：时长5分钟以内，短视频需要附带背景音乐，可用专业视频编辑软件。将你的作品展示出来吧！

二、本章中提到的风景名胜你是否去过？在你的家乡是否有名山胜水？不一定非要是名山大川或旅游胜地，只要你用心去看、去品味，你会发现你生活的环境中处处有美、步步是景。请结合本章内容及自己的自然审美实践，跟大家分享你的审美体验。

第三章　社会之美

导读

在人类社会中，充满着同自然美一样深沉宏大的美，这就是社会之美。社会美与社会实践直接联系，直接受社会生活、社会环境等各种条件的影响和制约，而与事物的自然属性一般无关。与自然美相比，社会美具有更为鲜明和强烈的社会性：无论是前赴后继、英勇壮烈的革命斗争，还是忠贞感人、缠绵热烈的纯洁爱情，都是一种社会现象。学习和研究社会审美，对于认识和发现历史、社会生活的美，建构和创造新社会、新生活的美，对于人自身的美化，都有直接和重要的意义。

社会美的基本类别有三个：一是社会生活之美，二是日常生活之美，三是人的身心之美。社会生活之美，重点诠释劳动美、人情美（含爱情美、亲情美、友情美）、民俗美；日常生活之美，重点诠释服饰美、饮食美、居室美、闲暇美；人的身心之美，重点诠释人的外在美（含人体美、仪表美、语言美）、人的内在美（含情感美、意志美、智慧美）。

与自然美不同，社会美内容重于形式，社会美具有真善兼备性、历史发展性（含进步性、时代性、民族性）和纷繁复杂性。如心灵美关注教师之美、军人之美、医生之美。这三种人极具代表性，他们身上集中体现了社会美的本质内涵。

学习目标

知识目标

1. 了解社会美的基本类别。
2. 认识社会美的基本特征。
3. 认识社会美的实践。

能力目标

1. 学会欣赏各种社会美。

2. 学会鉴别、欣赏社会“真善美”。

3. 学会行为美，掌握各种社交礼仪。

素质目标

热爱社会、感悟生活、体验社会生活。

思政目标

1. 在学会欣赏社会美的基础上，关注社会、关注时代。

2. 弘扬“真善美”，增强践行社会主义核心价值观的自觉。

3. 感悟社会对个体的要求，努力践行社会主义核心价值观，促进社会进步，构建和谐社会和人类命运共同体。

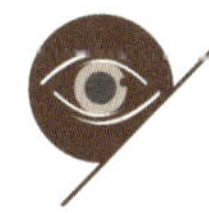

美学欣赏

唐代服饰赏析

永泰公主墓《持物侍女图》中的半臂服饰

社会美的社会性突出，表现在它渗透着人和人之间的社会关系，并反映一定时代、一定民族、一定地域、一定阶级的政治理想、道德观念、生活习俗、文化背景，因此具有时代、民族、地域、阶级的特征。日常生活美中的服饰美就是一个随着社会发展而演变的过程。如唐代时期社会风气开放，各民族交流密切，唐代女性日常服装主要有襦裙、胡服和男装，风格华丽开放，色彩缤纷，款式飘逸，大胆创新。尤其是女装男性化是唐代社会开放的表现。

襦裙装为唐代女性日常服装，又称燕服。襦裙并不是单指一套裙装，上衣为襦衫，下裳为裙。襦的领口有圆领、方领、斜领、直领和鸡心领等，穿着时通常搭配半臂和披帛。襦裙是隋唐五代一种特有的时装，也是唐朝女子服饰的重要代表之一，体现了那个时代的风骨和审美。

披帛——唐元和年间《宫乐图》

三彩梳妆女坐俑（陕西历史博物馆藏）

在开放的开元盛世，女子更少地被封建礼教所约束，思想和行为都更为自由，袒露前胸的服饰特点体现在不少唐诗与画作中，如诗人方干《赠美人》中的“粉胸半掩疑晴雪”、施肩吾《观美人》中的“长留白雪占胸前”，画家阎立本的《步辇图》、周昉的《簪花仕女图》、张萱的《虢国夫人游春图》中都有这样的描绘。

阎立本　《步辇图》

周昉　《簪花仕女图》

张萱　《虢国夫人游春图》

第一节　社会美的基本类别

一、社会生活之美

（一）劳动美

一声春雷惊醒沉睡的大地，春雨淅淅沥沥下了一整晚。习惯了劳动的人们内心总是踏实的，他们不会因为惊雷而翻来覆去。时间一到点，身体里的劳动基因便不自觉地被唤醒。形形色色的人，辛勤劳动是亘古不变的优美旋律……

劳动是人类社会进步的根本动力，人类从原始时代就开始不断劳动，从而发现自然的规律，世界因此变得多彩。进入蒸汽机时代后，劳动形式发生了翻天覆地的变化，人力密集的劳动渐渐被机械替代，人的劳动价值上升到一个新的高度。20 世纪 50 年代，中国大型水电工程建设兴起，广大劳动人民肩扛沙袋、手拿铲子，创造水电事业发展的开始。现在的中国已成为世界水电行业中的佼佼者。凭借劳动，中国人打造出属于自己的“国家名片”。

劳动美是社会生活美的最基本的内容。劳动创造了世界，也创造了人自身，同时还创造了美。为什么说劳动创造美？道理很简单，劳动本身就是最美的。离开了劳动，我们的衣、食、住、行都将化为乌有；离开了劳动，就不可能创造出真正意义上的价值。正因为这样，我们才能形成“劳动最光荣，劳动最崇高，劳动最伟大，劳动最美丽”的理念与结论。崇尚劳动、尊重劳动，更要正确地付出劳动、从事劳动。以诚为先、以诚为重、以诚为美，这才是劳动应有之义。实际上，每一个人都是劳动者，都应当为了国家与社会、为了家庭与自己，在各自的劳动岗位上，奉献自己的汗水、心血与智慧，诠释劳动之美，实现劳动之梦。

（二）人情美

1. 爱情美

爱情就像醇厚的烈酒，辛辣、纯粹，带着一丝执着；又恰似沙漠中的绿洲，透露着狂喜，就这样闯入人久旱的心田。

对于爱情，不同的人有着不同的见解。有人认为，爱情好比瞬间闪烁的火花，既热烈、明亮，又转瞬即逝。也有人说，爱情是天上皎洁的月光，自始至终都在抚慰着我们的脆弱心灵。前者可以算是“瞬间说”，后者可以算是“永恒说”。事实上，这两种看似对立的说法各有道理。主张“爱情之美在于瞬间”的人认为，相爱的两个人无法预测感情是否永恒，真正带给他们快乐的是无数个怦然心动的瞬间。正是因为有了这些美好的瞬间，恋人们才会期待永远在一起，于是便有了“两情若是久长时，又岂在朝朝暮暮”“愿得一心人，白首不相离”“死生契阔，与子成说。执子之手，与子偕老”这样的美好期待。而对于那些最后没走到一起的恋人，瞬间的美好将让他们更加珍视回忆。

首先，瞬间因为短暂而更让人珍惜，因为珍惜而更美。当爱情经受不住现实的打击而夭折时，曾经的恋人便会回忆起相爱的点点滴滴。甚至可以说，就连一个眼神与一场对话、一支香烟与一杯红酒、一次握手与一次亲吻，都是爱情的表现。我们见过太多的悲情故事：巴黎圣母院里的爱斯梅拉达和撞钟人，安徒生童话里的美人鱼和王子，中国民间传说里的梁山伯和祝英台，莎士比亚笔下的罗密欧和朱丽叶，泰坦尼克号上的杰克和露丝。他们的爱情没有一个圆满的结局，却仍然被后人传颂和羡慕，因为他们的爱情早已定格在某个瞬间，让人们对忠贞的爱产生无限的向往。这就好比人们认为断臂为维纳斯增添了一份独有的残缺美。爱情如何，如人饮水，冷暖自知。

其次，主张“爱情之美在于永恒”的人则有不同的看法。他们认为，没有经历沉淀的感情谈不上珍贵。事实上，我们都生活在三维空间，包括爱情在内的所有事物的发展都离不开时间这一基础。换句话说，离开了时间的积累，所谓的爱情就很可能虚假不实。很多时候，我们都会羡慕老大爷与老大妈手牵手去买菜或看夕阳。但仔细观察一下会发现，真正令我们感动的并不是眼前这一幕，而是这一幕背后的数十年的相濡以沫。这才是爱情的珍贵所在。

最后，在爱情之美中，道德的影响是显而易见的，而且历久弥新。我们都承认，爱情是专一的。事实上，这种专一性就是爱情中最基本的道德准则，充分体现出爱情的永恒性。

无论是“瞬间说”，还是“永恒说”，其实都在某种程度上揭示了爱情的某一个侧面。实际上，这也正是爱情美的非凡魅力。无论你偏向于哪一种观点，关键是要保持积极的心态，以便从中汲取生存、发展与完善的勇气。

2. 亲情美

大千世界，无奇不有：既有美丽的鲜花，也有美妙的音乐，更有美好的亲情。亲情如雨，洗刷烦躁，留存清凉；亲情似风，吹走忧愁，增进愉悦。亲情就像空中的太阳，驱散无

边的黑暗，带来灿烂的光明。

亲情是人类永恒的主题，每一个人都离不开博大的亲情。古往今来，亲情始终被人们赞叹，被人们惦念。“慈母手中线，游子身上衣。临行密密缝，意恐迟迟归。谁言寸草心，报得三春晖。”唐朝诗人孟郊的《游子吟》就是母爱的典型代表。

如果说家是我们幸福的港湾，那么亲情就是家中的一间小屋。在这里，有一碗水滋润我们干渴的灵魂，有一碗米填饱我们饥饿的肠胃，有一张床抚慰我们莫名的忧伤，有一盆花、一幅画、一首诗寄托着亲人的叮咛与嘱托……这就是亲情。

亲情无比深沉，也无比伟大；亲情无比温暖，也无比感人。生活中，我们享受着亲情，正如享受着阳光与空气。让我们时时刻刻保持这一颗感恩的心，将亲情之美演绎得淋漓尽致。

3. 友情美

友情就像雨中的小伞，为我们撑起一方天空；友情就像雪中的热茶，为我们驱散无边寒意；友情就像雾中的明灯，为我们指示前行的道路……漫漫人生路，若有幸拥有真挚的友情，生命亦觉无憾。

大千世界，红尘滚滚。在无数的风雨雷电中，所有的成败得失、欢喜忧伤都会随着时间的流逝而化为乌有。唯有友情，恰似陈年老酒，历久弥香。可以说，友情是一种最纯洁、最高尚、最质朴的感情。

（三）民俗美

所谓民俗，是指一个地区的人在某一段历史时期所形成的相对固定的生活方式。俗话说：“十里不同风，百里不同俗。”俗语又说：“相沿成风，相染成俗。”当这种民俗显示出某种审美价值时，就可以称之为风情。在民俗风情里，蕴含着人生的画卷、社会的图景，伴随着酸甜苦辣、喜怒哀乐，进而成为重要的审美领域。

就国外而言，德国的莱茵河、法国的塞纳河堪称民俗风情的著名景区。就国内而言，北京的天桥、南京的夫子庙、上海的城隍庙、苏州的观前街、杭州的西湖等一向是民俗风情区的典型。在这里，我们不妨以北京为例，感受一下民俗之美。

1. 天桥

北京的天桥简直就是一个五花八门样样俱全的小社会，汇集了戏园子、游乐场和酒馆、茶馆、小吃摊点、百货摊棚。天桥的历史由来已久，其兴旺可追溯到清朝末年、民国初年。天桥的戏剧、曲艺既有京戏、河北梆子、评戏、木偶戏、皮影戏，又有评书、相声、鼓书、北京竹板书、单弦、数来宝等；杂耍既有耍中幡、车技、硬功、钻刀、火圈、吞宝剑、上刀山，又有马戏、空中秋千、古彩戏法、魔术等。在饮食方面，天桥的小吃无疑是北京小吃的大聚会，包括油条、爆肚、豆汁等一百多种。还有各种你想得到或想不到的营生。

2. 胡同

北京的特点之一就是胡同极多，而且胡同的名字非常独特，诸如杏花天胡同、花枝

胡同、菊儿胡同、月光胡同、雨儿胡同、蓑衣胡同、帽儿胡同、茶叶胡同、烧酒胡同、干面胡同、羊肉胡同、茄子胡同、豆芽菜胡同、烧饼胡同、麻花胡同、一溜儿胡同、半截胡同等。显而易见，从这些胡同的名字中，我们就能了解到平民百姓的生活习惯。

3. 庙会

逛庙会是北京人的传统乐趣。北京城中无论是城区还是郊区都拥有众多庙会。其中，最有名的是白塔寺、护国寺、隆福寺、雍和宫、厂甸等八大庙会。庙会里应有尽有，以卖各种小吃的居多，此外还有卖花鸟、唱大鼓、拉洋片的。庙会的特殊之处在于：庙会的内容与老百姓的日常生活密切相关，但又暂时与日常生活相分离。于是，逛庙会就成为一种超出日常生活的特殊游乐，男女老少都乐在其中。

4. 吆喝声

北京胡同的吆喝声是非常有名的，很容易让人联想到那些已经逝去的岁月。首先，一年四季的吆喝声各不相同。春天的吆喝声是："哎嗨！大小哎，小金鱼嘞！"夏天的吆喝声是："一兜水的哎嗨大蜜桃！"秋天的吆喝声是："大山里红啊，还两挂！"冬天的吆喝声是："萝卜赛梨哎，辣了换。"其次，一天之中的吆喝声也各具特色。清早的吆喝声是："热的嘞，大油炸鬼，芝麻酱的烧饼！"晚上的吆喝声是："金橘儿哎，青果哎，开口胃哎！"半夜的吆喝声是："硬面，饽哎饽。馄饨喂，开锅啊。"也有一些人，他们不喜欢吆喝，而是代之以各种器具的响声。只要听到这些特殊的声音，人们就知道是谁来了。北京城的吆喝堪称一首绝妙的生活之歌，既能给予人们心灵的慰藉，又能展现出非凡的审美意味。

在民俗风情中，节庆狂欢活动值得我们高度关注。从某种意义上说，这些节庆狂欢活动超越了人们的日常生活，既不受日常生活的束缚，又摒弃了功利主义和实用主义。在节庆狂欢活动中，人与人互相尊重，和谐相处。在这个时候，人会真切地感受到自己作为人的存在，会真切体验到人与世界融为一体的审美体验。除了庙会，还有那达慕大会、火把节、三月三节、泼水节、春节等都属于各民族超越日常生活的节庆活动，都充分展示了社会生活之美。

二、日常生活之美

（一）饮食美

1. 中国的饮食文化

中国饮食文化，至今已有 170 多万年的历史，源远流长。总体而言，中国饮食文化追求"色香味俱全"。所谓"色"，主要是指品相好。所谓"香"和"味"，则强调食物的香气与味道。由此可见，在中国的饮食文化里，食品不仅能解决饥饿问题，而且还能满足精神享受。

食品的样子未必会影响味道，却会影响人的食欲。雕成牡丹的红萝卜，让整盘菜尽

显高贵；刻成飞鸟的冬瓜，让人心情雀跃；切成细丝的各色果蔬，让人尽享自然之美……同时，中国饮食之美还体现在名称上。美妙的菜名，既有广告的价值，也让菜品的魅力更上一层。例如“年年有余”“龙凤呈祥”“红烧狮子头”“蚂蚁上树”“霸王别姬”等，这些菜名让食客食欲大增。

中国的饮食文化讲究“中和之美”，就是恰到好处，不偏不倚。具体说来，就是不能太甜，不能太咸，不能太酸，不能太辣，不能太麻。

中国的饮食文化大致可分为四个发展阶段：一是生食阶段，二是熟食阶段，三是自然烹饪阶段，四是科学烹饪阶段。中国的地方菜系也各具特色，比较有名的包括闽菜、川菜、粤菜、京菜、鲁菜、苏菜、湘菜、徽菜、沪菜、鄂菜、辽菜、豫菜等。毫无疑问，称中国为“烹饪王国”是实至名归的。

中国的饮食文化既有狭义的饮食文化，也有广义的饮食文化。就广义的饮食文化而言，涉及食源与食具的创新、食品与餐饮的管理、饮食与文学艺术、饮食与人生境界、饮食与国计民生等。

2. 中国古诗词中的饮食之美

民以食为天，中国人更是讲究吃。下面，我们不妨研究一下古人诗词中的饮食理念与饮食习惯。请看下面几首诗词中关于饮食之美的描写。

渔歌子

唐　张志和

西塞山前白鹭飞，桃花流水鳜鱼肥。

青箬笠，绿蓑衣，斜风细雨不须归。

这首诗描绘了春天鳜鱼肥美的景象。鳜鱼不仅味美，而且刺少。一般来说，最适合吃鳜鱼的时间是农历三月。鳜鱼有各种食法，最有名的当属安徽徽州的臭鳜鱼。臭鳜鱼之所以臭，主要是源于发酵的工艺。这有点类似于泡菜，撒上一层薄盐，密封。几天之后，臭鳜鱼的独特臭味就出来了。由于获得了充分的发酵，臭鳜鱼的鱼肉十分滑嫩，也便于身体吸收。更重要的是，臭鳜鱼几乎没什么刺，这对于想吃鱼肉又怕鱼刺的老人与小孩来说，简直就是一个福音。

猪肉颂

宋　苏轼

净洗铛，少著水，柴头罨烟焰不起。

待他自熟莫催他，火候足时他自美。

黄州好猪肉，价贱如泥土。

贵者不肯吃，贫者不解煮。

早晨起来打两碗，饱得自家君莫管。

这首诗介绍了红烧肉的做法。首先，要将锅洗干净。其次，稍微放一点点水，放上猪肉，慢慢地煮。最后，等到猪肉彻底煮烂了，就可以吃了。苏轼专门强调，黄州这个地方的猪肉真是物美价廉。

江上渔者

宋　范仲淹

江上往来人，但爱鲈鱼美。

君看一叶舟，出没风波里。

这首诗指出江上来往饮酒作乐的人们只知道品尝鲈鱼味道的鲜美，却不知打渔人出生入死同惊涛骇浪搏斗的危境与艰辛。虽寓意深刻，但也指出鲈鱼之鲜美。很多中国人都喜欢吃鲈鱼。据说，鲈鱼还有一个典故。《晋书》中记载，吴郡的张翰在洛阳做官，每到秋天，他就会不由自主地想念家乡，尤其是想念家乡的鲈鱼脍。为此，他多次感叹："与其离家千里来这里当官，还不如回家享受鲈鱼的美味！"于是，酷爱鲈鱼和思乡心切的他终于辞官回家，享受美味的鲈鱼去了。

赞豆腐

元　郑允端

种豆南山下，霜风老荚鲜。

磨砻流玉乳，蒸煮结清泉。

色比土酥净，香逾石髓坚。

味之有余美，五食勿与传。

据说，西汉时淮南王刘安最早发明了豆腐。经过历代厨师的精心改良，号称"植物肉"的豆腐成了餐桌上的美味佳肴。在生产上，豆腐没有季节方面的限制。尤其在蔬菜生产淡季，豆腐的使用率明显提升。事实上，豆腐不仅味美，而且也有养生的功效。

3. 中国饮食文化与哲学

中国饮食文化历史悠久，甚至无法查考最初的情形。在神话传说中，有巢氏时期的人们习惯于茹毛饮血，燧人氏时期的人们开始学会吃熟食，伏羲氏时期的人们掌握了烹饪、结网、饲养等技能，神农氏时期的人们开始发掘草蔬……至于后稷传授稼穑技术、尧创制饼面、彭祖精通饮食养生、伊尹潜心研究美食，更令后人叹服。事实上，历朝历代的统治者几乎都是饮食文化的爱好者、传承者。与此同时，文人墨客则以文学的形式创作了大量以饮食为主题或内容的作品，显示了中国饮食文化的深厚底蕴。

关于烹调，中国历代典籍均有提及。《道德经》说："治大国，若烹小鲜。"《新唐书》说："光禄少卿杨均善烹调。"宋朝陆游《种菜》诗云："菜把青青间药苗，豉香盐白自烹调。"《东周列国志》说："御庖将野味烹调以进，襄王颁赐群臣，欢饮而散。"《孽海花》说："召集了她的心腹女门徒，有替她裁缝的，有替她烹调的，有替她奔走的。"

中国饮食文化是建立在几千年的实践基础之上的。中国人借助自身的独特思维方式，将饮食文化提升到了哲学的高度，并从中总结出三条基本原则：第一，精准掌握火候；第二，注重阴阳平衡；第三，崇尚食物本味。

在中国饮食文化中，最能体现儒家倡导的中庸之道，强调过犹不及，追求一个"和"字。事实上，这个"和"既是中国文化、中国文明的"魂"，也是炎黄子孙为人处世的"魂"，更是中国饮食文化的"魂"。

4. 中国饮食文化的特点

中国是历史悠久的饮食文化之地，其饮食文化具有以下六个显著特点。

中西饮食文化的区别

（1）四季有别。在中国的饮食文化中，一年四季的饮食是有明显区别的。或者说，是有明显讲究的。古往今来，中国人总是习惯按照季节的变迁来选菜、调味。以最冷的冬天与最热的夏天进行对比，冬天讲究醇厚，夏天讲究清爽；冬天选择炖焖，夏天选择凉拌。

（2）风味多样。中国地大物博，这就意味着不同地域的地理、气候、物产、风俗差异明显。因此，饮食上的不同风味就极具地域特色。例如，就食物而言，强调“南米北面”；就口味而言，强调“南甜北咸”。

（3）注重情趣。中国的烹饪不仅是为了饱腹，而且也是为了增添生活情趣。因此，中国的菜肴不仅注重色、香、味俱全，而且还有许多约定俗成的习惯，诸如：菜肴名称一定要富有意境，品味方式一定要适应场合，进餐节奏一定要符合规范等。单就菜肴名称来说，就有各种命名的思路。

（4）讲究美感。中国饮食文化中的美有狭义与广义之分。就狭义的美来说，主要是指菜肴的形。即使是一个萝卜心，也可以雕刻出各种各样的造型。这时候，原本简单的食物就已成为一种特殊的艺术品了。至于广义的美，涵盖的范围就极为宽泛了。例如，器具、餐桌甚至餐厅的形状之美；又如，服务流程与服务质量的美。因此，在中国饮食文化中，真正的美感既包括物质范畴的美，也包括精神范畴的美，应当是两者高度统一、高度和谐的特殊享受。

（5）食医结合。古人早就发现，饮食具有预防和治疗某些疾病的功效，这与今天所说的“食疗”有异曲同工之妙。中国几千年前就流传着“医食同源”与“药膳同功”的理念。

（6）中和自然。中和之美原本是中国的哲学理念，但用在中国饮食文化上却毫无违和之感。事实上，中国哲人始终认为，人世间的万事万物都应追求一种“中和”的状态。按照《礼记》的说法，所谓“中”，就是恰到好处。只有中和自然，才是“天下之大本”“天下之达者”。其实，“和”也是中国饮食文化中极为重要的烹饪理念。《尚书》中还有“若作和羹，尔惟盐梅”的说法。在这里，有两层意思：第一层是狭义，专指烹饪，要想羹汤味道好，就必须注重咸（盐）与酸（梅）二味的调和；第二层是广义，以此比喻修身齐家治国平天下。

5. 中国饮食审美构成

（1）中国饮食中五谷文化具有“自然和谐”之美。

《黄帝内经》这样描述中国人的食物结构：“五谷为养，五果为助，五畜为益，五菜为充。”合理的膳食结构以杂食五谷为主食，其中的“五果、五畜、五菜”为中国人饮食结构中的副食。“五果”泛指桃、杏、李、枣、栗子等多种鲜果、干果和硬果。“五畜”泛指猪肉、牛肉、羊肉、鸡肉、鸭肉、鱼肉等动物性食物，它们含有丰富的脂肪、

优质蛋白质、无机盐、微量元素和维生素。“益”即增进之义，表明五畜可发挥增进营养的作用，但不能取代主食。“五菜”泛指叶菜类、根茎类、茄果类、菌类等蔬菜。在“为益”的五畜、“为充”的五菜、“为助”的五果的配合下，主副食互为补充，辨证施食。

（2）中国饮食中饮料文化有着“雅致宁静”之美。

古时候的“饮食”的含义与今天稍有不同。其中，“饮”专指“喝”，后引申为“饮料”。《孟子·告子上》强调：“冬日则饮汤，夏日则饮水。”贾思勰的《齐民要术》指出：“折米白煮，取汁为白饮。”几千年来，最具中国特色的饮料恐怕非茶莫属。

中国是茶的故乡，是世界上最早发现和利用茶树的国家。按照史书记载，茶闻于周公，兴于唐朝，盛在宋代。据说，早在魏晋时期，中国人就已经养成了饮茶的习惯。最初，中国人是将茶作为药物而非饮料来使用的。伴随着茶文化的兴起，各种饮茶活动层出不穷。几千年的茶叶发展史，加之历代茶人著书立说，积累下来的茶叶历史资料是很多的，包括茶书、茶诗词、茶书法、茶画、茶歌、茶舞等，另外茶的历史文献、地方志中有关茶的记载等内容非常广泛。茶不仅赋予了中国人从古至今一种健康的饮食习惯，还贯穿着中国人“天人合一”的传统思想。茶之美美在名、形、色、香、味。

茶文化

（二）服饰美

服饰是一个人表达自我的方式之一，体现了一个人的精神和价值观。其实，服饰不仅表现个人，还表现了不同历史时期的文化风貌。从这个意义上说，服饰是文化的载体之一。

千百年来，中华民族一向怀有强烈的民族情感，并将其寄托于很多方面。其中，极具传统文化底蕴的华夏衣冠的演变历程就充分证明了这一点。

1. 中华传统服饰演变

（1）春秋战国时期。

在春秋战国时期，最典型的服饰主要有两种：一是深衣；二是胡服。前者是中原汉族的传统服装，后者则是北方少数民族的传统服装。

春秋战国时期，受当时政治、文化的整体影响，出现了百家争鸣的局面。这种百家争鸣也集中体现在服饰审美上。儒家追求的服饰应当是体现礼仪规范的“文质彬彬”的服装。道家则从修炼角度，强调“甘其食，美其服”。墨家一向崇尚“节用”，故而主张服饰首先要解决保暖的问题，才谈得上色彩、款式。法家提倡服饰以自然为本，反对过分修饰。

在春秋战国之前，上衣与下裳是严格区分的，不能混为一谈。到了春秋战国，深衣出现了。这是服饰上的一大进步，主要体现在两个方面：一是更为简洁，二是整合了衣与裳。从此，衣与裳就成为一个整体，不再严格区分。

（2）秦汉魏晋南北朝时期。

秦初，在服饰上也进行了某种程度的统一规范。无论男女，服饰上都是交领右衽，衣袖、腰带等处还会有一些装饰，基本保持深衣的形制。

到了汉朝，衣幅开始明显增大，腰间往往设计有束带。细分起来，汉朝的服饰具体包括袍、襜褕、襦、裙。伴随着汉朝织绣业的迅速发展，富贵人家往往选择绫罗绸缎。普通人家多穿短衣长裤，穷人则主要穿短褐。

魏初，确定了九品中正制，等级理念主要以服饰颜色作为标志。这种做法对后世影响深远。到了晋朝，宽衣博带蔚然成风。在这一时期，汉族与北方游牧民族之间出现了融合趋势，这种融合趋势也直接体现在服饰上。在北魏时期，上朝的大臣往往在里面穿着汉族的宽衣大袖，而在外面则搭配少数民族的披风和皮帽。

（3）隋唐宋时期。

隋唐时期，与前代相比，经济文化日趋繁荣。于是，统治者对前朝服饰进行了系统改良。无论是皇帝还是大臣，从服饰上就能区分出高低贵贱。至于人臣的官阶，可以从服饰上的某些特殊花纹上进行推断。就颜色而言，隋朝的朝服以红色为主，戎服则以黄色为主。唐朝则崇尚黄色，然后依次是红紫、蓝绿、黑褐等。相对而言，唐朝的服饰更加开放，也显得更加华丽。

宋朝官服主要是模仿唐朝官服，且明确规定：九品以上穿青色官服，七品以上穿绿色官服，五品以上穿红色官服，三品以上穿紫色官服。高级别的官员的服饰中，还设计一些适合佩戴在腰间的配鱼袋。从这些袋中的金鱼、银鱼、铜鱼中，可判断出相应的品级。无论是权贵还是平民百姓，宋朝时期的服饰都具有直领、对襟的特点。

（4）元明清时期。

元朝以蒙古服饰为主，交领左衽，戴四方瓦楞帽。元朝服装以长袍为主，只是袖口普遍较窄。下层多穿腰间多褶的辫线袄子，戴笠子帽。另外，在元朝大宴活动中，天子百官要穿统一颜色的服装，号称“质孙服”。这种服装的特点就是比较紧，也比较窄，便于上马下马。在贵族妇女中，普遍喜欢戴一顶高帽子。

明朝有意识地消除元朝服饰的影响，尽可能恢复汉服。明朝皇帝姓朱，所以推崇朱色，官服中已不再有紫色、玄色，甚至黄色。明朝官服与唐朝官服相近，但明显多了“摆”。明朝规定，从低到高，官服颜色依次为绿色、青色、绯色。为了显示品级，明朝官服还设计“补子”。明朝的贵妇人最喜欢穿的是大袖红袍，普通妇女则只能穿桃红、紫绿等颜色的服饰。

清朝服饰多为满族服饰。男子常穿腰身与袖管偏窄的高领长衫，外配短褂背心与坎肩，头上还常常戴一顶瓜皮小帽。满族女性一般穿直通旗装，在衣襟位置常挂一些小物件，如链饰、耳挖、牙签等。汉族女性的服饰类似于明朝女性服饰，以小袖衣和长裙为主。

2. 服饰审美原则

在服饰文化中，外观上的典型标志就是造型与色彩的设计。服饰审美具有一些客观共性。进行服饰审美必须关注服饰设计的五项原则。

（1）统一原则。

在服饰设计中，必须注重整体感，不能违背统一原则。具体说来，就是服饰的整体

与局部之间、局部与局部之间都要注重协调。

（2）加重原则。

加重原则实际上就是强调原则，其内涵就是进行专业化的重点设计。为避免服饰过于单调、贫乏。为此，可以在某一局部适当强调一下，令观者耳目一新。

（3）平衡原则。

之所以要遵守平衡原则，就是为了营造一种稳重感、端庄感。需要注意的是，不能将服饰的平衡仅仅理解为左右之间的平衡。事实上，上下之间的平衡甚至前后之间的平衡都是需要关注的。

（4）比例原则。

所谓比例原则，强调的是服饰上的各种比例必须恰到好处。在长期的实践中，人们已经发现：黄金分割比例完全适用于服饰设计，能够最大限度地体现出服饰美感。至于比例涉及的内容，那是非常多的，如口袋与整体的比例、衣领与整体的比例、饰物与整体的比例等。

（5）韵律原则。

所谓韵律原则，是指服饰设计必须给人一种有规律的流动感。例如，色彩上的逐渐过渡就会形成一种由静转动的审美效果。此外，形状上的由大到小、飘带的巧妙设计等也有类似的审美效果。

3. 服饰审美的方法

（1）关注服饰构造。

人们欣赏服饰，首先会关注整体造型，大致分为三种模式，即单体式、连体式、复合式。

单体式服饰为单件，如一件上衣、一条牛仔、一件外套。这类衣服最需要强调的就是独立性，无论放在什么地方、什么环境下，都能自成一家，有自身的美感。

连体式服饰首要强调的就是整体感。与单体式不同，连体式服饰不用考虑搭配问题，因为从上到下就是一整套。

复合式服饰特别注重搭配组合。所谓复合式，顾名思义就是在组合搭配的基础上进行服饰设计。所以，在服饰欣赏的过程中，要看服饰各部分衔接是否紧密，设计思路是否一致，或者两部分是否有反差效应。这些都是欣赏者必须观察体会的。而在颜色、外饰等方面，复合式设计上相对自由，没有特别的制约。

（2）关注服饰面料。

柔软型面料往往比较轻薄，轮廓舒展，感观良好。常见的柔软型面料有三种：一是丝绸面料，二是针织面料，三是麻纱面料。针对这三种面料，造型也多有讲究。丝绸面料和麻纱面料适合松散型，针织面料适合直线型。

挺爽型面料的范围较广，主要包括棉布、灯芯绒、亚麻布等。这种面料有三个主要优点：一是线条清晰，二是轮廓丰满，三是造型精确。一般说来，挺爽型面料最适合制作西服和套装。

光泽型面料至少具有两大优点：一是光滑，二是反射光亮。这类面料最适合制作各类礼服、表演服，有助于营造一种略显夸张的视觉冲击效果。

厚重型面料的最大特点就是厚实，有助于营造稳重、端庄的造型。无论是厚型呢绒还是绗缝织物，都具备扩张形体的功效。但也正因为如此，一般不能过多采用褶裥。

透明型面料极为轻薄，视觉通透，颇具艺术氛围。棉、丝、乔其纱、缎条绢等都属于透明型面料。

（3）关注服饰色彩。

色彩的合理搭配也是服饰欣赏的又一重点。对于颜色的欣赏，主要体现在两个方面：一是颜色的使用，二是配色的方式。

不同的颜色代表不同的季节，代表不同的性格，而不同的颜色组合又代表着不同的情感主题。

暖与冷：暖色一般包括红色、橙色、黄色，多与阳光、火焰相联系。冷色一般包括绿色、蓝色、黑色，多与大海、蓝天相联系。中间色一般包括灰色、紫色、白色。

动与静：动态的色彩主要是红色、黄色、橙色，能够营造静态的色彩主要是青色、青绿色、青紫色。

进与退：比较而言，黄色有引领进取的效果，青色有促使退缩的效果。暖色属于典型的前进色，冷色属于典型的后退色。

美丽的民族服饰

轻与重：一般而言，白色和黄色的视觉效果较轻，红色和黑色的视觉效果较重。

柔与刚：相对而言，要想营造柔和感，就应采用暖色；要想营造刚强感，就应采用冷色。当然，也可以适当采用中间过渡色。

（三）居室美

何为居室之美？所谓居室之美，美就美在居室的独特个性。金碧辉煌是一种居室美，清淡婉约也是一种居室美；纷繁复杂是一种居室美，简约朴素也是一种居室美。事实上，只要能充分体现主人的审美品位，淡妆浓抹都会恰到好处。有些人喜欢现代的风格，有些人追求古代的神韵；有些人崇尚中国元素，有些人选取欧美特质。中西合璧，古今融通，都是一种居室之美。居室不求宏大，而注重情调；居室不求豪华，而讲究品位。既然居室是为人而筑、为人而饰，自然就应以人为本。人心就是文化，人心就是审美。

居室美之所在

一种审美风格的形成，往往是时间、文化、地域、思想等综合发酵的产物。回归到日常的生活细节，不同的喜好，不同的选择，对美的不同理解，都可能在此基础上，碰撞衍化出专属每个人自己的居室之美。

（四）闲暇美

闲暇是生命的自由空间。闲暇与工作是相对的，没有辛苦的劳作，也就没有悠闲的休息。如果说工作时的状态如热烈奔放的玫瑰，那么自由自在的闲暇时光便如清新淡雅的空谷幽兰。在这个竞争激烈的时代，人们承受着工作的压力，追逐着遥远的梦想，大

都把生命耗费在学问、名利或金钱的积累上，大家追求生如夏花的灿烂，却忘记了静如秋叶的纯美。

在工作中，我们实现个人的价值，体味成功的滋味。只有认真地工作了，悠闲的休息时光才是甜蜜而令人向往的。并不是只有躺在床上才叫休息，早春踏青，盛夏听雨，深秋登高，隆冬观雪，自然的美景同样可以愉悦身心；一篇美文，一盏清茶，与文字相亲，俗世的杂务似乎远去；一瓶红酒，几碟小菜，与友人围炉夜话，倾心交谈中暖意融融；与父母谈心，与孩子游戏，家是最令人放松的温馨港湾。不要因为忙碌，让无暇修整的心灵长出荒草，应用美丽的休息日，把它变成充满生机与活力的花香满径。

闲暇时间的产生

中国古代文人很重视闲暇文化。“人莫乐于闲，非无所事事之谓也。闲则能读书，闲则能游名山，闲则能交益友，闲则能饮酒，闲则能著书。天下之乐，孰大于是？”有了这种“闲”，才能有足够的心胸与眼光去感知美、认识美、欣赏美、创造美。

三、人的身心之美

世界无所不美：植物有植物之美，动物有动物之美，风景有风景之美，物品有物品之美，艺术有艺术之美。但追根溯源，人的身心之美才是美中之美。

人为万物之灵，人的美是其他任何一种美都难以比拟的。人不仅有美的容貌、美的肢体，而且有美的思想、美的智慧、美的言行和美的情感。正如莎士比亚赞叹的那样：“人类是一件多么了不起的杰作，多么高贵的理想，多么伟大的力量，多么优美的仪表，多么文雅的举动，在行动上多么像一个天使，在智慧上多么像一个天神。”

（一）人的外在美

1. 人体美

所谓人体美，是指人的相貌之美、体态之美。人体很早就被人们视为审美对象，众多的神话传说、宗教故事对此都有集中的反映。在中国神话中，人类是女娲捏土造的。在古希腊神话中，人是普罗米修斯捏土造的。在古希伯莱神话中，人类最初是上帝用泥土造的。在这里，共同的特点在于：造物主是按照自己的形象来创造人类的。这表明，人是造物主最钟爱的。但其实也可以反过来说，是人按照自己的形象来塑造了造物主的形象，因为人体美是世上无与伦比的美。

人体美的自然因素是人体的自然性因素。人的体态、身材、肤色等都是人外在的自然素质，不同于人的内在的精神品质。所以，很多时候，我们可以把人体美称作自然美。事实上，人体美不仅是一种自然美，而且还是一种典型的形式美。人体集中地体现了比例、均衡、对称、和谐等形式美的规律。如果符合这些规律，我们就会说某人五官端正、身体匀称。

健康是人体美的基础。人体美必须符合美的规律，其中之一便是健康。从医学角度

来看，各器官发育良好，功能正常，体质健壮，精力充沛，就是健康。

人体美的一个重要特质就是比例匀称。健康是人体美的基础，但健康本身并不能与人体美画等号。在健康的基础上，如能实现比例匀称、整体和谐，那就是典型的人体美了。所谓人体比例，是指人体各个器官之间、各个部位之间的对比关系，如眼和脸的比例关系、躯干和四肢的比例关系等。对此，古人早就有深入的研究。例如，针对面部，就有“三庭五眼”之说；针对身材，就有“站五、坐七、盘三半”之说。在长期的审美实践中，人们逐渐形成了共识：衡量人体比例的最佳标准就是“黄金分割”。从这个意义上说，只有构成人体比例和谐的基础参数具备了，才能产生人体美。

人体美的另一个标志就是整体和谐。人体的整体美是由众多局部美构成的，各部之间往往是既互相联系又互相制约。如果一个中国人的脸配上一双欧式眼，看起来就会十分别扭。生活中，有的人的五官单独看似乎很一般，但组合起来整体看却十分美观。

2. 仪表美

仪表美不等同于人体美，人体美也并不意味着仪表美。事实上，我们所说的仪表美是指人的容貌、举止、态度的美，通常表现为风度、风韵和高雅、俊美。相对而言，人体美更偏向于天生与自然的因素，仪表美则更偏于社会因素。仪表美不仅体现在体型、容貌上，更体现在服装、发式、表情、姿态、神采上。这些后天形成的风度、风采、风貌、风韵往往与整个社会的经济、政治、文化密切相连，往往与个人的思想情操、道德品格、精神气质密切相连。

3. 语言美

语言美主要表现为两个方面。

一是语言必须和气、文雅、谦逊。使用这样的语言，就会让人感受到你的修养与文明，也很容易与人和睦相处。如果口出恶言、脏话连篇、强词夺理，就会引起别人的反感，更不可能拥有一个和谐的人际关系了。

二是语言鲜明、准确、生动。说话的目的是为了促进交流，前提就是让对方听清楚、听明白。如果语言含糊、晦涩、呆板，别人听起来就很费劲，不知道你究竟想表达什么。不仅如此，别人还会认为你思维混乱、知识贫乏、技能欠缺。

4. 行为美

人的行为包含很多具体内容，不能狭义地去理解。事实上，人类的一切实践活动，包括创造物质财富的生产行为、创造精神财富的科学与艺术行为、推动历史前进的革命行为、维护公共利益的道德行为、沟通人际关系的交换行为、提高身心健康的锻炼行为、调节衣食住行的生活行为，都属于人的行为。因此，行为美也是人的外在美的具体表现。

（二）人的内在美

人的内在美是人性美的核心，具体包括情感美、意志美、智慧美。

1. 情感美

所谓情感，是指人对客观事物的态度。诸如喜怒忧思悲恐惊，都是人的情感的具体表现。情感并不等于情感美，既有美的情感，也有丑的情感。那么，什么是美的情感呢？美的情感并不是由个人随意认定的，而往往要得到社会的普遍认可。事实上，尽管存在着历史、地域、民族的区别，但任何一个朝代的大多数老百姓还是崇尚真善美的。例如，同情弱者、帮助弱者，就是一种美的情感。儒家很早就认识到这一点，认为“仁者爱人”，如父慈子孝、兄友弟恭就是家庭生活中的美好亲情。所谓忠恕之德，就是要求人们推己及人，由个人之爱、家庭之爱进一步拓展到社会之爱、世界之爱。

2. 意志美

所谓意志美，具体包括顽强进取、无私奉献、英勇牺牲等，是中华文化中道德理想与人格境界的集中体现。这种美不仅具有伦理价值，更因其超越功利直指人心的精神力量，成为中华文化的精神基因。古时就有大禹三过家门而不入的毅力，有文天祥的“人生自古谁无死，留取丹心照汗青”的就义气节等。意志美不仅是美德，更是民族精神的美学表达。

3. 智慧美

智慧美主要体现在文化素养、知识才能、聪明智慧上。荀子说过：“君子之学，以美其身。”因此，学问能使人更美。当然，我们所说的智慧美并不是一般意义上的知识与技能，而是指具有“点、线、面、体”的知识结构、具有出类拔萃的专业技能和具有丰富人生阅历的人生智慧所呈现出来的那种美。在当今这个既拼体力，又拼心力、脑力的社会，那些真正具有学科领域和人生旅途中真知灼见的人，始终会得到人们的钦羡与赞叹。

（三）内外兼修，表里如一

人的美不是单一的外在美或单一的内在美，而是外在美与内在美的有机统一。但相对而言，内在美是主要方面。事实证明，内在的精神美能在很大程度上弥补外在的形体美的不足，内在美比外在美更加丰富，更加深刻，也更加持久。

但毋庸讳言，内在美与外在美之间不能完全画等号，二者之间既可能表现为外在美与内在美的统一，也可能表现为外在美与内在美的矛盾。

在现实生活中，外在美与内在美相矛盾的现象是客观存在的。第一种情形是外丑而内美。贝多芬的音乐极其优美，打动了无数音乐爱好者的心。但是，贝多芬本人的仪态却因缺陷并不完美。当然，这依然不能掩盖他的音乐的超凡脱俗的美。第二种情形是外美而内丑。在《巴黎圣母院》中，卫队长菲比恩堪称“金玉其外，败絮其中”，他举止潇洒，四处招摇撞骗。他百般谄媚百合花小姐：“我要有妹妹，我爱你而不爱她；我要有黄金，我全部给你；我要妻妾成群，我最宠爱你。”他又去欺骗吉卜赛女郎，让吉卜赛女郎将他比作“太阳神”，甚至在发现他的恶习之初依然恋恋不舍。当然，欺骗不可

能长久，最终还是会归于失败。

一般说来，绝大多数人都会毫不犹豫地喜欢心地善良而又相貌堂堂的人，都会毫不犹豫地厌恶心地卑劣而又相貌丑陋的人。然而，大千世界，无奇不有。当一个人的外在美和内在美出现严重的冲突时，一些人就会陷入歧途。其实，如果发现一个人的外在美和内在美发生矛盾时，应当更多地看重内在美而不是外在美。我国的很多民间谚语就特别推崇人的内在美，如“马的好坏不在鞍，人的好坏不在穿”与“鸟美在羽毛，人美在勤劳”。事实上，西方美学家也有类似的见解。德谟克利特认为：“身体的美，若不与聪明才智相结合，是某种动物性的东西。那些偶像穿戴和装饰看起来很华丽，但是很可惜，他们是没有心的。”

总之，人的外在美和内在美的统一是最理想、最圆满的人的身心之美，理应得到世人的尊崇。但如果外在美和内在美产生严重的冲突，我们还是应当注重内在美、崇尚内在美，而不是相反。

第二节　社会美的主要特征

一、社会美的真善兼备性

在现实生活中，社会美呈现出明显的真善兼备性。这就充分证明，真善美之间既有区别，也确实存在着密切的联系。

（一）以“真”为基础

社会美必须以“真”为基础，这是毫无疑问的。所谓“真”，这里指的是符合社会发展的固有规律。社会美必定与一定的社会实践直接联系，必然与特定时代、特定民族、特定阶级的政治理想、道德观念、生活习俗、文化背景密切联系。

如果一定要对真善美进行区分的话，那么“真”始终是第一位的。至善也好，绝美也罢，都要以纯真为前提。离开了“真”的“善”是伪善，离开了“真”的“美”是假美。因此，社会美必须遵循社会发展规律，充分体现其“真”的特质。

（二）以“善”为核心

社会美不仅要以“真”为基础，还要以“善”为核心。这里所说的“善”是广义的，不仅包括传统伦理上的“善”，而且包括审美意义上的“善”。总之，我们可以将一切推动历史发展和社会进步的事物视为“善”。“善”是社会美的本质属性，离开“善”就无所谓社会美。尽管“善”与“美”不能完全等同，但“善”确实是决定社会美的关键因素。

（三）和谐社会追求真善美的统一

社会美除具备“真”与“善”的特质之外，更离不开“美”。尤其在和谐社会中，更应努力追求真善美的统一。社会美不等同于自然美和艺术美，它必须以“真”为基础，必须以“善”为核心。判断一个事物是否具有社会美，关键在于它是否保障人类的生存、发展与完善，是否符合社会发展的固有规律，是否符合最广大人民群众的根本利益。

生活中，我们永远离不开真善美。不仅如此，生活的辩证法还明确告诉我们，美需要真、需要善，只有真与善兼备的社会美才是最有价值的社会美。在现实生活中，真善美三者往往是相辅相成的，因为这是人类永恒的理想。有了真善美，生活才有希望；有了真善美，社会才会进步；有了真善美，世界才会更加美好。从这个意义上说，构建社会主义和谐社会堪称居功至伟的战略决策，因为它充分体现了社会主义社会真善美的辩证统一。

1. 和谐社会之真

从本质上说，和谐社会之真就是求真、守真，就是尊重社会客观事实、尊重社会发展规律，就是尊重知识、尊重科学、尊重人才。事实上，和谐社会并不排斥差异，而是承认差异、尊重差异，强调个体目标与整体目标的兼容与互补。因此，和谐社会的差异存在并不会限制个体或群体的发展，反而能促进个体的最大作为与群体的最佳整合。当然，提出和谐社会概念、构建和谐社会本身并不意味着和谐社会已经来临，它是一种应然状态和实然状态的辩证统一，是一个需要不断积累、长期努力的过程。这也正是和谐社会之真的深刻内涵。

2. 和谐社会之善

和谐社会之善的含义是非常宽泛的，强调的是每个人的政治的、经济的、道德的、文化的价值都不能损害社会的利益、他人的利益。这样一种道德规范的确立，有助于所有的人都能处理好个人利益与社会利益之间的辩证关系。

3. 和谐社会之美

社会美的历史发展性

和谐社会之美，是建立在真和善的基础之上的美。从本质上说，人拥有两种自由：一是不受制于各种物质的精神自由；二是不受制于各种事务的时间自由。这两者密切联系，又具有各自的独立性。按照马克思主义的观点，人类生存与发展的基础是衣、食、住、行，只有满足这些基本的物质需求，人类才会产生更高层次的精神需求。人最可贵的就是能动性，凭借这种能动性，人能充分挖掘自己的潜能，追求更加丰盈的内心世界，进而充分体验到作为人的尊严、价值与自由。人类的历史告诉我们，那些对人类社会做出巨大贡献的人，往往在思想、政治、经济、军事、文化、道德方面有所建树、有所创造。正是这些真善美兼备的伟人的贡献，才促使人类社会不断向前推进。否则，人类社会只能原地踏步、原地转圈。构建和谐社会注定是一个不断创新、协调发展的螺旋式上升的过程，在这个过程中始终离不开对真善美

的不懈追求。

二、社会美的纷繁复杂性

社会美是美的形态之一，具体是指客观存在的社会事物的美。社会美根源于实践，而且社会美原本就是实践的存在形式。由于社会实践的纷繁复杂，社会美也是纷繁复杂的，主要表现在阶级斗争、生产斗争和科学试验领域。大致说来，社会美具体包括社会斗争及成果的美、生产活动及产品的美、日常生活的美、人的美。其中，人的美无疑更能代表社会美的主流。

考虑到社会美的纷繁复杂性，为了更好地理解社会美的特质，我们不妨从职业角度重点关注教师之美、军人之美、医生之美。如果说教书育人的教师是“人类灵魂的工程师”，那么保家卫国的军人就是“人类和平的捍卫者”，救死扶伤的医生就是“人类健康的守护神”。这三种职业的人极具代表性，在他们身上集中体现了社会美的本质内涵，也充分体现了社会美的纷繁复杂性。

（一）教师之美

何谓“美”？诗人说，美是夹杂在诗篇里的无尽思绪；画家说，美是捕获在画卷里的曼妙瞬间。但对于教师来说，学校信任、同事信服、家长信赖、学生信服就是最美。

想要获得这“四信”，教师就必须切实做到“五美”，即关爱学生、为人师表、教书育人、终身学习、爱岗敬业。

教师之美，美在润如春雨，柔若夏霭；美在静如秋日，严似冬来。四季循环，寒来暑往，美在心中，美在未来。

（二）军人之美

世界上有一种美叫军人之美。军旅是太阳底下最神圣的生命旅程，军人是星空尽头最闪耀的职业。

军人之美，美在心系天下。

唐朝李贺用诗诠释了军人的博大胸怀：“男儿何不带吴钩，收取关山五十州。请君暂上凌烟阁，若个书生万户侯？”

《孙子兵法》开宗明义，首言“兵者，国之大事，死生之地，存亡之道，不可不察也。”寥寥数语，就把军队与国家命运、人民生死紧密地连在一起。字里行间蕴含着一个真理：一个国家如果没有一支忠诚勇猛的军队，一个民族如果没有一群心系家国的军人，就可能离被颠覆、毁灭的日子不远了。

其实，这世间哪有什么岁月静好，只不过是有人替我们负重前行。战争的唯物辩证法告诉我们：能战方能止战，和平的前提是能够打赢战争。一旦没有这个前提，就只能是“人为刀俎，我为鱼肉”。时至今日，世界的各个角落依然战火连天，硝烟弥漫。我们应该庆幸自己生活在一个和平的国家。最明白这个道理的人，正是军人。军人的最高境界是不战而屈人之兵，以强止战，拒敌于千里之外。所以，他们“夏练三伏，冬练

三九”，用“平时多流汗，战时少流血”来守护天下。尽管有人不理解，但他们始终无怨无悔。

军人之美，美在气壮山河。

“秦时明月汉时关，万里长征人未还。但使龙城飞将在，不教胡马度阴山。”每次读到王昌龄的《出塞》，总会使人热血沸腾，恨不得自己化身一跃，成为那个一夫当关、万夫莫开的龙城飞将。

月光冷，刀锋寒，斗酒扬鞭男儿行。酒未醒，剑气起，碧血挥洒就丹青。当过兵、扛过枪，你才会明白“醉里挑灯看剑，梦回吹角连营”的豪迈；爬过冰、卧过雪，你才会懂得“八百里分麾下炙，五十弦翻塞外声”的激昂；列过队、比过武，你才会领悟“沙场秋点兵”的精彩。陈汤说：“明犯强汉者，虽远必诛！”这就是军人的气壮山河。

军人之美，美在情深义重。

“几十秋中望满月，数千夜半梦三更。且论人间何为最？唯独同舟战友情。”这是一名退役多年的老兵怀念战友的诗，题目叫《一生情》。“且论人间何为最？唯独同舟战友情。”短短两行字，写出了作者思念战友的浓烈情感。战友情，就像一坛老酒，时间越久，越香越浓。

当过兵的人都知道，这世界上有一种感情无法替代，它甚至能超越血缘、超越亲情、超越爱情，成为太阳下最闪耀的情感，那就是战友情。成为战友，就意味着一起经历生死、一起享受荣耀，就意味着可以把真心换给战友，把后背留给战友。这种感情，只可意会，难以言传。但有一点是肯定的，每个人都渴望拥有，它是这个时代的真正奢侈品。

（三）医生之美

医者仁心，悬壶济世，医生是人类健康的“守护神”。在医生身上，集中体现了“敬佑生命、救死扶伤、甘于奉献、大爱无疆”的精神。

医生凭一颗仁心，抚慰疾苦病患；提一盏风灯，照亮健康之路。在他们当中，有的兢兢业业，为消灭脊髓灰质炎起到关键作用；有的终身奉献杏林，妙手回春，祛除病痛；有的不惧感染危险，依然与患者一同挑战生命禁区；有的赤心报国，始终致力于卫生健康科研；有的扎根边疆和乡村，为少数民族群众的健康福祉而不懈奋斗；有的战斗在扶贫一线，只为小康路上不让任何一个人掉队……

仁心仁术，铸就大医精诚。真正的医生总是把病人的痛苦当作自己的痛苦，把病人的快乐当作自己的快乐。在医生看来，治好一个病人，就能温暖一个家庭，进而赢得一方和谐与稳定。因此，医生甘愿做一个天使，用爱心温暖每一位病患。一代代医者凭借坚毅与智慧，创造了一个又一个生命的奇迹。

作为人类健康的守护者，作为人类生命夜空中的明星，医生的鞠躬尽瘁堪称人世间最美的风景。

第三节　社会美的具体实践

一、行为美

行为美是社会美的重要组成部分。行为美的范围相当广泛，我们不妨选择礼仪这一角度，全面、具体地了解行为美的真实含义。

在现实生活中，礼仪的类型很多，如会议礼仪、宴会礼仪、车位礼仪、电梯礼仪、握手礼仪、介绍礼仪、名片礼仪、奉茶礼仪、交谈礼仪、合影礼仪、送别礼仪、引导礼仪等。本书重点介绍会议礼仪、宴会礼仪、车位礼仪、握手礼仪、名片礼仪。

（一）会议礼仪

1. 会场布置

首先是地点。会场的地点选择要根据参加会议的人数和会议的内容来综合考虑。会场大小一定要适中，如果会场太大，人数太少，空下的座位太多，稀稀拉拉，松松散散，会给与会者不舒观感；如果会场太小，人数过多，挤在一起，就会像赶集一样，不仅显得小家子气，也根本无法把会开好。英国首相丘吉尔对此很有心得："开会不能用太大或太小的房间，而要选一个大小适中的房间。"一两个小时就能结束的会议，可以把会场定在与会人员集中的地方。超过一天的会议，会场地点要尽量距离与会者住所近一些，免得与会者来回奔波。组织者要考虑轿车的停放处，会场附近最好有停车场。有外地人员参加的会议，组织者还应考虑外地人员的食宿问题。

其次是座次。常见的会议座次有四种。一是环绕式。这种形式不设主席台，把座椅、沙发、茶几摆放在会场四周，座次没有尊卑之分，听任与会者自由就座。二是散座式。座椅、沙发、茶几自由组合，甚至可根据与会者的个人要求而随意安置。这就容易营造一种宽松、惬意的社交环境，最适合大型的茶话会。三是圆桌式。组织者在会场上摆放圆桌，请与会者在周围自由就座。四是主席式。在会场上，主持人、主人和主宾被有意识地安排在一起。主席台的座次按人员的职务、社会地位排列，一般以第一排正中席位为上，其余按左为下、右为上的原则依次排列。主席台座次排列，领导为奇数时，1 号领导居中，2 号领导在 1 号领导左手位置，3 号领导在 1 号领导右手位置；领导为偶数时，1、2 号领导同时居中，2 号领导在 1 号领导左手位置，3 号领导在 1 号领导右手位置。

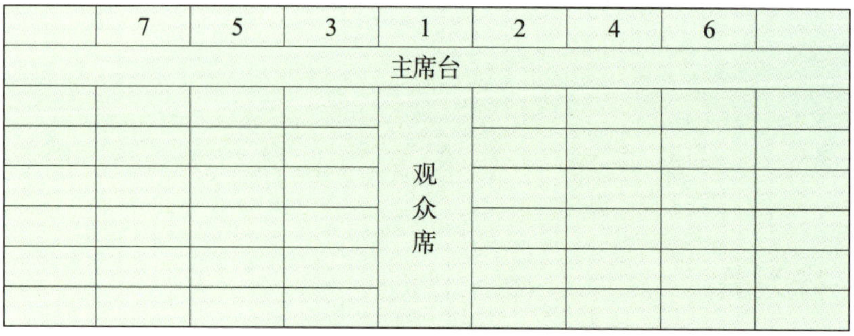

	7	5	3	1	2	4	6	
主席台								
				观众席				

主席台座次（领导为奇数）示意图

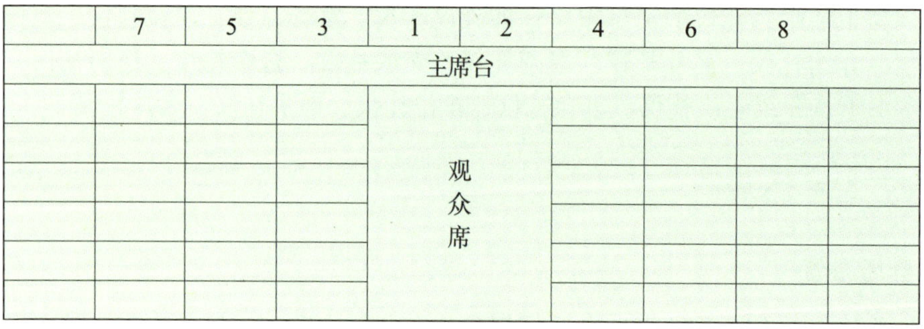

	7	5	3	1	2	4	6	8	
主席台									
				观众席					

主席台座次（领导为偶数）示意图

再次是物品。一是座位牌。座位牌也叫名牌，其作用是方便与会人员各就各位，省去临时安排就座的时间。二是矿泉水。每个人口味不同，有的喜欢喝茶，有的喜欢喝饮料，有的喜欢喝咖啡。如果没有特别要求，矿泉水是能让每个人都接受的最佳选择。三是签到簿。签到簿的作用是帮助会议组织者了解到会人员的数量和姓名，既能查明是否有人缺席，又便于安排下一步工作，包括就餐、住宿等。四是通讯录。通讯录主要是方便与会者了解其他人的姓名、单位、职务等信息。五是会议资料。组织者应提前准备与会议议题有关的资料，打印成册，放置在桌上。

最后是设备。在有的场合，与会人员需要在黑板或白板上写字或画图。虽然现代化的视听设备发展很快，但传统的表达方式依然受到很多人的喜爱，而且在黑板或白板上表述具有即兴、方便的特点。此外，粉笔、万能笔、板擦等配套工具也必不可少。投影仪、幻灯机、录像机、激光指示笔或指示棒等视听设备也给人们提供了极大的方便。开会之前，必须检查各种设备能否正常使用，有的会议需要立即把会议的结论或建议打印出来，这就要准备一台小型的影印机或打印机。此外，组织者还要对会场的照明、通风、卫生等进行仔细检查，不能大意。

2. 衣着举止

对男士来说，胡须应修剪整洁，头发长不覆额，侧不掩耳，后不触领。对女士来说，倡导化淡妆，修饰文雅，且与年龄、身份相符。与会者要讲究公共卫生，开会前不应吃带有刺激性气味的食物，避免口腔异味。

工作人员应统一外着公司西服套装工作服，服装应完好无污渍，扣子齐全，不漏扣错扣，打好领带，配穿皮鞋，上衣袋不装东西，裤袋少装东西，并做到不挽袖口和裤脚。

负责接待工作的工作人员，注意力要集中，展现良好的精神状态，无疲劳状、忧郁状、不满状，并避免当众打哈欠、伸懒腰、打喷嚏、挖耳朵等不雅行为。工作人员的立姿要端正，抬头、挺胸、收腹，双手自然下垂；行走时，步伐有力，步幅适当，节奏适宜。

3. 接待分工

要确保会议顺利进行，圆满结束，必须对会议接待人员进行明确分工。召开大中型会议需要组织人员进行筹备，会议筹备机构的名称为会务处。会务处下设会务组、资料组，有的还设宣传组。会务组、资料组、宣传组等在会务处负责人的指挥下分工负责，协调配合。

首先，要确定一个联络人员，而且要自始至终由他来联系，切忌今天这个人负责联系，明天又换另一个人联系，以免让接到会议通知的人搞不清到底是哪个部门通知开会。

其次，要确定会议主持人员。要从会议召集者、参与会议的最高领导、与议题关系最为紧密的人、现场控制能力较强的人和各方面代表均能接受的人中选定合适的会议主席。

再次，要确定会议记录人员。一个优秀的会议记录者，除了具备倾听、互动、发表意见的能力，还要具备良好的组织、综合、比较能力。在会议过程中，会议记录者有义务适时帮助与会者系统地陈述意见及遵照议程进行讨论。

最后，要安排好其他工作人员的具体工作。一般说来，会议开始前 30 分钟，工作人员就要各就其位，准备迎接会议宾客。在会场入口处，应设迎宾员为客人引路。会议结束后，工作人员要仔细检查宾客有无遗漏物品。待宾客全部散场后，打扫卫生，检查并关闭水电门窗等，确认无误后方可离开。

4. 主持要求

主持人应衣着整洁，大方庄重，精神饱满，切忌不修边幅，邋里邋遢。

主持人走上主席台时应步伐稳健有力。如果是站姿主持，主持人应双腿并拢，腰背挺直；持稿时，右手持稿的底中部，左手五指并拢自然下垂，双手持稿时，应与胸齐高；如果是坐姿主持，主持人应身体挺直，双臂前伸，两手轻按桌沿，切忌出现搔头、揉眼、抖腿等不雅动作。

主持人应口齿清楚，思维敏捷，语言简明扼要。主持人应根据会议性质调节会议气氛，或庄重，或幽默，或沉稳，或活泼。

主持人不要在会场上与熟人打招呼，更不能寒暄闲谈。但在会议开始前，可点头、微笑致意。

5. 发言规范

会议发言有正式发言和自由发言两种。前者一般是领导报告，后者一般是随机讨论。

正式发言时，发言人应衣冠整齐；走上主席台时，应步态自然，刚劲有力，体现一种成竹在胸的风度与气质。如果是书面发言，要时常抬头扫视一下会场，不能低头读稿，旁若无人。

发言完毕，发言人应对听众的倾听表示谢意。

自由发言比较随意，但应讲究顺序和秩序，不能争抢发言。发言人的发言应简短，观点应明确；与他人有分歧时，应以理服人，态度平和，并听从主持人的指挥。

发言人面对会议参加者的提问，应礼貌作答。对不能回答的问题，应机智而礼貌地说明理由。发言人对提问人的批评和意见应认真听取，即使提问者批评有误，也不应失态。

参会者听别人发言时，如果有疑问，可以通过适当的方式提出来，但在别人发言时，不要随便插话。发言人发言结束时，应鼓掌致意。开会时，参会者不要说悄悄话和打瞌睡，也不要无故中途退席，即使要退席，也要征得主持会议的人同意。退席时，应轻手轻脚，不能影响他人。

（二）宴会礼仪

宴会礼仪，不仅包括接受别人邀请赴宴，也包括邀请别人接受赴宴。如果是后者，尤其是正式的宴请，就应提前送请柬（邀请信）。在古代，无论距离远近，主人都要亲自登门递送，表示真诚邀请的心意。现在，一般采用快递或邮寄的方式。但要注意，最好不要采用托人转递的方式，这是很不礼貌的。请柬如果是放入信封当面递送，信封千万不能封口。否则，会被人理解为又邀客又拒客，恰似一场恶作剧。

按照中国的传统习惯，赴宴一般应提前三至五分钟。或者，可以按照对方规定的时间到达。

赴宴前，应修整仪容及装束，力求整洁大方，这是对主人的起码尊重。

进入宴会地点后，不可随便入座。具体坐哪个位置，一般由对方来安排。

（三）车位礼仪

车位礼仪有广义与狭义之分。其中，狭义的车位礼仪主要是确定乘车的座次。确定乘车的座次时，往往要考虑车辆类型、座位数量、司机身份、客人详情。

（四）握手礼仪

握手在交际中使用频繁，也是中外的常规礼仪。握手看似简单，其实也有很多礼仪上的规范要求。

握手注意事项

先说握手的常规顺序。习惯上，应当是主人、长辈、上司、女士主动伸出手，客人、晚辈、下属、男士再相迎握手。不少人误解了握手礼仪，认为自己主动伸手是礼貌和热情的表现，其实不能一概而论，必须考虑握手的顺序。如果你是客人、晚辈、下属、男士，却主动伸出手，就会让别人觉得你不懂礼貌，也不够庄重。

二、心灵美

（一）心灵美的最高境界

“心灵美”是人的本质力量的集中体现，也是人类社会实践的产物。因此，“心灵美”是在我们学习的过程中、教育的过程中、修养的过程中，在同假、恶、丑的较量中形成和发展的，必然受到特定时代的社会制度、道德规范、生产方式、生活习俗的制约。

一般说来，“心灵美”的内涵主要包括四个方面：一是思想意识的美，如追求真理、热爱祖国、崇尚和平等；二是道德情操的美，如情感的美、操守的美、格调的美等；三是精神意志的美，如崇高气节、进取精神、创造意识等；四是智慧才能的美，如文化素养、知识才能、聪明睿智等。

“美”原本是一个极难解读、不易诠释的抽象名词，对此众说纷纭，不一而足。宏观分析起来，“美”不外乎“躯体美”“行为美”“心灵美”。在这“三美”之中，“心灵美”理当占据首席，属于真正意义上的首席之美。这是因为，“心灵美”是人的教养、涵养、修养的集中表现。一个人有了教养，便显露出纯正的人生经验；一个人有了涵养，便显露出丰富的人生阅历；一个人有了修养，便显露出珍贵的人生财富。“心灵美”是人的“行为美”“语言美”的内在依据，通过具体的感性形态而被他人所感知，集中体现了社会文明对人的思想、情感、意志的要求。

毋庸讳言，“躯体美”确实很重要。一个人，无论男女，如果具备与众不同的“躯体美”，就会在交际上、业务上、择偶上占据上风，拥有优势。但是，“躯体美”绝大多数是先天的，而且拥有者并不多。更要命的是，岁月是把无情刀，再美妙的容颜也根本经不起时间的风化。在人群中，真正具备“躯体美”的人堪称百里挑一；在人生中，真正拥有“躯体美”的时段稍纵即逝。由此可见，所有的人（包括具备“躯体美”的人）都将面临不具备躯体美的严峻考验。

相比之下，“行为美”与“心灵美”则是绝大多数人在每一个生命阶段都能实现的。只不过，这种“行为美”与“心灵美”的获取需要经过科学合理的训练、真诚善良的努力。当你不具备“躯体美”的时候，“行为美”尤其是“心灵美”就能大展拳脚，为我们的学习、生活、工作、事业提供活力与动能。

因此，我们不排斥“躯体美”，但更崇尚“行为美”“心灵美”，更崇尚真善美的统一。当然，这里所说的“真善美”，更多的是偏重于从“心灵美”的角度去阐释。

（二）有关心灵美的箴言

关于“心灵美”，有许多言简意赅的箴言，促人反思，发人深省。从某种意义上说，“心灵美”充分体现了人性的善良，闪耀着人性的光辉。

（1）你改变不了环境，但你可以改变自己；你改变不了事实，但你可以改变态度；你改变不了过去，但你可以改变现在；你不能控制他人，但你可以掌握自己；你不能预知明天，但你可以把握今天；你不可以样样顺利，但你可以事事尽心；你不能延伸生命的长度，但你可以决定生命的宽度。

（2）心灵美比外表美更美丽。外表美可以短暂地映入眼帘，而心灵美则会永久地印入脑海。

（3）理解是一轮心灵的触碰，是一次思想的交融，是一种错误的包容。理解就是无论他说什么，你都能心领神会；无论他想什么，你都能心有感应；无论他做什么，你都能站在他的角度去思考。理解需要交流，理解需要沟通，理解需要包容。理解是一种阅历，理解是一种理念，理解更是一种境界。

（4）让需求简单一点，心灵就会更轻松一点；让外表简单一点，本色就会更接近一点；让沟通简单一点，情感就会更融洽一点；让过程简单一点，内涵就会更丰富一点；让效率更高一点，成果就会更丰硕一点。

（5）宽容是一种美德。宽容别人，其实也是给自己的心灵让路。只有在宽容的世界里，人才能奏出和谐的生命之歌。我们不但要自己快乐，还要把自己的快乐分享给朋友、家人甚至陌生人。分享快乐本身就是一种快乐，而且是一种更高境界的快乐。

（6）人要知足常乐，什么事情都不能想繁杂。心灵的负荷重了，就会怨天尤人。如果你简单，这个世界就对你简单。简单生活，才能幸福生活。要定期对记忆进行一次删除，把不愉快的人和事从记忆中摈弃。张爱玲说：“因为爱过，所以慈悲；因为懂得，所以宽容。”

（三）心灵美的典范：2021年“感动中国人物”

1. 杨振宁

杨振宁先生是跨世纪的伟大物理学家，在粒子物理学、统计力学和凝聚态物理等领域作出了里程碑式贡献。他心系祖国科教事业，为国家的科技发展、中外科技文化交流作出了重要贡献，推动了香港中文大学数学科学研究所、清华大学高等研究中心、南开大学理论物理研究室和中山大学高等学术研究中心的成立。

颁奖辞：站在科学和传统的交叉点上，惊才绝艳。你贡献给世界的，如此深奥，懂的人不多。你奉献给祖国的，如此纯真，我们都明白。曾经，你站在世界的前排，现在，你与国家一起向未来。

2. 张顺东、李国秀夫妇

张顺东和妻子李国秀身残志坚、自立自强，用奋斗创造幸福生活，照顾年迈老人、抚养年幼孩子以及失去双亲的两个侄女，书写了“踏出脱贫路、撑起半边天”的感人故事。

颁奖辞：山对山来崖对崖，日子好比江中排，毛竹天生筋骨硬，顺风顺水出山来。李家大姐人才好，张家大哥看上她。没脚走出致富路，无手绣出幸福花。

3. 苏炳添

“中国飞人，亚洲之光”。在2020年东京奥运会男子100米半决赛中，苏炳添跑出9秒83的好成绩，以半决赛第一的成绩闯入决赛并打破亚洲纪录，成为中国首位闯入奥运会男子百米决赛的运动员。决赛场上，苏炳添是一排黑人中间唯一的黄种人，他再次打开10秒大关，以9秒98的成绩获得第六名。

颁奖辞：世界屏住了呼吸，9 秒 83，冲出亚洲的速度。你超越伤病和年龄，超越了自己。你奔跑的背后，有强大的祖国。

4. 朱彦夫

14 岁参军，先后 10 次负伤，3 次立功。在朝鲜战场上，他所在连队当时与敌军在零下 30 多度的恶劣天气里血战了三天三夜，最终仅有他一人生还，但他身负重伤，昏迷 93 天，先后经历 47 次手术后，被截去四肢，没了左眼，右眼视力仅剩 0.3。新中国成立后，朱彦夫主动放弃荣军疗养院的优厚待遇回乡，用 25 年时间带领乡亲治山治水，改变了家乡贫穷落后的面貌。

颁奖辞：生命，于你不只一次，士兵，于你不只是经历。没有屈服长津湖的冰雪，也没有向困苦低头，与自己抗争，向贫穷宣战。一直在战斗，一生都在坚守，人的生命，应当像你这样度过。

5. 顾诵芬

顾诵芬生于书香门第，7 岁时在北平，目睹日军轰炸城市，立志投身航空事业报国。自 1956 年起，顾诵芬先后参与、主持我国第一款自主设计的喷气式机型的气动布局和全机的设计，并创造性解决了大超音速飞行的飞机方向安定性问题和跨音速的飞机抖振问题。顾诵芬的工作经历与新中国航空工业的发展轨迹完全重合。他见证了中国航空工业从无到有、从小到大，构建起现代航空产业体系的过程。

颁奖辞：像静水深流，静水里涌动报国的火；似大象无形，无形中深藏着强国梦。心无旁骛，一步一个脚印，志在冲天。振长策，击长空，诵君子清芬。

6. 陈贝儿

在历时三个月的拍摄时间中，陈贝儿和拍摄团队跨越 14 个曾经处于深度贫困的地区，“沉浸式”体验当地居民生活，节目体现了国家扶贫工作为当地带来的翻天覆地的变化，深刻诠释了中国共产党“以人民为中心”的发展思想，拉近了内地和香港同胞的心灵距离，为香港融入国家发展注入了更强信心和动力。

颁奖辞：从霓虹灯的丛林中转身，让双脚沾满泥土。从雨林到沙漠，借溜索穿过偏见，用钢梯超越了怀疑。一条无穷之路，向世界传递同胞的笑容，你记录这时代最美的风景。

7. 吴天一

吴天一院士投身高原医学研究 50 余年，提出高原病防治的国际标准，开创“藏族适应生理学”研究，诊疗救治了藏族群众上万人。在青藏铁路建设期间，吴天一院士主持制定一系列高原病防治措施和急救方案，创造了铁路建设工人无一例因高原病致死的奇迹。如今 80 多岁的吴天一院士仍然坚守在青藏高原之上，守护着高原人民的健康。

颁奖辞：喝一口烧不开的水，咽一口化不开的糌粑，封存舍不下的亲情，是因为心里有放不下的梦。缺氧气，不缺志气！海拔高，目标更高。在高原上，你守望一条路，开辟了一条路。

8. 江梦南

半岁时，江梦南因用药物失聪，开始学说话的时候，从字、词到日常用语，她对着镜子学口型，摸着父母喉咙学发音，通过读唇语学会了“听”和“说”。从小到大，凭借优秀的学习成绩，她成为家乡小镇上近年来唯一考上重点大学，最终到清华念博士的学生。按照计划，江梦南将于明年博士研究生毕业，她就读生物信息学专业，江梦南的目标始终是明确的，那就是解决生命健康的难题。

颁奖辞：你觉得，你和我们一样，我们觉得，是的，但你又那么不同寻常。从无声里突围，你心中有嘹亮的号角。新时代里，你有更坚定的方向。先飞的鸟，一定想飞得更远。迟开的你，也鲜花般怒放。

9. 彭士禄

彭士禄是我国著名的核动力专家，中国核动力事业的开拓者和奠基者之一。上世纪50年代，他隐姓埋名投身核潜艇研制事业，担任第一任核潜艇总设计师，为我国第一艘核潜艇成功研制作出了重要贡献。改革开放后，他负责引进大亚湾核电站，组织自主设计建造秦山核电站二期，引领我国核事业发展实现历史性跨越。

颁奖辞：历经磨难，初心不改。在深山中倾听，于花甲年重启。两代人为理想澎湃，一辈子为国家深潜。你，如同你的作品，无声无息，但蕴含巨大的威力。

美学实践与思考

1. 选取一个社会美的图片素材或视频素材，可以是景物，也可以是人物，题材不限。谈谈它的哪一点打动了你，让你觉得它是美的。

2. 组织班级开展手工艺创意大赛，作品主题及类型自选。作品类型可选择纸艺类、布艺类、编织类、串珠类、泥捏类、自主创新类及其他符合要求的类型。

要求：主题鲜明，内容健康向上，构思巧妙，富有创造性，最好能体现低碳环保的生态理念；作品从设计到完成必须是个人或团队亲自动手制作，不得购买成品参赛。

第四章　汉字之美

导读

汉字，这一承载着中华五千年文明历史的文字，其美，不仅在于它的历史底蕴，更在于它的形态、内涵以及蕴含的智慧。汉字之美，如陈年老酒，历经岁月沉淀，愈发醇厚；如绝代佳人，历经时光磨砺，愈发迷人。

从形态上看，汉字犹如一幅幅生动的画卷，每一个笔画和部件都如同画中的线条和色彩，构建出一幅幅独特的视觉景象。如“山”字，三笔勾勒，让人感受到了山的峻峭与稳重；“水”字，四笔描绘，让人感受到了水的柔情与坚韧。这种独特的形态美感，是其他文字所无法比拟的。

			山				水
甲骨文	金文	小篆	楷体	甲骨文	金文	小篆	楷体

“山”与“水”的字形演变

从内涵上看，汉字是世界上最富有象征意义和哲理性的文字之一。每一个汉字都如同一个小故事，蕴含着古人的智慧与生活哲理。例如，“孝”字，上部为老，下部为子，意为子承老，传承孝道；“德”字，从彳（chì）从直从心，意为心行正直，寓意道德。这种内涵丰富的特点，使得汉字在表达思想感情时具有极大的张力。每一个汉字都可以衍生出无数的故事和哲理，让人们在欣赏其形态之美的同时，也能深入体会到中华文化的深厚底蕴。

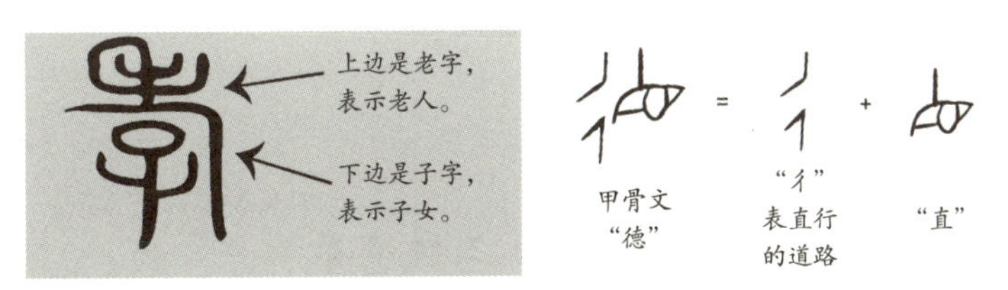

内涵丰富的“孝”与“德”

从书写的角度看，汉字的书写过程本身就是一种艺术创作。毛笔、钢笔、铅笔、圆珠笔……无论哪种书写工具，都能展现出汉字独特的韵味。一笔一划，一点一勾，都蕴含着无尽的韵律与节奏。这种韵律与节奏在书写过程中自然流露，或疾或徐，或轻或重，都使得汉字书写成为一种极具观赏性的艺术形式。

汉字之美，美在形态、美在内涵、美在书写。它是一种独特的美，一种东方的美，一种世界的美。学习汉字的过程，就是感受这种美的过程。汉字不仅是一种交流工具，更是一种文化传承的载体，一种美的表达方式。让我们一起领略汉字之美，感受中华文化的深厚底蕴，传承中华文化的精华。从文化传承的角度看，汉字承载着中华民族的历史记忆和智慧结晶，是中华文化得以绵延千年的重要基石。学习汉字的过程，就是在探索和传承中华文化深厚底蕴的过程，如《诗经》《易经》《道德经》等古典文献，其内涵深邃，我们通过解读这些古籍，可以更深入地理解中华文化的核心价值观和哲学思想。

学习目标

知识目标

1. 了解汉字的起源、演变历程、字形结构规律以及蕴含的文化内涵。

2. 了解并深刻认识汉字作为中华优秀传统文化的重要载体这一本质属性，提升对母语文化的理解和自豪感。

3. 在实际操作中感悟汉字的美学魅力。

能力目标

1. 培养一定的书法鉴赏能力与动手能力，在实际操作中感悟汉字的美学魅力。

2. 培养独立思考能力、批判性思维以及严谨的学术研究态度，在探究过程中进一步巩固和深化对汉字文化的认识。

素质目标

1. 通过系统教授汉字的起源、历史演变、字形结构规律以及文化内涵，并搭配丰富的实践教学活动，在实际操作中感悟汉字的美学魅力。

2. 提高对母语文化的理解和自豪感，激发学生对中华优秀传统文化的热爱和传承。

思政目标

1. 感悟汉字文化之美。

2. 激发学生对中华优秀传统文化的热爱和传承。

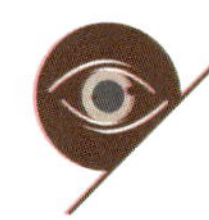

美学欣赏

三大行书　三种境界

从艺术表达的角度看，汉字是东方美学的重要载体。在书法艺术中，汉字被赋予了

生命和情感，行书、楷书、草书、隶书、篆书等各种书体，都展现了汉字独特的韵律和美感。无论是王羲之的《兰亭序》、颜真卿的《祭侄文稿》，还是苏东坡的《寒食帖》等，无一不是通过汉字这一载体，传达出艺术家们深沉的情感和卓越的艺术才华。

第一行书：王羲之《兰亭序》

东晋永和九年（公元 353 年）三月初三，王羲之与友人谢安、孙绰等四十一人在会稽山中饮酒，酒会中友人们兴致浓烈纷纷赋诗，于是王羲之便将这些诗文集成一辑，并为之作了序篇，描绘了兰亭的景致和集会的乐趣，此即《兰亭序》。作品以行书章法闻名于世，全篇从头至尾，笔意顾盼，朝向偃仰，疏朗通透，形断意连，气韵生动，风神潇洒，完美体现了行书章法的顶级审美标准——错落之美！《兰亭序》在“不激不厉”的风格中，蕴藏着作者圆熟的笔墨技巧、深厚的书写功力。

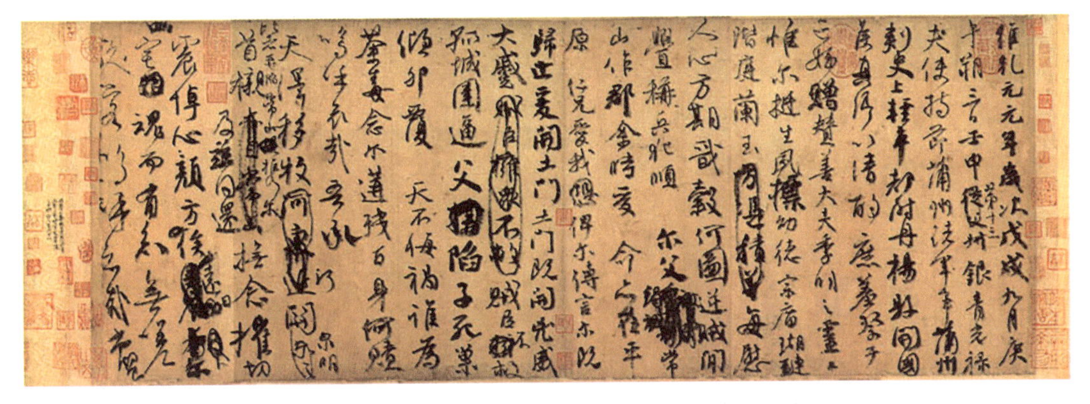

第二行书：颜真卿《祭侄文稿》（台北故宫博物院藏）

《祭侄文稿》是颜真卿追祭侄子颜季明的草稿。文稿追叙了颜真卿堂兄即常山太守颜杲卿父子一门在安禄山叛乱时，挺身而出，坚决抵抗，以致“父陷子死，巢倾卵覆”、取义成仁之事。文稿是作者在极度悲愤的情绪下书写完成的，作者不顾笔墨之工拙，用笔之间情如潮涌，文稿纯是精神和平时工力的自然流露，这在整个书法史上都是不多见的。文稿将颜真卿内心的悲愤、愤怒，白发人送黑发人的家门不幸，以及对于安史之乱的家国苦难之情抒发得淋漓尽致。

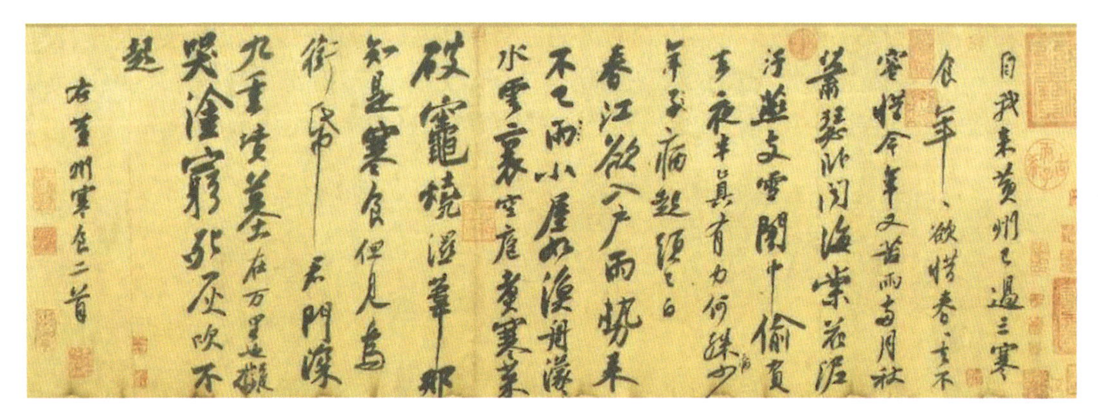

第三行书：苏东坡《寒食帖》（台北故宫博物院藏）

《寒食帖》是苏轼一生中最精彩的书法代表作。元丰三年（1080年），苏轼因“乌台诗案”入狱，成为政治斗争中的牺牲品，后因太后驾崩，大赦天下，以及王安石向宋神宗的劝谏“圣朝不宜诛名士”而有幸被赦免。大难不死的苏轼被贬黄州，在被贬后的第三年的寒食节，他作了两首五言诗，写就《寒食帖》。我们光看文字，秋风冷雨，悲惨凄凉，作者的情绪可以说是极其低落。作品描写了作者在黄州生活的窘迫艰辛，抒发了人生感叹。但是单看苏轼的书法，却又是通篇从容潇洒，起伏跌宕，光彩照人，气势奔放而无草率之笔，流露出来的是他的豁达气度。

第一节　汉字的起源

文字的出现是人类历史步入文明社会的标志之一。《淮南子·本经》说汉字产生的时候，“天雨粟，鬼夜哭”，看似离奇荒诞，实则是用神话的夸张手法表现了文字的产生对人类文明的重要影响，是惊天地、泣鬼神的重大发明。汉字是怎么产生的呢？从实物记事到图画记事，直到汉字的产生，这个过程一定是十分的漫长。

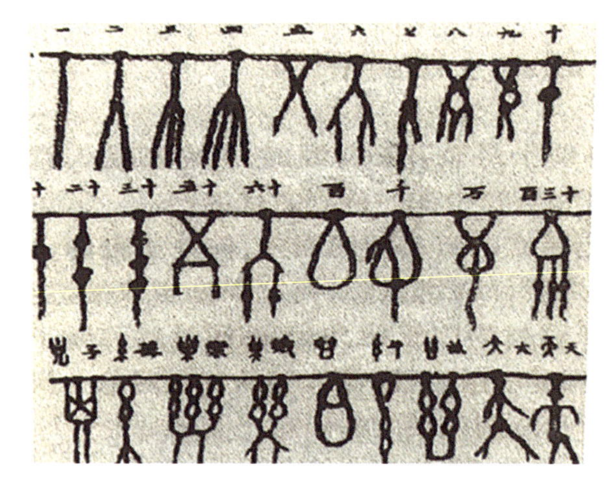

结绳记事

一、结绳记事说

结绳即在绳子上打结。其意图是用来计数或者记录事件发生的地点，通过结绳数来提醒记忆。结绳有过悠久的历史，相关的记载很多，《易·系辞》上说：“上古结绳而治”。

段玉裁《说文序·注》："自庖牺以前，及庖牺，及神农，皆结绳为治，而统其事也。"《周易正义》引《虞郑九家易》说："古者无文字，其有约誓之事，事大大结其绳，事小小结其绳，结之多少，随物众寡，各执以相考，亦足以相治。"

二、仓颉造字说

传说汉字起源于仓颉造字。仓颉其人，一般都认为是黄帝的史官，大约出生于公元前30世纪。黄帝的史官仓颉根据日月形状、鸟兽足印创造了汉字，造字时天地震惊，"天雨粟，鬼夜哭"。从历史角度来看，复杂的汉字系统不可能由一人发明，因仓颉在汉字搜集、整理、统一上做出了突出贡献，故《荀子·解蔽》中记载："好书者众矣，而仓颉独传者，一也。"

仓颉像

相传仓颉为黄帝的史官，他先后发明了象形字、会意字、形声字等，为人类的文明和进步做出了巨大的贡献。黄帝对仓颉发明和推广文字的功劳非常看重，仓颉死后，他派人将其悬棺而葬之。如今在仓颉墓前，枝叶繁茂的古柏掩映着一座大殿，殿门两旁的木柱上有一副对联："天下文字祖，古今翰墨师。"

三、书契说

契刻是较结绳晚出的一种记事方法。《释名》是汉末刘熙所做的一部训解词义的书，上面就写着"契，刻也，刻识其数也"。《尚书·序》也有这样的记载："书者，文字，契者，刻木而书其侧，故曰书契也。"意思是，把文字刻在木片的一侧即为书契。

书契的作用主要有两个方面，一是计数，《列子·说符》上就说："宋人有游于道，得人遗契者，归而藏之，密数其齿，告邻人曰：'吾富可待矣。'"得人遗契这个典故，用于讽刺那些把赌注全压在不切实际的主观幻想上的那一些人，他们企图不劳而获，坐享其成。但其中密数其齿，可以进一步证明，书契曾经具有计数的功能。二是用作契约凭证的记载。《道德经》中说道："是以圣人执左契，而不责于人。"意思是，有道德的人就像执借据而不以此强迫别人偿还债务一样，施德不求报，得理能让人。远古类似的书契遗存很多。

四、图画说

"图画说"要揭示的是汉字与图画的关系。对于汉字与图画的关系，汉代的学者已有初步的认识，但真正从理论上进行阐释的，则又经过了"书画同源"说和"汉字起源于图画”说的历史发展过程。

现代学者认为：汉字真正起源于原始图画。一些出土文物上刻画的图形，很可能与文字起源有关系。

例如公元前4000年左右，出土于陕西华县泉护村遗址、新石器时代仰韶文化的彩陶盆上（性质应是此地原始氏族的徽号，当时正处在母权制向父权制过渡的氏族社会阶段），有四个鸟形图案，与古汉字中的“鸟”（上行）和“隹”（下行）对照，十分相似。《说文》中说，“隹”是短尾鸟的总名。

西安半坡遗址出土的仰韶文化彩陶盆和晚商青铜器上的鱼形图案，形态逼真，栩栩如生。拿它们与古汉字中的一些“鱼”比较，其相似的程度，足以使人确信汉字是从原始图画演变而来的。

汉字的起源是一个十分复杂的文化现象，对这个问题的探索不可能是简单的短暂的过程。虽然我们现在对汉字起源的情况有所了解，但要真正揭开谜底，还有很多工作要做。随着有关材料的不断增加和多角度的深入研究，汉字起源的神秘面纱必将会被逐层揭开。

第二节　汉字的演变

汉字的演变是中华文化传承的重要部分，它反映了我们祖先对生活的观察、理解和创新。从最早的甲骨文到现代的简化汉字，汉字经历了数千年的变化和发展。下面我们就对此加以概述。

一、甲骨文

甲骨文是我们目前所发现最早的中国文字，是殷商时代刻在龟甲或兽骨上面的文字，这些文字主要是用来卜断吉凶的。占卜时先利用火烧灼龟甲，龟甲上便会出现裂痕，商代的人们根据这些裂痕卜断吉凶，并将卜问的事情和结果刻写在龟甲上，而这些刻在龟甲或兽骨上的文字便被称为“甲骨文”。甲骨文主要是用来记录占卜的结果，所以早期的文字多与神灵、祭祀有关。甲骨文的语言表达较为直接，字形往往与实物形状相关，具有浓厚的象形文字风味。

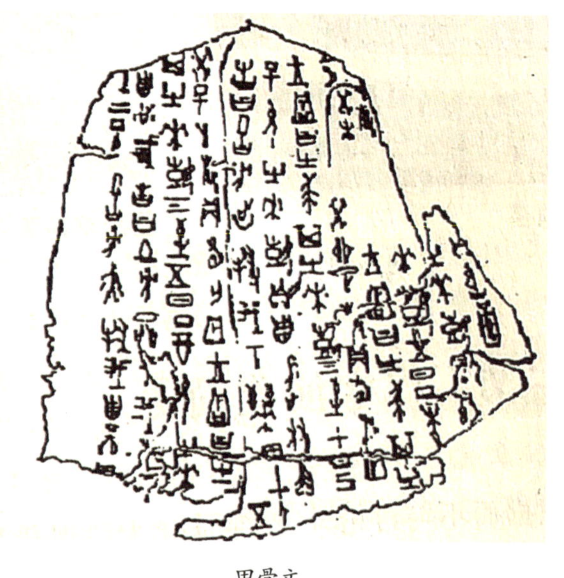
甲骨文

二、金文

随着时代的发展,汉字逐渐脱离了象形文字的束缚,开始出现更多的表意字和形声字。金文就是这一转变的见证,金文主要刻在青铜器上,相比甲骨文,金文的字形更加规范,笔画更加清晰。

在青铜器上铸铭文的风气,从商代后期开始流行,到周代达到高峰。先秦称铜为金,所以后人把古代青铜器上的文字称作金文,由于钟和鼎在周代各种有铭文的青铜器里占有比较重要的地位,所以人们也称金文为“钟鼎文”。和现代的铸铁产品一样,青铜器的铸造一般也要使用泥制模型,称作“陶范”,金文是预先雕刻在陶范上再铸出来的,也有少数是青铜器铸好后直接刻上的,因为陶范质地松软,雕刻比龟甲、兽骨更为容易,所以早期金文比甲骨文的绘图性质更强,更为接近原始文字。

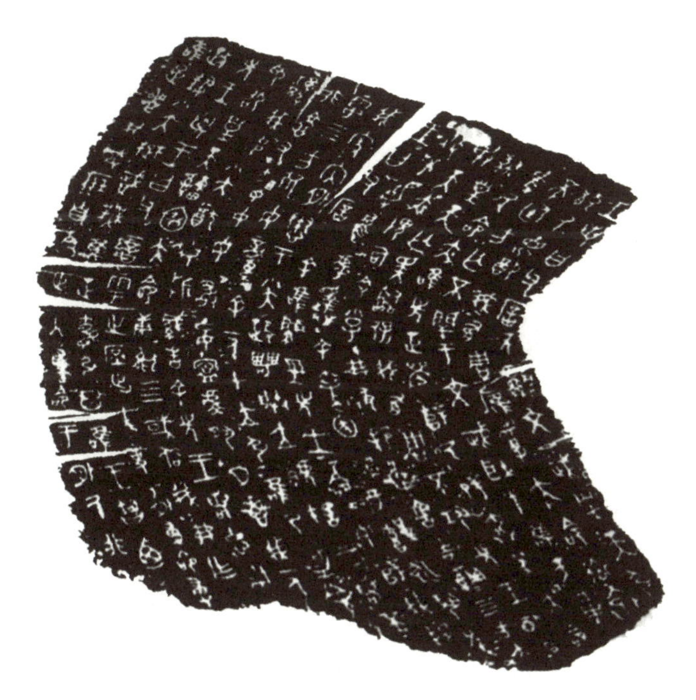

金文:毛公鼎铭言

三、小篆

篆,本指小篆、大篆的合称,因为习惯上把籀文称为大篆,故后人常用篆文专指小篆。小篆又称秦篆,是由大篆省略改变而来的一种字体,产生于战国后期的秦国,通行于秦代和西汉前期。战国时代,列国割据,各国文字没有统一,字体相当复杂,于是秦始皇在大一统后便以秦国的文字篆体,施行“书同文”来统一天下的文字,废除六国文字中各种和秦国文字不同的形体,并将秦国固有的篆文形体进行省略删改,同时吸收民间使用的文字中一些简体、俗字体,加以规范,形成了一种新的字体——小篆。泰山的封山刻石文字,相传为李斯所书。

中国文字发展到小篆阶段，逐渐开始定型（轮廓、笔画、结构定型），象形意味削弱，更加符号化，减少了读写方面的混淆和困难，这也是我国历史上第一次运用行政手段大规模地规范文字。秦统一全国文字，不但基本上消灭了各地文字异形的现象，也使古文字体异众多的情况有了很大的改变，这在中国文字发展史上有着重要的作用。除了小篆，还有甲骨文、金文，被统称为中国字的古文字。古文字学的发展，对于促进中国古代历史、哲学、经济、法律、文化、科学技术的研究，都有相当重要的意义。

泰山刻石

小篆比金文更加规范化和艺术化，为后来的汉字发展奠定了基础。从汉字演变的角度看，小篆的出现标志着汉字结构的稳定和固定，它对汉字的笔画、部首和构造规则进行了整理和统一，使得汉字的书写和阅读更加便捷。

四、隶书

小篆之后，汉字的演变进入了隶书和楷书阶段。隶书始于汉代，它的出现标志着汉字从象形图画向符号化、抽象化的笔画字转变。小篆虽然是较整齐的长方形，结构由均匀圆转的线条组成，但是书写起来相当不方便，且字形繁复，由于其存在这些缺点，故在民间很快出现了一种新字体，人们将小篆的端庄工整、圆转弯曲的线条写成带方折的，这种字体据说当时在下层小官吏、工匠、奴隶中较为流行，所以被称为“隶书”。到了汉代，隶书逐渐取代小篆成为主要字体，这一过程被称为“隶变”，中国文字的发展历史从此脱离古文字阶段进入隶楷阶段。隶变之后的文字，接近现在所使用的文字，字体也比古文字更容易辨识。汉代以后，小篆成为主要用来刻印章、铭金文的古字体。隶书的形成使文字从随物体形状描书的复杂字符，变成由一些平直笔画所组成的简单字符，这种改变大大地提高了书写的速度。

隶书的出现标志着汉字从象形图画向符号化、抽象化的笔画字转变。隶书保留了小篆的基本形态，但在笔画和部首上更加简化，使人们的书写速度得到大大提高，从而更适应社会发展的需求。

五、楷书

隶书作为秦汉时代的通用字体经过进一步变化，即为真书，也称楷书。楷书则在隶书的基础上有了进一步规范化的发展，成为今天我们所见的汉字形态。

这一变化是从魏晋开始的。明代张绅《法书通释》说：“古无真书之称，后人谓之正书、楷书者，盖即隶书也。但自钟繇之后，二王变体，世人谓之真书。”楷书在魏晋南北朝

时期又经历了不少变化，到了隋唐之后才基本定型，定型后的楷书，笔画、结构都相当精致、严谨，唐朝著名书法家欧阳询的作品就是范本之一。

汉字的发展经历了许多不同的演变。初期汉字系统的字数不足，大量事物以通假字表示，使文字表述存在较大歧义。为完善表述的明确性，汉字经历了逐步复杂、字数大量增加的阶段。但事物众多，不可能都用单一汉字表示，且汉字数量的过度增加又增加了人们学习汉字的难度，汉语因此逐步从单字表意演变为词语表意为主导。中国文字进入楷书阶段后，字形继续简化，但字体就没有太大的变化了，作为我国古代四大发明之一的印刷术，就是以楷书作为印书的主要字体。

六、草书

草书最初是辅助隶书的一种简便字体，主要用于起草文稿和书信。草书形成过程中，官府的佐、史因经常需要起草文书，他们对草书流传影响较大。草书就是不严谨的书法，最初人们只是为了省时省力，所以写得草率一些。但到了书法家这里，它就成为一种书法艺术形式。有些草书写得龙飞凤舞，字与字连绵不断，几乎完全丧失了文字符号的交际功能，所以这种书体与篆书、隶书、真书不同。东汉后，经文人和书法家改进，草书开始有较规整严格的形体，并用在一些官方场合，称为“章草”。章草保留了隶书的拨挑和捺笔。草书因字形太过于简单，容易混淆，所以无法像隶书取代小篆那样成为取代隶书的主要字体。楷书产生后，草书得到了进一步发展，不但笔画之间可以勾连，上下之间也可以连写，隶书笔画的某些特征也逐渐消失，形成另一种类型的草书，称之为“今草”。

七、行书

行书则是介乎真书与草书之间的手写书体。行书的笔画不像真书那样规整，也不像草书那样打破了真书的笔画结构，这种书体从晋代二王以来，一直广为流行，至今仍是如此。行书一方面是一种便于书写的字体，一方面仍旧完好地保持着文字的交际功能。但是，行书又是一种形体不很固定的字体，偏于草书便成为“行草”，偏于真书就成为“真行”。行草实际上同草书无异，真行是略微随便的真书，王羲之的《兰亭序》就是真行的典型作品。所以从字体的角度来看，草书和行书都不能算与篆、隶、真这三种字体并立的书体。

随着时代的变迁，汉字经历了不断的完善和简化。清代和民国时期，为了方便书写和普及教育，汉字经历了多次简化。现代的简化汉字是在1955年以后最终确定的，它们既保留了汉字的基本结构和表意功能，又降低了书写难度，更适应现代生活的需要。汉字在演变过程中，除了形态的变化，还伴随着内涵的丰富和深化。古代汉字多与自然现象、生活实践密切相关，而随着农业文明的发展、社会分工的细化以及文化知识的积累，汉字逐渐涵盖更多的抽象概念、科技知识、哲学思想等内容，更好地满足社会经济的发展与文化传承的需求。

汉字的演变，不仅反映了中国古代人民的智慧与创造力，也是中华文化源远流长、

博大精深的象征。在现代社会，我们应当更加珍视汉字背后的文化底蕴，通过深入研究和科学教育，让这一古老的文字体系在新的时代背景下焕发出新的活力，为推动中华文化走向世界舞台发挥重要作用。

第三节　汉字美的具体实践

一、汉字与书法

汉字的外形方方正正，这一特点使其很容易与世界上其他国家、民族和地区的文字区别开。

汉字，这一充满魅力的艺术品，不仅承载着交流信息的实用功能，更在书法、篆刻、诗词等艺术领域展现着其独特的美学韵味和深厚的人文内涵。其形态之美，堪称世界文化长河中一颗璀璨的明珠，无论是秀美飘逸的行草，还是刚劲沉稳的楷书，抑或是疏密有致、错落有致的布局，无不体现出汉字独特的节奏感和生命力。

“书画同源”，这一古老的艺术观念揭示了汉字与绘画之间的深厚渊源。最早的汉字往往具有鲜明的图像性，蕴含着古人对自然现象、生活场景的直观感知和表达。随着历史的演进，这些象形符号逐渐抽象化、规范化，成为今天我们所说的汉字。而中国书法，作为这一传统艺术的精髓，正是这一演变过程的生动见证和艺术升华。它以其无声的韵律、无形的舞蹈、无色的画卷、无声的和谐，被誉为“无言的诗、无行的舞、无图的画、无声的乐”。

在中国画中，书法艺术以笔墨的形式赋予画面以生动的气韵和深远的意境；在中国扇、楹联、匾额等实用品或艺术载体上，优美的汉字不仅起到了装饰美化的作用，更是中国文化精神的直观体现；在建筑装饰和剪纸等民间艺术中，书法同样以其独特的魅力和寓意，为人们的生活空间增添了浓厚的艺术氛围和文化意蕴。

古往今来，文人墨客通过笔划间的起伏转折，以至字里行间的浓淡冷暖，寄寓了他们对生活的热爱、对理想的追求以及对人格境界的自我期许。汉字在这里不仅仅是一种简单的视觉元素，更是一种深层次的文化符号，它们以其无与伦比的表现力和生命力，向世人展示着中华民族悠久的历史积淀和卓越的艺术才华。

汉字的书体变化主要是指汉字笔势和体态的变化，包括甲骨文、金文、篆书、隶书、草书、楷书、行书等。其中篆书、隶书、草书、楷书、行书构成了中国书法的五种字体。每种字体都有各自鲜明的特征。篆书古朴，隶书率真，草书潇洒，楷书工整，行书流畅。汉字的书法之美主要体现在点画用笔、结体取势以及章法布局三个方面。

（一）点画用笔之美

点画，即构成汉字的笔画，其形态各异，富有韵律。其外形特征主要包括肥瘦、长短、方圆、曲直、断联等多元变化，这些区别的实质是书写时力度和速度的巧妙运用，以及笔触与纸张间摩擦产生的不同效果。其质地又有刚柔、强弱、浓淡等不同。刚柔并济、强弱适宜、浓淡相宜的点画用笔，方能勾勒出汉字骨骼肌理，使其跃然纸上，生动有力，富有张力。

用笔，也称为运笔，是书法艺术中的核心技巧，现在普遍称其为笔法，包含提按、逆顺、转折、顿挫、迟速等变化。提按，即笔触在纸面的提起与按下，逆顺则是顺着和逆着笔画的方向进行书写。转折则是笔画由一直线转为另一直线的过程。顿挫则是在笔画中运用停顿和连续的变化，而迟速则是在书写过程中对运笔速度的掌控。这些技巧的运用直接影响到笔画形态的丰富度和艺术效果。

点画用笔的独特性体现在它能够创造出各种不同的笔画形态。例如，通过改变力度的大小，可以产生粗细不同的线条；变换书写速度，则可以表现出流畅或顿挫有致的节奏感。正因如此，每一种书体都拥有各自独特的点画用笔方式，即使同一种书体，在不同书法家的笔下也会因为个人风格的迥异而呈现出多样化的特点。

可以说，掌握点画用笔技巧是书法创作的关键所在。只有熟练运用这些技巧，才能灵活地书写出各种优美的笔画线条，进而创造出具有独特韵味和艺术美感的书法作品。好的书法作品，其点画用笔一定是生动、立体、富有美感的。如果书写者没有掌握好点画用笔的变化规律，出现了“点画八病”的问题，那么就一定写不出好的书法作品。

被誉为“天下第一行书”的《兰亭序》，是王羲之与文人墨客在绍兴兰亭饮酒赋诗时所作，记述了兰亭周围的山水之美和聚会的欢乐之情。此书法作品通篇笔势纵横，意气酣畅，如龙跳虎卧，浑然天成。全文共 21 个“之”字，变化多姿，无一雷同，真正达到一种随心所欲而不逾矩的境界。王羲之通过巧妙运用点画用笔技巧，将汉字书写推向了一个前所未有的高度。

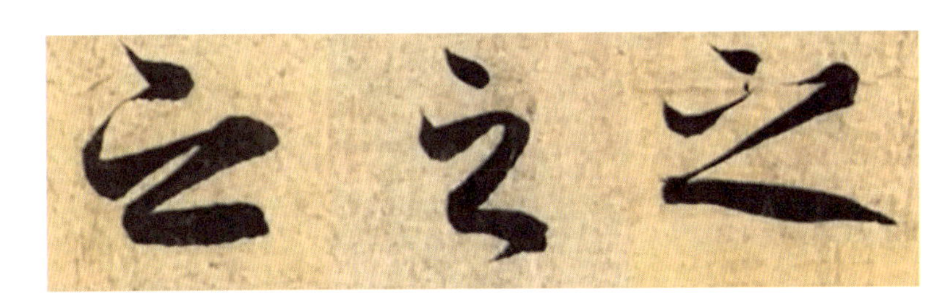

《兰亭序》“之”字选例

（二）结体取势之美

结体取势，是书法艺术创作中一项至关重要的技术环节和审美追求，它涵盖了书写者对汉字结构布局的深度理解和巧妙运用。作为书法练习者，需要通过一定的解体技巧，根据各自的审美情绪来塑造汉字的理想体势。

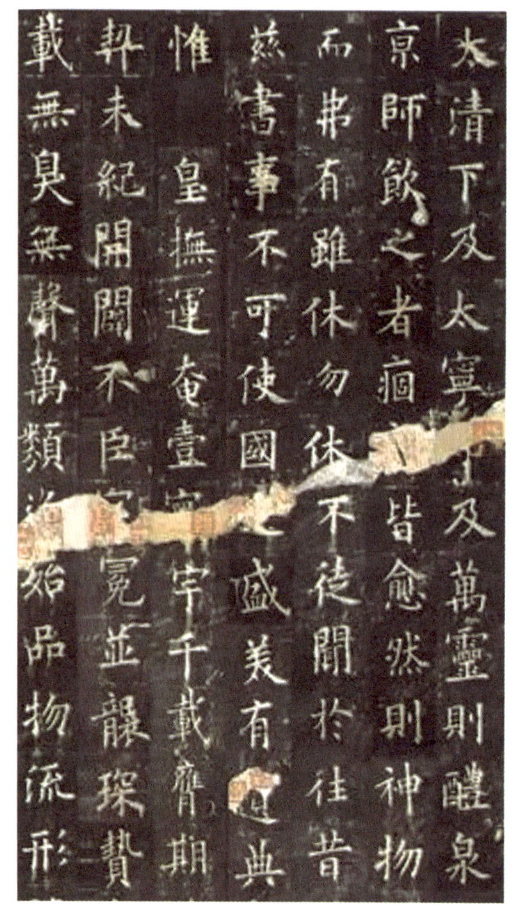
欧阳询《九成宫醴泉铭》

“结体”又称“结字”，是汉字书写过程中间架结构的设计与搭建，是对每一个汉字点画布置疏密有致、聚散合理、正斜相依、高低呼应等的处理手法。这里的“点画”不仅指笔画本身，还包括了笔画间的关系、角度、长度以及它们之间的比例协调等元素。人们对这些基本元素的精心调整和艺术化处理，使得字体的骨架更富有美感。

文字的骨架就好比支撑着建筑的立柱，是立字的根本所在。而“体势”则是指文字的形体结构、气势风格的整体呈现。结体取势的过程中，书法家需在保持汉字基本形态的基础上，追求层次分明、错落有致的艺术效果，使字形既能符合汉字的构造规律，又能体现出动态的美感和生命力，达到形神并茂的境界。

唐代著名书法家欧阳询的《九成宫醴泉铭》碑刻作品，因其深邃的笔法、精妙的结体和严谨的空间布局而被后世誉为“天下第一楷书”。其结体以纵势为主，纵中有收束，放而不乱，在保持整体肃穆庄重气韵的同时，局部险势的运用更是点睛之笔，成功避免了单纯的严肃风格可能导致的呆板局限，展现了欧阳询独特的艺术匠心和书法魅力。

（三）章法布局之美

在书法艺术的殿堂中，章法布局与点画用笔、结体取势并称为书法技艺的三要素。它们共同构筑了书法艺术的坚实基石，缺一不可。章法布局，顾名思义，是指书法作品通篇的整体经营。它不仅仅局限于字符的简单排列，更包含了宏观、微观、形式、意境等多元的构成要素。

从宏观角度看，章法布局涉及整个书法作品的空间分布和层次感。每一个字在纸上的位置、每一行字的走向以及整体作品的布局都需要精心设计。这种宏观上的把控使得作品具有整体感和和谐性，让观赏者能够一目了然地领略到作品的韵律和气势。

微观层面上的章法布局则关乎到每个字内部的结构安排和笔画的运用。这包括字符体势的塑造，如笔画粗细、角度、弧度等的变化，以及字群的排布、行款的处理，如上下左右之间的呼应、收放等技巧。这些微观元素赋予了作品生动活泼的姿态和韵律感，使每个字都仿佛有了生命力和个性。

形式上的章法布局涉及作品的整体形式和结构。通过调整字的大小、疏密、宽窄等关系，以及行间的处理，如行距、行宽等，使作品在视觉上达到平衡与协调。同时，印章的施用也是形式布局的重要组成部分，它不仅起到了装饰作用，还能加深作品的主题和意境。

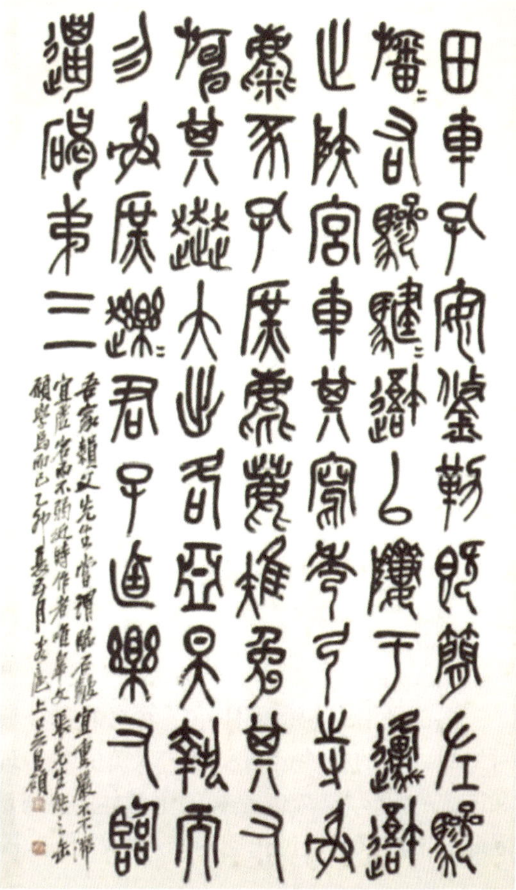

在意境层面，章法布局追求的是一种“黑白相应，大小相宜，疏密相称，宽窄适度”的境界。字与纸张的关系应该是相互映衬，大小错落有致，疏密安排得当。行间要透气，不能安排得太满，四周要留白，给人以想象和回味的空间。这样的布局使得作品更加富有层次感和深度，让观赏者在欣赏字迹的同时，更能领略到作品所蕴含的深意和情感。

一般来说，楷书作为一种书法艺术形式，其通篇的结构布局讲究严谨与和谐，要求行与行之间、列与列之间的字数相等，形成规整而庄重的布局特点。这种书体强调横平竖直，每一笔一划都力求精准到位，行列中的每个字如同士兵般排列整齐，又各自独立成体，中心点基本处于同一条直线上，展现出一种秩序美和静态美。

吴昌硕《篆书临石鼓文轴》

篆书作为一种古老的书法艺术，其特点主要体现在笔画粗细、字形大小以及排列方式上。篆书的字形特征是行宽列窄，字形较为瘦长，且呈现出一种古朴厚重的韵味。其笔画粗细基本一致，线条流畅且有力度，给人以挺拔而不失灵动之感。在结构布局上，篆书强调的是横平竖直、对称和谐，以及字与字之间的呼应关系。这种呼应关系在篆书中表现为上下左右之间的笔画相连或气息相通，从而形成一种独特的节奏感和整体感。

隶书则以行窄列宽为特点，字形扁阔，笔画平直有力，讲究“蚕头雁尾”“一波三折”。其结构布局虽与楷书有异，但同样追求横有行、竖有列的规矩之美。隶书的行列间的字虽无严密的垂直或水平对齐，但却通过巧妙的空间安排和笔画的穿插呼应，使每一个字都能自然地融入整体，达到“气贯行间”的艺术效果。

行书和草书则以其独特的动态美和节奏感而闻名于世。笔触挥洒自如、线条流畅简约；其虽然在表面上似乎没有固定的行列界限，但实际上却蕴含着极高深的艺术技巧与布局智慧。唐代著名书法家张旭以其惊人的创作力和卓越的艺术才华被誉为“草圣”。他的代表作《古诗四帖》在章法布局上堪称典范之作：通篇大收大放、行文纵横跌宕；字迹飘逸灵动，气势磅礴壮观，犹如云烟缭绕般令人叹为观止。

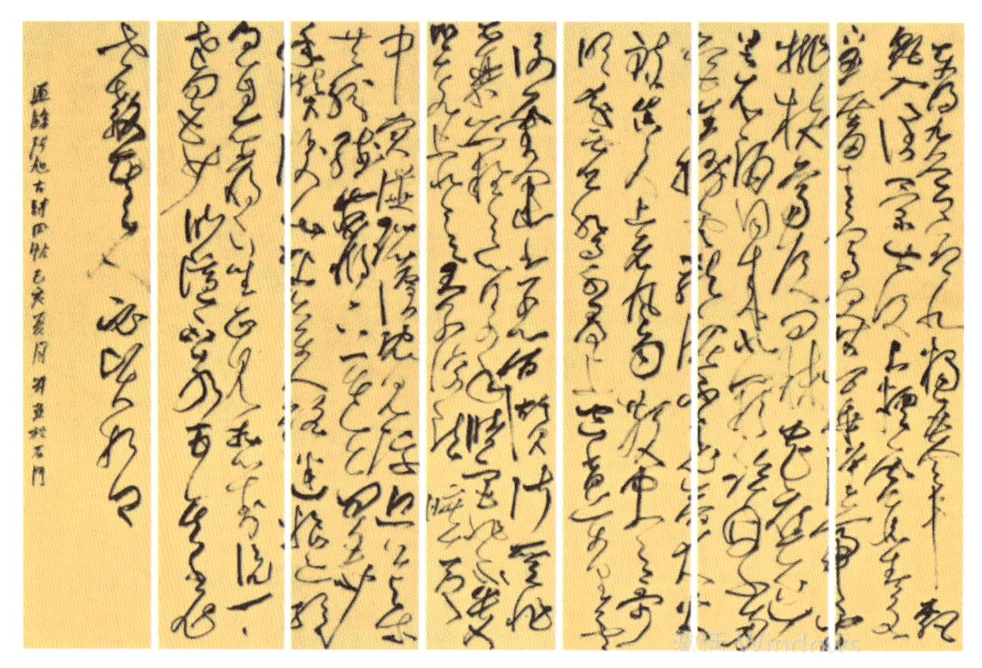

张旭《古诗四帖》

无论是楷书的肃穆庄重，篆书的古朴典雅，还是草书的自由奔放，都体现出书法家对笔墨纸砚的精妙运用和对艺术美的独特理解。书法艺术的神奇魅力更在于其形与神的和谐统一：形是基础，是神的主载体；神则是形的升华与延伸，是书法家心灵境界的投射。因此，书法家们通过长期的修炼和深厚的书写功底来追求形神兼备的境界。

二、汉字与篆刻

中国篆刻，这一独特的艺术形式，融合了书法与镌刻的精髓，以篆书为主要表现形式，通过在金属、竹木、玉、石等多种材料上进行精心镌刻，创造出具有欣赏价值和实用价值的印章。篆刻艺术有着悠久的历史，其起源可追溯到殷商时期的甲骨文，那是刀刻在龟甲兽骨上的文字，虽朴素却已显露出篆刻艺术的雏形。随着时间的推移，篆刻从狭义的雕镂铭刻逐渐发展成为一门广义的治印之学，其书体也丰富多样，除了大篆、小篆和汉篆外，还包括隶书、楷书、行书等多种字体。2009年，中国篆刻同中国书法等项目一同入选联合国教科文组织《人类非物质文化遗产代表作名录》，这一荣誉不仅是对中国篆刻艺术的肯定，更是对中华传统文化传承与发展的鼓励与认可。

同时，随着科技的进步和新兴媒体的涌现，篆刻艺术也在不断地推陈出新、与时俱进。数码技术的发展使得篆刻作品的复制和传播变得更加便捷；而新兴媒体如互联网、移动端等则为篆刻艺术提供了更广阔的展示和交流平台。这使得更多人有机会接触到这一传统艺术并对其产生兴趣进而投身其中。

印章作为艺术品，其价值一般表现在两个方面，一是其外形设计，二是印面文字的书法和篆刻艺术。中国的篆刻艺术之所以丰富多彩，一个重要的原因就是印文的形体美，主要表现在线条和章法两方面。

（一）线条之美

线条之美，宛如世间奇景，独具匠心。篆刻与书法，虽殊途同归，却各自绽放独特魅力。二者均讲究笔法、章法之精妙，然而所用工具迥异，一为柔软之毛笔，一为锋利之刻刀。篆刻于印章之上，其难度远超纸上挥毫，盖因印面狭小，需精心布局，方能成就佳作。

篆刻印章之道，首要深谙汉字之精髓。特别是篆书，需洞悉其字体之源流、结构之奥秘，并熟练掌握其书写技法，方能巧妙地将文字编排于印面之上。此外，还需具备扎实的书法基础，以便灵活运用文字线条使之产生美的效果。篆刻艺术强调以书法入刻，使刀中见笔意，笔中显刀工。印刀之于篆刻，犹如毛笔之于书法，均为不可或缺之神器。

印刀之粗细、长短、轻重，刀刃之大小、钝锐、平斜，皆需篆刻家深思熟虑，精心挑选，灵活运用。印面上之文字线条，既要曲直相宜、纵横有序，又要笔画精细、结体自然，方能展现出独特之审美意蕴。如此，篆刻作品方能熠熠生辉，彰显线条之美，令人叹为观止。

（二）章法之美

篆刻的章法，即印面文字的安排和布局，是篆刻的重要组成部分。印章需要在很小的范围内，用不多的文字表现其艺术魅力。文字线条要富有变化，布局更要丰富多彩。篆刻的章法布局需遵循一定的基本原则，包括平稳匀称、挪让呼应、留红空白、盘曲变化、疏密统一、穿插有致以及巧拙适宜等。平稳匀称是最基本的原则。一般来讲，要做到笔画多的字不显得繁杂，笔画少的字不显得稀疏。挪让，即通过移动文字笔画的位置来使印面气势舒展。呼应，即使章法上的两个相同部位彼此遥相呼应，一般有对角呼应、并头呼应、盘曲呼应、留红呼应等。盘曲变化是为了追求章法上的协调，对文字做屈伸方圆处理。印面汉字笔画多寡悬殊的印章，古人通过疏可走马、密不过针的方法进行处理，使文字给人以强烈的疏密对比感。穿插有致，为了打破平板的章法，使字与字相互顾盼，将笔画随势伸缩、上穿下联。

邓石如《江流有声，断案千尺》

齐白石《中国长沙湘潭人也》

美学实践与思考

1. 你赞成汉字的起源中哪一种起源说？为什么？
2. 梳理和总结汉字形体发展的基本趋势和规律。
3. 汉字的书法之美主要体现哪些方面？
4. 篆刻的章法之美主要体现在哪些方面？

第五章　文学之美

导读

文学的历史发展可追溯至古代文明时期，随着人类文明的不断演进，文学经历了从口口相传到书面创作、从古典到现代的漫长历程。当文字不单纯记录事情时，其以修辞作为表现手段，借助词语唤起人们的想象时，就形成了文学艺术。文学属于语言艺术门类，文学通过塑造不同的艺术形象反映社会生活，表现艺术家的审美意识、审美理想。文学涵盖诗歌、小说、散文、戏剧等多种体裁。文学作品外在的表现手段，包括叙事、描写、抒情、议论等多种方式。这些形式相互交织、配合，共同构成了文学作品的独特魅力。通过对文学艺术形式的运用，作者能够创造出丰富的艺术世界，引发读者的共鸣和思考。

文学作品解读是对文本进行深入分析和理解的过程，需要运用文学理论、批评方法和个人审美经验。解读文学作品时，我们需要关注作品的主题、结构、人物形象、语言风格等方面，从而把握作者的创作意图和作品的艺术价值。

文学作为一种社会文化现象，具有重要的社会价值。它不仅能够传承历史文化，弘扬民族精神，还能够启迪思想，陶冶情操，提高人的审美能力和综合素质。文学作品中所蕴含的人道主义精神、社会批判意识、道德价值观念等，对于推动社会进步和人类文明发展具有积极意义。文学与其他艺术形式如绘画、音乐、舞蹈等有着密切的联系和相互影响。它们都是人类精神世界的重要表达方式，文学可以通过文字描绘出画面、音乐和舞蹈的动态美，而其他艺术形式也可以借鉴文学的创作手法和主题思想，丰富自身的艺术表现力。

随着时代的变迁和科技的发展，文学也在不断地演变和创新。一方面，传统文学形式如小说、诗歌等仍然保持着强大的生命力，并不断涌现出优秀的作品；另一方面，网络文学、跨媒体文学等新兴文学形式也迅速崛起，为文学创作和传播提供了更广阔的空间和可能性。未来，文学将继续保持其多元性、开放性和创新性，为人类精神生活提供更加丰富和深刻的滋养。

学习目标

知识目标

1. 了解文学的含义与四大分类。
2. 认识古典文学之美。
3. 认识文学审美特点。
4. 掌握文学的审美方法。

能力目标

1. 提升文学鉴赏能力。
2. 尝试创作文学作品，提高创新创作能力。

素质目标

感受文学之美，提升文学修养。

思政目标

1. 欣赏与创作文学作品，提高自身的人文素养和创新能力。
2. 增强对古典文学和传统文化的热爱，自觉做好文化传承，坚持文化自信。

美学欣赏

中国诗歌鉴赏

诗歌是具有文学特质的最古老的文学样式，它源于上古时期的劳动号子和祭祀颂词，是诗与歌的总称，其和音乐、舞蹈紧密结合。诗歌是一种抒情言志的文学体裁，是用高度凝练的语言，生动形象地表达作者的丰富情感，集中反央社会生活，并具有一定节奏和韵律的文学体裁。《毛诗·序》记载："诗者，志之所之也。在心为志，发言为诗。"南宋严羽《沧浪诗话》也云："诗者，吟咏性情也。"

诗歌的表现手法诸多，从中国传统诗词的角度来看，其表现手法为风、雅、颂、赋、比、兴。诗歌塑造形象的手法主要有比拟、夸张和借代等。刘勰在《文心雕龙》中以"或喻于声，或方于貌，或拟于心，或譬于事"来说明"比拟"这一手法。在诗歌中，作者常用的便是"拟人化"和"拟物化"，即以物拟人和以人拟物。

一、中国古典诗歌鉴赏

垂緌饮清露，流响出疏桐。
居高声自远，非是藉秋风。

——（唐）虞世南《蝉》

这首托物寓意的小诗，是唐人咏蝉诗中时间最早的一首，很为后世人称赞。

首句"垂緌饮清露"，"緌"是古人结在领下的帽带下垂部分，蝉的头部有伸出的触须，

形状好象下垂的冠缨，故说“垂緌”。古人认为蝉生性高洁，栖高饮露，故说“饮清露”。这一句表面上是写蝉的形状与食性，实际上处处含比兴象征。“垂”暗示显宦身份（古代常以“冠缨”指代贵宦）。这显贵的身份地位在一般人心目中，是和“清”有矛盾甚至不相容的，但在作者笔下，却把它们统一在“垂緌饮清露”的形象中了。这“贵”与“清”的统一，正是为三四两句的“清”无须藉“贵”作反铺垫，笔意颇为巧妙。

次句“流响出疏桐”写蝉声之远传。梧桐是高树，着“疏”字，更见其枝干的高挺清拔，且与末句“秋风”相应。“流响”状蝉声的长鸣不已，悦耳动听，着一“出”字，把蝉声传送的意态形象化了，仿佛使人感受到蝉声的响度与力度。这一句虽只写声，但读者从中却可想见人格化了的蝉那种清华隽朗的高标逸韵。有了这一句对蝉声远传的生动描写，三四两句的含义才有依托。

“居高声自远，非是藉秋风”，这是全篇比兴寄托的点睛之笔。它是在上两句的基础上引发出来的诗的主题。蝉声远传，一般人往往以为是藉助于秋风的传送，诗人却别有会心，强调这是由于“居高”而自能致远。这种独特的感受蕴含一个真理：立身品格高洁的人，并不需要某种外在的凭藉（例如权势地位、有力者的帮助），自能声名远播，正像曹丕在《典论·论文》中所说的那样：“不假良史之辞，不托飞驰之势，而声名自传于后。”这里所突出强调的是人格的美，人格的力量。两句中的“自”字、“非”字，一正一反，相互呼应，表达出对人的内在品格的热情赞美和高度自信，表现出一种雍容不迫的风度气韵。

二、中国现代诗歌鉴赏

我说你是人间的四月天，
笑响点亮了四面风，
轻灵在春的光艳中交舞着变。
你是四月早天里的云烟，
黄昏吹着风的软，
星子在无意中闪，
细雨点洒在花前。
那轻，那娉婷，你是，
鲜妍百花的冠冕你戴着，
你是天真，庄严，
你是夜夜的月圆。
雪化后那片鹅黄，你像，
新鲜初放芽的绿，你是，
水光浮动着你梦期待中白莲。
你是一树一树的花开，
是燕在梁间呢喃，
——你是爱，是暖，

你是人间的四月天！

——（现代）林徽因《你是人间的四月天》

“四月天”的表述是林徽因首创，以此来表达美好的情感，可谓匠心独运。作者用轻风、云烟、星子、细雨、百花、圆月、白莲等刻画四月的景色，描绘出和风习习、百花吐蕊、阳光和煦、春色浓郁的景象，细腻而韵味无穷。四月是蕴含希望、热情与梦想的时节，是每个人心中美好的伊甸园。因此，作者用“四月天”来形容的情感是真挚的，是来自心底最深的地方。同时，作者在结尾处再次点题“你是人间的四月天”，与诗歌第一段首尾呼应，淋漓尽致地表达“爱”“眼”和“希望”，使情感得到再一次升华。

林徽因

这首诗的最大特点是运用了大量的比喻和感官描写，对意象和情感进行雕琢和塑造，却毫无刻意之成，反而巧妙地将深刻的感情隐藏在华丽的语言和修饰中，让人不觉被诗中唯美的意境和诗意的感情所打动。例如，对四面风的描写由听觉到视觉再到感觉，赋予抽象的风以灵气和生命力；对四月景的描写，视觉上有“一树一树的花开”，听觉上有“燕在梁间呢喃”，触觉上有布满空间的“暖”，带给读者多重感官冲击。同时，作者运用云烟缥缈的轻柔表现四月天的静，同时用吹着的风、闪动的星子和洒在花前的细雨点勾勒出四月天的灵动，动静结合，相得益彰。

这首诗宛如一阵清新的风，既不甜腻，也不灼热，温暖而纯净，绵软而轻柔，极富女性的细腻与深情，让人从心底感受到一种愉快和舒适。整首诗音作和谐，具有丰富的想象感和意境美，语言讲究节与节的匀称，句与句的齐整，无论是表达意蕴还是文意结构，都别具一格。

第一节　文学的定义与类别

文学艺术是以语言或其文字符号为物化手段的一种艺术形式，属于语言艺术，以塑造典型艺术形象的形式反映社会生活，具有形象性和情感性。语言艺术兼有再现和表现的特点，其艺术形象不具有物质形态而在想像中兼备时间、空间的存在形式的艺术。我国先秦时期，“文学”一词范围较广，曾用以泛称包括哲学、历史、政治、文学等在内的一切学术和文化方面的著作。魏晋南北朝时期，又将文学分为韵文和散文两大类。只是到了“五四”以后，文学渐渐等同于语言艺术的概念。现代通常将文学分为诗歌、散文、小说、剧本等四种体裁，在各种体裁中又有多种样式。

一、诗歌

诗歌堪称“文学的鼻祖”，是世界上最古老、最基本的文学形式及语言艺术。诗歌起源于原始人的劳动呼号，最初是劳动者的集体口头创作，并和音乐、舞蹈结合在一起，后来才具有独立的形式。诗歌饱含着丰富的思想感情和深邃意境，语言精练，形象性强，是以分行押韵的形式，富有节奏韵律的音乐性语言抒发浓郁情感的文学体裁。中国古代，将不合乐的称为诗，将合乐的称为歌，现在统称为诗歌，主要是指诗而言。诗歌有多种分类方法：诗歌按有无比较完整的故事情节分为叙事诗和抒情诗；按语言格式分为格律诗与自由诗、歌谣诗、散文诗；按是否押韵分为有韵诗和无韵诗；按内容和表现特点分为政治诗、寓言诗、讽刺诗、哲理诗、科学诗、爱情诗、咏物诗、儿童诗打油诗等。

我国诗歌按历史发展分为古体诗、近体诗和新体诗等。《礼记·乐记》记载：“诗，言其志也；歌，咏其声也；舞，动其容也。三者本于心，然后乐气从之。”早期，诗、歌、乐、舞是合为一体的。中国古代诗歌历经汉魏六朝乐府、唐诗、宋词、元曲的发展。

（一）《诗经》——我国最早的诗歌总集

《诗经》是中国第一部诗歌总集，共收录诗歌305首。《诗经》在先秦时期称为《诗》，或取其整数称《诗三百》，汉代独尊儒术，《诗》被列为儒家经典，与《礼》《书》《易》《春秋》合称“五经”，遂称《诗经》。《诗经》对中国文学有着重大而深远的影响，它在审美追求、表现方式等诗歌的基本品格方面为中国诗歌奠定了基础，是四言诗的“鼻祖”，是中国诗歌乃至整个中国文学的最为重要的源泉之一。

蒹葭

蒹葭苍苍，白露为霜。所谓伊人，在水一方。
溯洄从之，道阻且长。溯游从之，宛在水中央。
蒹葭萋萋，白露未晞。所谓伊人，在水之湄。
溯洄从之，道阻且跻。溯游从之，宛在水中坻。
蒹葭采采，白露未已。所谓伊人，在水之涘。
溯洄从之，道阻且右。溯游从之，宛在水中沚。

《蒹葭》是《诗经》中备受赞赏的抒情诗。全诗流露着诗人对“伊人”的真诚向往、执着追求以及追寻不得的失望、惆怅心情。这首诗最大的特色就是意境朦胧，蕴含不尽之意于言外，给读者广阔的想象空间，又极富美感。诗中没有对“伊人”具体真切的描绘，只表达了对“伊人”的倾慕、憧憬、追求以及求而不得的失落，大多是写意式的间接描写。但苍茫的秋水、迷蒙的雾霭、芦苇丛的摇摆起伏，乃至秋水中的沙洲都浑然一体地融合在缥缈优美的图景中，整首诗情景交融，给人以幻象丛生、扑朔迷离、悠渺难测之感，引人遐想。

（二）《楚辞》——诗歌独立创作的源头

战国时期出现的《楚辞》在中国文学史上具有特殊意义，因为它和《诗经》共同构

成了中国诗歌史的源头，成为我国诗歌史上浪漫主义和现实主义的两座巍然屹立的高峰。

《楚辞》在诗的句式形式上采用三字一节的结构，中间以“兮”字为分节，三字节奏使诗歌语言在结构上更富于变化，是诗歌由四言向五言、七言转变的先声。在诗的语言上，楚辞讲究用词华丽、对偶工巧，因此，能够更加有效地塑造艺术形象和抒发复杂、激烈的感情。就句式而言，《楚辞》以杂言为主，词语丰富，很重视外在形式的美感，这为汉代赋体文学的产生创造了条件。

《离骚》为《楚辞》的代表作品，是我国古代文学史上一篇宏伟瑰丽的长篇抒情诗。全诗通过丰富奇特的想象，表达了诗人的“美政”理想及忠君爱国的情怀，塑造了一个充满爱国激情、有崇高政治理想和高尚人格的伟大诗人形象。

鲁迅在《汉文学史纲要》中对屈原的作品有“逸响伟辞，卓绝一世”，“然其影响于后来之文章，乃甚或在三百篇以上”的评价。与《诗经》相比，《楚辞》在艺术上达到了一个新的境界，哺育了一代又一代的作家，对中国文学产生了极其深远而广泛的影响。

（三）汉乐府诗——古风新韵的民歌

汉乐府诗是指由朝廷乐府系统或相当于乐府职能的音乐管理机构收集、保存而流传下来的汉代诗歌。汉武帝时开始设立掌管音乐的官署——乐府，它除了将文人歌功颂德的诗配乐演唱外，还担负采集民歌的任务。这些乐章、歌词后来统称为乐府诗或乐府。现存的汉乐府诗，约有三分之一为叙事性作品，这些叙事诗大多采用第三人称，常截取生活中的一个典型片段来表现广阔的社会背景；同时，汉乐府诗还善于通过戏剧情节的铺叙，通过人物语言、行动的刻画，塑造出特定环境中富有个性的典型形象，这奠定了中国古代叙事诗的基础。

汉代乐府民歌直接继承了《诗经》中民歌的现实主义传统，多“感于哀乐，缘事而发”，较全面、深刻地反映了当时社会生活和人民的思想感情，女性题材作品众多。汉代乐府民歌用通俗的语言构造贴近生活的作品，实现了由杂言诗向五言诗的过渡，是中国五言诗体发展的一个重要阶段。

汉乐府诗采用叙事写法，人物刻画细致入微，性格鲜明，故事情节较为完整，能突出思想内涵，着重描绘典型细节，标志着中国古代叙事诗已成熟。《古诗十九首》代表了东汉文人五言诗的最高成就，其所表现的游子、思妇等的各种复杂的思想感情在中国古代具有普遍性和典型意义，千百年来引起读者的广泛共鸣。它长于抒情，妙于起兴，委曲婉转，以其情景交融、物我互化的笔法，构成浑然圆融的艺术境界。继《诗经》《楚辞》之后，汉乐府诗作为一种新的诗体，以其匠心独运的立题命意、高超熟练的叙事技巧及灵活多样的体制，成为中国古代诗歌史上又一壮丽的景观，呈现出旺盛的生命力。

（四）建安诗歌——文人创作的第一个高潮

公元196年，曹操挟汉献帝移都许昌，改元“建安”。在文学史上，习惯于把建安

时期和其后若干年的文学称为“建安文学”。建安文学以诗歌成就最为卓著。建安诗歌是我国古代文人创作的第一个高潮，对后代诗歌发展影响深远。

建安诗歌以“三曹”（曹操、曹丕、曹植）和“建安七子”（孔融、陈琳、王粲、徐干、阮瑀、应玚和刘桢）为代表，诗人们真实地反映现实的动乱和人民的苦难，抒发建功立业的理想和积极进取的精神，同时也流露出人生短暂、壮志难酬的悲凉幽怨的情感，形成了雄健深沉、慷慨悲凉的艺术风格，文学史上称之为“建安风骨”或“汉魏风骨”。

（五）魏晋诗歌——文学的自觉意识

魏晋时期，中国历史开始进入一个大动荡的时期。由于缺乏强有力的政治中心，政治集团间相互倾轧斗争，南北方不断相互攻伐，社会生活动荡不安。魏晋时期涌现出众多著名诗人和大量诗歌作品，文人创作的中心从辞赋转移到诗歌，奠定了诗歌在中国古代文学中的主导地位。

西晋诗歌继承并发展了曹植诗“词采华茂”的特点，语言由质朴简洁趋向华丽藻饰，描写由简单趋向繁复，句式由散行趋向骈偶。这个时期陆机最负盛名，左思则独树一帜。东晋时期的陶渊明是著名的山水田园诗人，他开创了文人诗歌创作的新领域——田园诗。其诗的突出风格是平淡自然，质朴、简约的形式中蕴含着丰厚的情韵。

晋宋之际，山水诗逐渐兴起。谢灵运是我国诗史上第一个用诗来精细刻画山水景物的诗人。他的诗追求对偶工整，刻意雕琢；与他同时代的鲍照的诗则继承和发扬了汉乐府反映现实的优良传统，或描写边塞战争，或抒写怀才不遇的内心愤懑，批判门阀制度的不合理，有着深远的社会意义。南齐永明年间，沈约、谢朓、王融、周颙等诗人创造了一种跟古体诗不同的新体诗，史称“永明体”，其主要特征是讲究声律和对偶。永明体的出现使诗人有了掌握和运用声律的自觉意识，增加了诗歌艺术形式的美感，为唐代格律诗的出现及繁荣奠定了基础。

东晋、南北朝是乐府民歌发展的高峰期。南朝民歌大部分保存在郭茂倩所编的《乐府诗集·清商曲辞》中，主要有吴歌和西曲两类。它们产生于以首都建业（今江苏南京）为中心的江南地区和江陵（今湖北荆州）一带。南朝民歌几乎全是情歌，体裁短小，多用双关隐语，语言清新自然，情调婉转缠绵。北朝民歌大部分保存在《乐府诗集·横吹曲辞》中，在《杂曲歌词》和《杂歌谣辞》中也有一小部分。北朝民歌则与南朝民歌风格迥异。北朝民歌除写男女情爱之外，还写大漠风光、征战行役、羁旅乡思等内容，风格上豪放粗犷、坦率爽朗、质朴刚健。

（六）唐诗——诗歌繁荣的顶峰

诗歌发展到唐代，迎来了高度成熟的黄金时代。在不到300年的时间里，唐代涌现出许多著名的诗人。唐代初期，诗歌创作仍受南朝诗风的影响，题材较为狭窄，追求华丽辞藻。直到“初唐四杰”王勃、杨炯、卢照邻、骆宾王的出现，唐诗才扩大了表达的范围。诗的内容描写从台阁到关山和塞漠，大多表达出山河雄伟的气势和诗人开阔的襟怀。

诗的体式基本形成了五言、七言律体。在初唐的后期，陈子昂和张若虚在艺术上的成就暗示着盛唐诗歌的行将到来。

盛唐时期是诗歌繁荣的顶峰时期，诗坛群星辉映。王维和孟浩然善于描写山水田园的美，表达人与自然和谐相处的宁静平和的心境。王昌龄、高适、岑参、祖咏等善于写边塞生活，他们大都到过边塞，领略过边塞的壮丽景色，向往在边塞立功。他们在诗中将祖国山河的壮美与保家卫国的豪迈情怀表达得淋漓尽致。其中，最能反映盛唐精神风貌、代表盛唐诗歌高度艺术成就的是诗人李白。

将进酒

【唐】李白

君不见，黄河之水天上来，奔流到海不复回。君不见，高堂明镜悲白发，朝如青丝暮成雪。人生得意须尽欢，莫使金樽空对月。天生我材必有用，千金散尽还复来。烹羊宰牛且为乐，会须一饮三百杯。岑夫子，丹丘生，将进酒，杯莫停。与君歌一曲，请君为我倾耳听。钟鼓馔玉不足贵，但愿长醉不复醒。古来圣贤皆寂寞，惟有饮者留其名。陈王昔时宴平乐，斗酒十千恣欢谑。主人何为言少钱，径须沽取对君酌。五花马、千金裘，呼儿将出换美酒，与尔同销万古愁。

《将进酒》为李白所作，全诗情感饱满，其情感奔涌迸发均如江河泄流，不可遏制，且起伏跌宕，变化剧烈；较多运用夸张的写作手法，且往往以巨额数量词进行修饰，既表现出诗人豪迈洒脱的情怀，又使诗作本身显得笔墨酣畅，抒情有力。诗作在结构上大开大合，充分体现了李白七言歌行的特色。

李白的诗充分表达了盛唐社会士人的自信与抱负，神采飞扬，充满理想色彩。被后人称为“诗圣”的杜甫和许多盛唐诗人一样，都有过“裘马轻狂”的漫游生活，但是他的主要创作活动是在安史之乱以后，在感情上更能表达民众的疾苦。杜甫的诗歌结构严谨，语言精炼，意象生动，如《登高》中的“无边落木萧萧下，不尽长江滚滚来”，以落幕和长江的无尽流转，象征人生的无常和社会的动荡。

中唐时期出现了不同的艺术流派。白居易是杰出的现实主义诗人，他继承并发展了《诗经》和汉乐府的现实主义传统，掀起了“新乐府”运动。元稹、张籍、王建都是这一运动中的重要诗人。韩愈、孟郊等人在诗歌艺术上比白居易有所创新，他们追求奇险的美，重主观情感表达，常常打破律体约束，以散文句式书写，自成一家，后人称为“韩孟”。柳宗元的诗多抒发个人的悲愤和抑郁，他的山水诗情致婉转、描绘简洁，处处显示出他清峻高洁的个性。刘禹锡善作咏史诗，在寄寓怀古的感叹中融入现实的忧患意识，他的民歌体《竹枝词》和《杨柳枝词》富有浓郁的生活气息和地方特色。李贺的诗在构思、意象、遣词、设色等方面都表现出新奇独创的特色，形成瑰丽、冷艳的浪漫风格。

晚唐是唐代诗歌的衰落时期。这时期的诗歌多表达感伤情感，代表诗人是杜牧、李商隐，人称“小李杜”。他们都具有忧国忧民的思想，感慨于盛世不再，诗中充满了迟暮黄昏的梦幻情调。杜牧诗以七言绝句见长，《江南春》《山行》《泊秦淮》《过华清宫》等是他的代表作。李商隐以爱情诗见长，他的七律，用典精巧，对偶工整，代表作有《锦瑟》《夜雨寄北》等。

（七）宋诗、宋词——具有独特风格的时代篇章

诗发展到宋代已不似唐代那般辉煌，但却有着独特的风格，即抒情成分减少，叙述、议论成分增多，重视描摹刻画，大量采用散文句法，逐渐与音乐关系疏远。

宋初，西昆体诗派诗人杨亿等作诗取法李商隐，讲究辞采，对仗工整，多用故事，借此来表现才学和功力；后来出现了反对诗文浮华作风，从理论和创作上表现现实主义精神的柳开、王禹偁等人。

欧阳修、梅尧臣、苏舜钦等登上文坛之后，继承并发展了复古主义传统，把诗文革新运动推向了高潮，并取得了决定性的胜利。最能体现宋诗特色的是苏轼和黄庭坚的诗。“以文为诗”是苏轼的显著特色之一，他以才学为诗，好议论，善于使事用典，有意识地以议论入诗，将对事物的形象感受与哲理思考结合起来。黄庭坚诗风奇特，声律奇峭，用典广博，与陈师道一起开创了宋代影响最大的“江西诗派”。

词源于唐代，鼎盛于宋代。温庭筠是晚唐的著名词人。他的词辞藻华丽，多写妇女的离别相思之情，被后人称为“花间派”。南唐后主李煜在词的发展史上有着较高的历史地位。晏殊、欧阳修虽然都有优秀的作品，但没有脱离“花间派”的影响。直到柳永开始创作长调的慢词，词的规模才发生了显著变化。之后，苏轼将怀古伤今的内容写进词作，将词的题材进一步扩展。

定风波·莫听穿林打叶声

【北宋】苏轼

莫听穿林打叶声，
何妨吟啸且徐行。
竹杖芒鞋轻胜马，谁怕？
一蓑烟雨任平生。
料峭春风吹酒醒，微冷，
山头斜照却相迎。
回首向来萧瑟处，归去，
也无风雨也无晴。

这是苏轼醉归遇雨抒怀之作。词人借雨中潇洒徐行之举动，表现了其虽处逆境屡遭挫折而不畏惧不颓丧的倔强性格和旷达胸怀。全词即景生情，语言诙谐。

与苏轼同时代的秦观、周邦彦也是非常出色的词人。南宋初年，诗词作品多表达作家们的爱国之情。辛弃疾被誉为“爱国词人”，他是这一时期的代表人物。

永遇乐·京口北固亭怀古

【南宋】辛弃疾

千古江山，英雄无觅孙仲谋处。
舞谢歌台，风流总被雨打风吹去。
斜阳草树，寻常巷陌，人道寄奴曾住。
想当年，金戈铁马，气吞万里如虎。
元嘉草草，封狼居胥，赢得仓皇北顾。

四十三年，望中犹记，烽火扬州路。

可堪回首，佛狸祠下，一片神鸦社鼓！

凭谁问：廉颇老矣，尚能饭否？

《永遇乐·京口北固亭怀古》用典精当，有怀古、忧世、抒志的多重主题。江山千古，欲觅当年英雄而不得，起调不凡。诗作开篇即景抒情，由眼前所见联想到两位著名历史人物，对他们的英雄业绩表示向往；接着讽刺今日用事者又像宋文帝刘义隆一样草率，欲挥师北伐，令人忧虑；最后以自己衰老，朝廷不会再用自己，不禁仰天叹息结尾。借古喻今妙合无垠，进一步提升了这首词的审美境界，给人回味无穷的审美效果。

在两宋词坛上，女词人李清照以其独树一帜的风格占有相当重要的地位。

如梦令

【南宋】李清照

常记溪亭日暮，沉醉不知归路。

兴尽晚回舟，误入藕花深处。

争渡，争渡，惊起一滩鸥鹭。

这首词用词简练，如平常的口语一般，娓娓道来；朴素平易不事雕琢，富有一种自然纯净之美。但画面感却很强，意境悠远，极富生活气息。词人由尽兴游玩的欢愉到误入藕花深处的些许“惊恐”再到“欧鹭”惊起的豁然开朗，词虽短，但感情变化却一波三折，让人回味无穷。

南宋前期出现了“中兴四大诗人”——陆游、杨万里、范成大、尤袤，其中陆游的影响力最大。南宋后期的著名词人有姜夔等。

（八）散曲——新的韵文形式

散曲从词发展而来，是在金元时期各种曲调的基础上吸收了少数民族的乐曲及部分唐宋词调的成分而形成的一种新体诗。从音乐意义上来说，散曲是元代流行的歌曲，是按一定宫调的曲牌填写出来的能唱的曲词；从文学意义上来说，散曲是一种具有独特语言风格的抒情诗。

散曲分为小令和套数两类。小令一般用单支曲子写成。另外，其还有“带过曲”“集曲”“重头”“换头”等特殊形式，这些都是根据一定的规则将数支曲子联结而成的。套数又称“散套”“套曲”“大令”，是用同宫调的两支以上的曲子写成的，与杂剧中的套曲相似。

元代前期，散曲创作的代表人物有关汉卿、王和卿、白朴、马致远、卢挚、张养浩等。散曲作为一种新鲜的诗体，凭借着前期作家的创作热情和创造才能，很快呈现出鲜明、独特的艺术魅力，富有时代特征的风貌神韵，奠定了它在中国文学中与诗、词比肩而立的地位。散曲的一个特征是：随着传统信仰的失落，作家们对封建政治的价值普遍采取否定的态度。元代后期，散曲创作的代表人物有贯云石、曾瑞、乔吉、张可久等，作品更注重艺术中的个性表现。

（九）明清诗歌的发展与衰落

明代诗歌是在拟古与反拟古的反反复复中前行的，没有太杰出的作品和诗人出现。明代初年，高启、杨基、张羽、徐贲并称“吴中四杰”。之后，由于出现了以杨士其、杨荣、杨溥等为代表的“台阁体”诗，诗歌发展步入了低潮。以李东阳为代表的“茶陵派”提出诗学汉唐，尊崇李、杜的主张，作诗强调宗唐法杜，着眼于音调，成为“台阁体”向“前后七子”复古运动之间的过渡。晚明时期出现了反复古的文学流派——“公安派”，其主张“独抒性灵，不拘格套”，反对艰深古奥、佶屈聱牙，表现出一定的变古创新精神。继“公安派”之后，湖北竞陵人钟惺、谭元春在反复古、重性灵上与“公安派”一致，主张“引古人之精神，以接后人之心目”。清兵入关，造就了陈子龙、夏完淳等一批爱国诗人，他们以雄劲豪迈、悲壮激昂的诗歌作品表达了强烈的爱国情操。

清代诗词流派众多，其诗歌创作的成就远在元、明之上。清代前期主要有遗民诗人和入仕诗人两类。清代中叶，诗坛出现了尊唐的“格调派”、宗宋的“肌理派”及继承晚明直抒性情的“性灵派”。但大多数诗作家尚未摆脱拟古主义和形式主义的套子，难有超出前人之处。清晚期的龚自珍以其先进的思想，领近代文学史风气之先。他的诗着眼于社会、历史和政治，揭露现实，成为现实社会的批判工具。之后的黄遵宪、康有为、梁启超等“新诗派”诗人更是将诗歌直接用作资产阶级改良运动的宣传工具。

二、散文

散文在题材、内容上极为广阔，表现形式、手法上极为自由，不一定具有完整的故事，语言不受韵律拘束，篇幅一般不长。它是通过某些片断事件的描述表达作者的思想情感，并揭示其社会意义的一种文学体裁。现代散文则专指与诗歌、小说、剧本并列的一种文学体裁。散文从表达角度可分为抒情性散文、记叙性散文和议论性散文；按其内容和形式可分为杂文、小品、速写、随笔、游记、传记、回忆、报告文学等。在我国古代，为区别于韵文、骈文，凡不押韵、不重排偶的散体文章统称为散文。随着文学的概念逐渐明确和文学体裁的发展，在某些历史时期我们又把小说和抒情、记事的文学作品都称为散文，以区别于讲究韵律的诗歌。

（一）先秦散文

散文始于文字记事，可追溯到殷商时代的甲骨文。殷商时期的甲骨卜辞是今天能见到的最早的散文类文字，但我们还不能称之为真正意义上的散文。最早的成篇散文保存在《尚书》（《书经》）中，它的出现标志着我国散文的形成。

春秋战国时代，散文创作出现了第一次高潮。这一时期的散文可分为两类：一类是以说理、议论为主的诸子散文，另一类是以描写历史人物、记述历史事件为主的历史散文。诸子散文往往寓理于形，借助形象陈义说理，含有叙事成分，有许多寓言故事和生动的比喻，如《论语》《孟子》《庄子》《墨子》《韩非子》《荀子》等。与之交相辉映的是或记事或记言的历史散文，如《尚书》《春秋》《左传》《国语》《战

国策》等。

先秦散文开创了我国散文的基本形式，即议论文和叙事文。其特点是质朴自然，以散行单句为主，不受格式拘束，运用灵活，有利于反映现实生活、表达思想。后世散文尽管有许多发展变化，但与以上两种散文都有密切联系。虽然当时散文主要以实用性为主，但其文学性的光芒已不可掩蔽，在叙事、写人、寓理于形和语言艺术方面都是后世良好的先导。

（二）史传汉赋

汉代以后散文主要有史传文、政论文和赋三种类型，以论说中的政论散文和叙事文中的历史散文成就最为突出，例如，贾谊的《过秦论》、司马迁的《史记》、班超的《汉书》等。

散文走出应用文的尝试是从赋体开始的。赋是一种特殊的文体，有着独特的演进过程：从汉初的骚体赋，到汉大赋，再到东汉后期的小赋，乃至魏晋南北朝的骈赋、唐朝的律赋、宋朝的文赋等。赋是汉代最流行的文学体裁，后世有“汉赋”之称，汉赋与唐诗、宋词、元曲并列。西汉贾谊的《吊屈原赋》《鹏鸟赋》，司马相如的《子虚赋》《上林赋》，扬雄的《甘泉赋》《羽猎赋》《长杨赋》《河东赋》，班固的《两都赋》，东汉张衡的《二京赋》，都是汉赋中的名篇。

（三）魏晋南北朝骈文

魏晋南北朝时期散文的题材有了扩展，山水景物成了散文表现的新内容，文章中的抒情成分大大增加。从东汉到魏末，受辞赋影响，散文渐趋整饬，注重排偶，日益骈化，骈文逐渐占据文坛主导地位。南朝时期，骈文臻于完美，出现了创作的高潮，几乎统治着南朝的散文文坛。骈文又称骈体文、骈俪文或骈偶文，是中国古代以字句两两相对而成篇章的文体。因其常用四字句、六字句，故又称“四六文”或“骈四俪六”。其特点是：全篇以双句（俪句、偶句）为主，讲究句式工整、辞藻华美、对仗工整、声律铿锵。声韵方面讲究运用平仄，韵律和谐；修辞方面注重藻饰和用典，丰富了文学体裁和散文表现技巧，给散文发展带来一定的有益影响。但随着骈文的发展，过度地迁就句式、堆砌辞藻又影响了内容的表达。

（四）唐宋古文运动

唐、宋两代是中国古代散文发展的高峰期，以“唐宋八大家”（唐代的韩愈、柳宗元及宋代的欧阳修、王安石、曾巩、苏洵、苏轼、苏辙）为代表的唐宋散文家既继承了先秦两汉散文的优良传统，又吸收了六朝文学抒情写景、语言修辞方面的艺术经验，再加以融合、发展，使文章的体裁样式增多，艺术性提高，出现了许多脍炙人口的名篇。“唐宋八大家”的作品一直是人们学习古代散文的典范。除奇句单行的古文外，唐宋骈文也有一些优秀的作品，如王勃的《滕王阁序》、骆宾王的《代李敬业传檄天下文》等。

中唐时期，社会矛盾尖锐，危机深重，政治改革已迫在眉睫，复兴儒学成为强大的

思潮。韩愈、柳宗元号召复古，大力反对浮华的骈俪文，提倡质朴自然、散行实用的散文，领导了一场变革文风、文体的古文运动。他们的散文有比较充实的思想内容，力求反映各种社会现实问题，感情真切，提高了散文的抒情、叙事、议论、讽刺艺术功能，内容、形式都达到了推陈出新的境地。

宋初文坛盛行五代的艳冶文风，直至北宋中叶，以欧阳修为代表的诗文革新派开始号召学习韩愈、柳宗元的古文风格，倡导文以“明道”“致用”，从此使散文革新走上健康发展的道路。除了欧阳修，还有王安石、苏洵、苏轼、苏辙、曾巩等杰出人物，其中以苏轼成就最为显著。苏轼领导宋代古文运动取得完全胜利，其散文诸体兼备，自由挥洒，如行云流水，姿态横生。《赤壁赋》《后赤壁赋》代表了宋代散文的最高成就，把散文赋的艺术推向了顶峰。

（五）元明清散文式微

元、明、清三代，戏曲、小说兴盛起来，而诗文等封建社会的正统文学成就已不能和唐、宋时相比。明、清两代实行文化专制，妨碍了散文的发展。用于科举考试的八股文是骈文的别支，题目主要摘自“四书”，形式死板，严重束缚了作者的创作自由，给文学发展带来了负面的影响。至于一般的散文，有正宗的古文，也有以晚明小品文为代表的各类杂文。

湖心亭看雪

【清】张岱

崇祯五年十二月，余住西湖。大雪三日，湖中人鸟声俱绝。

是日，更定矣，余拏一小舟，拥毳衣炉火，独往湖心亭看雪。雾凇沆砀，天与云、与山、与水，上下一白。湖上影子，惟长堤一痕、湖心亭一点与余舟一芥、舟中人两三粒而已。

到亭上，有两人铺毡对坐，一童子烧酒，炉正沸。见余大喜，曰：“湖中焉得更有此人！”拉余同饮。余强饮三大白而别。问其姓氏，是金陵人，客此。

及下船，舟子喃喃曰：“莫说相公痴，更有痴似相公者。”

本文是张岱散文小品的代表作之一，收于回忆录《陶庵梦忆》中。文章作于明亡后，作者以清新淡雅的笔墨追忆在西湖看雪的一次经历，表现了深挚的隐逸之思，寄寓了幽深的眷恋和感伤的情怀。文笔简练、含义隽永是本文的一大特点。全文不足二百字，可谓名副其实的小品文，却融叙事、写景、抒情于一体，有人物，有情致，有意境，无一语虚设，无一字多下。

三、小说

小说是通过完整的故事情节和具体环境的描写，塑造多种多样的人物形象，广泛而多方面地反映社会生活的一种文学体裁。其特点是不受时间、空间和真人真事的限制，可以借助虚构、想像和各种表现手法，细致地从多方面刻画人物性格。小说按表现内容可分为战争小说、武侠小说、言情小说、谴责小说、侦探小说、科学幻想小说等；按表现形式可分为日记体小说、书信体小说、章回体小说、自传体小说等；按其结构、规模、

容量可分为长篇小说、中篇小说、短篇小说、小小说。

在古代传统文学观念中，小说属于通俗文学的范畴，历来被视作不能登大雅之堂的“末技”。因此，小说在古代文学中起步、发展相对较晚。古代神话、传说是其雏形和源头。此后，始有六朝志怪小说、唐人传奇、宋人话本、明清章回小说等。

（一）魏晋南北朝志怪、志人小说

中国叙事文学的源头可推至上古神话传说和先秦散文中的叙事片段及汉史传作品，但真正的文学创作则始于魏晋南北朝小说。魏晋南北朝时期，在佛教兴起、玄学大盛的情况下，小说以当时的两种创作倾向为基础，分为志怪和志人两类：志怪多以“怪”“异”为书名；志人多以“说”“语”为书名，因此“志人”小说又称为“世说体”。其代表作有干宝的《搜神记》、刘义庆的《世说新语》等。志怪是在人们认识水平有限的状态下，以有神论为基础记录的神鬼怪异故事；志人则明显受玄学和清谈之风的影响，侧重于记录人物的逸闻琐事。许多志怪的作者本身就是宗教徒，其创作宗旨乃是“发明神道之不诬”，也就是张扬鬼神，称道灵异，进行宗教宣传。

因此，魏晋南北朝的志怪、志人小说尽管讲述了离奇的故事，塑造出了不少生动、典型的人物，但没有摆脱史传文学“实录”的束缚，还不是真正文学意义上的小说。

（二）唐传奇

正如鲁迅所说，“小说亦如诗，至唐代而一变”，唐代因文人“作意好奇”，出现了用文言创作的短篇小说，唐传奇因晚唐裴铏的小说集《传奇》而得名。

唐传奇的内容新颖、广泛，更贴近现实生活。上自帝王后妃的宫廷生活，或统治集团内部为争权夺利而展开的斗争，下至妓女、士子的恋爱婚姻悲剧，或乞儿、商贾、羁、旅行、役的生活状况，无不写入唐传奇中。传奇所描绘的生活面几乎触及隋唐社会的各个角落，笔锋所向多揭露黑暗丑恶现象，也有对光明理想的追求。有些作品虽然也属于搜奇之类，沿袭六朝小说的遗风，写鬼狐仙妖、求道炼丹等虚妄之事，但作品中的主人公大都是当时常见的人物，即使写鬼狐神仙，也都富于人情，如《任氏传》《柳毅传》等。唐传奇的故事情节的安排发展既出人意料又在情理之中。

（三）宋元话本

宋元小说作品通篇用通俗、生动的语言叙述故事，标志着我国古代白话文体的正式出现，开创了中国文学语言发展的一个新阶段。与魏晋南北朝小说和唐传奇小说相比较，宋元小说在故事结构上更注重情节的曲折动人，在人物刻画上更讲究细节描写和心理描写，为后代的小说创作提供了宝贵的艺术经验。

宋元话本在文言小说之外开辟了一个广阔的艺术天地，是中国通俗小说的源头，对后世小说的影响很大，明代的章回小说就是在此基础上发展而成的。话本中的讲史话本也称“平话”，是章回体长篇小说的起源；小说话本也称“短书”。自此后，我国小说沿着文言、白话两条道路开始发展。

宋代小说话本从题材上分为灵怪、烟粉、传奇、公案、朴刀、杆棒、神仙、妖术八类。从体制上看，宋代小说话本大体由入话、正话、结尾几个部分构成。入话是小说话本的开端部分，有时以一首或若干首诗词“起兴”，有时先以一首诗点出故事题旨，再叙述一个与题旨相关的小故事。正话则是话本的主体，情节曲折，细节丰富，人物形象鲜明突出。正话之后，往往以一首诗总结故事主题，或以“话本说彻，权作散场”之类套话作结。

（四）明清小说

明代城市经济高度发展，适应市民需求的通俗文学样式——小说特别兴盛，由此产生了一种章回体小说，即将一篇长故事分为大致匀称的若干章节，标出回目，组成一部故事连贯的长篇小说。明代出现的长篇小说有100多种，著名的有《三国演义》《水浒传》《西游记》《金瓶梅》，它们被并称为明代“四大奇书”。

明代短篇小说的主要形式是话本，着重描绘市民阶层中的商人、手工业者和妓女的生活及心态。冯梦龙编著的《喻世明言》《警世通言》《醒世恒言》和凌蒙初编著的《初刻拍案惊奇》《二刻拍案惊奇》合称“三言二拍”，是我国古代白话短篇小说的最高成就的代表，表达了市民的思想感情。清初至乾隆末年是中国古典小说的极盛时代，代表作有《红楼梦》《聊斋志异》《儒林外史》等。

四、剧本

剧本又称脚本，或称戏剧、影视文学，是话剧、歌剧、舞剧、广播剧、电视剧、电影、戏曲等剧本的总称，有时也专指话剧剧本。剧本直接规定了戏剧、戏曲电影、电视剧的主题、人物情节和结构，是舞台和银幕、荧屏演映的基础和依据，是一剧之“本”。剧本是供演出用的，它受演出的时间和空间的局限，人物不宜过多，情节不宜过于复杂，头绪不宜过繁。矛盾冲突是剧本的灵魂，通常讲“有戏”，主要就体现在矛盾冲突上。剧本塑造人物形象的手段是人物自己的语言，即对话、独白、唱词等，要求人物语言个性化，符合其身份、性格、年龄和特定的环境，同时还必须精练、自然、口语化，且富有“潜台词”，使读者与观众有想像的余地。

第二节　文学审美

优秀的文学作品之所以能流传千古，是因为其蕴含着一些极具生命力的东西让人感觉亲切。我们从中自能感受到作者的那份喜悦、那份温婉、那份渴望。这是文学的独特魅力。

对于很多人来说，文学是探索美学的开端，是感知美、欣赏美的契机。在文学中，我们感悟到温婉之美、凄厉之美，感受到生活的快捷与舒缓、生命的漫长与短暂。借助

文学，我们逐渐学会了诗意的表达。与普通人相比，文学爱好者是幸运的，因为他们能够欣赏到独特的人生之美、社会之美、宇宙之美，还能收获一颗欢喜、清净的心。难怪有人会说：“美是一种看不见的竞争力。”文学的道路通往未来。

一、中国古典文学的“三美”

从唐诗到宋词，美是一种看不见的竞争力。中国古典文学是一个“时间”概念，即从上古先秦时代到明清这一阶段的文学。在中国古典文学中，我们能感受到各种古典之美。“路漫漫其修远兮，吾将上下而求索”体现的是执着进取之美，“暧暧远人村，依依墟里烟”体现的是幽静恬淡之美，“沧海月明珠有泪，蓝田日暖玉生烟”体现的是怅惘若失之美，“人比黄花瘦”体现的是凄清哀怨之美。

中国古典文学超越了时空的界限，其隽永的艺术韵味激起一代又一代读者，融入中华民族的精神品格、审美趣味之血脉，孕育出一个悠久的文明灿烂的美学世界。

（一）和谐美

中国文化崇尚“中庸”之道，表现在文学这门艺术上，那就是情感要表达合适，内容与形式相互和谐。这种“中和”之美是中国古典美学的一大理想，也是其“本体论”。在艺术审美活动中，主体与客体和谐统一，理智与情感和谐统一。

（二）意境美

意境是中国古典美学独有的范畴，指的是“形而上”的独特的审美境界。一般而言，它就是意象的升华。无论是物象、事象还是意象，都共同组成了我们常说的意境。中国古典诗歌最讲究意境，司空图提出的“二十四诗品”、刘勰提出的“八体”都是境界之说的具体化。

（三）自然美

中国文化一向崇尚自然。田园诗意般的生活，具有极其浪漫的美学品格，使人们与世俗世界拉开了距离。中国人在这里，心灵得到了栖息，精神得到了滋润。“采菊东篱下，悠然见南山”是一种淡泊之美。“山光悦鸟性，潭影空人心”是一种宁静之美。“野旷天低树，江清月近人”是一种空灵之美。

菊　彭昭之摄

二、中国古典文学美的范例

很多人会问，中国古典文学最早应该追溯到什么时候？如何理解中国古典文学之美？“月落乌啼霜满天，江枫渔火对愁眠”与“日照香炉生紫烟，遥看瀑布挂前川”，哪一个更加唯美？“海上生明月，天涯

共此时”与“老夫聊发少年狂，左牵黄，右擎苍”，哪一个更加永恒？

中国文化纵贯五千年，堪称源远流长。中国文化究竟美在哪里？我们以东晋末至刘宋初期伟大诗人陶渊明的两篇诗文为例。

一是《饮酒》。“采菊东篱下，悠然见南山。”陶渊明闲来无事，就准备去摘取菊花。就在这时，他抬头望眼南山却不期而遇。于是，他悟出了其间的人生“真意”。不过，正当他想要辨析“真意”的内涵时，却人我两忘，无法用语言来加以诠释。这样一首短短的诗里，包含了众多的信息，引导你透过这些表面的文字，去构建属于自己的精神家园。这才叫诗之美，这才是所谓的“得意妄言”。

二是《桃花源记》。实际上，《桃花源记》是《桃花源》这首诗前面的序。可是，这个序比诗还长，而且比诗更有名。很多人都没有读过那首诗，但几乎所有的人都读过这个序。即使放在今天，这都堪称散文中的极品。

陶渊明出于对现实的不满，对理想的渴望，用自己的笔描绘出一个世外桃源。所用文字极为浅显，所设情节极为简易，却成功地将读者带入一个闻所未闻、见所未见的思想领域。

三、文学审美的特点

从某种意义上说，审美可以融化生活的一切。尤其是文学审美，最显得丰富、深沉。在文学审美中，审美对象有美有丑、有喜有悲。在这个过程中，人们可以凭借自己的好恶，去喜爱或憎恨、去接纳或排斥。总之，生活中的所有一切都可以变成文学审美的对象。可以毫不夸张地说，文学审美活动的巨大包容性是其他艺术难以企及的，而且文学审美所蕴含的思想深度也往往高于其他艺术。正是在这个意义上，我们强调文学是一种极具思想性的艺术。

（一）文学审美的再现性与表现性

文学语言不同于科学语言，不强调抽象性与概括性，而强调形象性与生动性。

有些文学语言表现的是一种难言之情，往往难以捉摸，很不容易做到形象化。但仍有很多文人将这种微妙的感觉形象地展现出来。宋朝秦观的《浣溪沙》：“漠漠轻寒上小楼，晓阴无奈似穷秋，淡烟流水画屏幽。自在飞花轻似梦，无边丝雨细如愁，宝帘闲挂小银钩。”作者用的是寻常之语，写的是寻常之事，却透露出一种幽怨与闲愁，如梦幻般轻灵，如飞花般艳丽，如流水般缠绵，如雨丝般细腻，挥之不去，难以排遣。在这里，作者运用文学语言去描绘哀伤的情感，颇有一种冷冷清清而又袅袅婷婷的美。

文学语言的形象性有时也表现在逼真如画上。朱自清的《荷塘月色》所描写的夜景看似平常，却寄托了作者淡淡的哀伤，又赋予其特殊的朦胧之美。朱自清巧妙地将两者联系起来、整合起来，再现了月色下的荷花之美。

（二）文学审美的模拟性与创造性

要想实现文学形象的再现，就离不开文学语言、离不开各种修辞手法。但在这个过

雨后海棠　蔡欣雨摄

程中，作者总是借助于独特的感观和想象，对客观形象进行一番加工，创造出全新的、突出的文学形象。

李清照的《如梦令》：“昨夜雨疏风骤，浓睡不消残酒。试问卷帘人，却道海棠依旧。知否？知否？应是绿肥红瘦。”一个“肥”字，就再现了海棠的丰润；一个“瘦”字，就再现了风雨的凄惨。于是，雨后海棠的独特形象便在读者心目中更加鲜活起来，作者的伤春之情也被读者深深地接纳。

文学语言必须表现两个世界的东西：一是现实生活的复杂性，二是精神世界的复杂性。配合这样一种特殊的需要，文学语言便逐渐有了多层级的多义性，并呈现于具体的文学语境之中。在文学语言中，“能指”之下并非一成不变的“所指”结构，而是蕴含着无限丰富的意义。对此，语言学家视为“没有底的语言”。所谓“没有底”，实际上就是指文学语言的不确定性。

事实上，诗歌的丰富内涵之所以被不断创造出来，不仅有作者的功劳，而且也有读者的功劳。凡是伟大的作品，都需要读者的再创造。《红楼梦》是这样，《哈姆雷特》也是这样。

（三）文学审美的显示性和隐示性

大千世界是丰富多彩的，文学语言却能成功地再现这一切，不能不令人赞叹。文学语言对于具体的客观形象能够生动地再现，对于抽象的客观形象也能精准地再现。举个例子，有的作家仅用“人如海，花如潮”六个字，就再现了花市夜游的生动场景。在这里，作者与读者的联想起了关键作用。

文学语言往往比较含蓄，需要一定的想象空间，最忌讳平铺直叙。所谓“书不尽言，言不尽意”，就是强调文学语言的含蓄性，贯穿其中的不懈追求始终是“此时无声胜有声”的奇特意境。

（四）文学审美的节奏性与音乐性

客观形象并非都是静止不动的，往往处于各种变化之中。即使是那些静止的形象，只要变换角度，就能呈现出各自不同的特色。这就是客观形象的节奏性。事实上，文学审美也需要这种节奏性。只不过，这种描摹并非打印机般的简单复制，而是渗透着作者的主观情感。当文学审美的节奏日趋完善时，就会必然走向音乐化。其中，最典型的例子莫过于诗、词、曲的文学语言的音乐化。

所谓文学语言的音乐性，是指文学语言读来琅琅上口，听来娓娓悦耳，李白的《静夜思》采用简洁的语言、明快的节奏、和谐的韵律，给予读者特殊的审美享受。

四、文学审美的方法

（一）关注文学语言的形象性

文学的形象性是文学最根本的特质。所谓形象性，是指所使用的语言能够把描写的对象具体生动可感地表现出来，使接收者产生可视、可闻、可触的形象性感受。

总体而言，文学语言的形象性大致表现在两个方面：一是再现生活中的形象事物，主要侧重语言描写、动作描写；二是再现思想中的抽象事物，主要侧重心理描写。

马致远的《天净沙·秋思》看似平常，却组合成异常丰富的意境，并统一于“断肠人”这个总体意象之中。“枯藤”“老树”“昏鸦”“小桥”“流水”“人家”“古道”“西风”“瘦马”“夕阳”这十个意象淋漓尽致地揭示了作者的孤独与寂寞，充分体现了文学的形象性。

（二）关注文学语言的含蓄性

所谓凝练含蓄，是指语言言简意赅。凝练则精粹，含蓄则不浅露，一能当十，少能胜多，能诱发创造性的心理活动。这种方式能以尽可能少的文字表达尽可能丰富的内容，使读者既感觉到充实饱满，又回味无穷。

如杜甫的《春望》：“感时花溅泪，恨别鸟惊心。”诗人并未明说国破家亡后自己的悲伤，而是通过花和鸟的情态来含蓄婉转地表达自己的哀痛。又如，元稹的《行宫》：“廖落古行宫，宫花寂寞红。白头宫女在，闲坐说玄宗。”此诗表面上没有提及哀怨，但自然流露出的寂寞意味却极为深重。正所谓红颜易老，宫女的落寞之感深深地打动了读者。

中国古代文论追求“无言之美”“无声之美”，这实际上体现了精神世界与文学语言共同具有的模糊性。例如，“红杏枝头春意闹”中的“闹”字形象地再现了春天生机盎然的景象，将主体情感灌注于客体之中，令读者如沐春风。

（三）关注文学语言的暗示性

在古代，路旁设有各种亭子，专供旅人休息，有时人们也会在这里饯别送行。北周庾信的《哀江南赋》：“十里五里，长亭短亭。谓十里一长亭，五里一短亭。”在这里，“长亭”已经成为依依惜别的意象，极具代表性。

在古诗中，月亮常与人的情感密切相关。例如，李白在《静夜思》中，就寄托了浓重的思乡之情；苏轼在《水调歌头·明月几时有》中，就寄托了真切的兄弟之情。

（四）关注文学语言的情感性

语言浸润着感情的汁液，即所谓“言为心声”。语言学家索绪尔区别了语言与言语两个概念，认为语言是公众的，而言语是个人的。

至于文学语言的情感性，则是指文学语言不可能游离于作者的情感之外，充其量只是表达程度有高低、表达方式有曲直罢了。一般说来，抒情性作品具有极其明显的

情感表达，很容易把握；叙事性作品的情感表达则相对隐秘一些，需要仔细体察才能准确捕捉。

（五）关注文学语言的内指性

文学语言是一种典型的“内指性”话语，不必完全符合生活实际。如果把客观世界称为第一世界、把情感世界称为第二世界的话，文学语言更多地是在传达第二世界的真实。因此，文学语言有时候违背某些客观事实也并不奇怪。

如李白的《秋浦歌》：“不知明镜里，何处染秋霜。”诗人并不清楚自己的头发为什么花白，只是通过反问读者来表达自己的主观情感，寄托对年华易逝的无限慨叹。

（六）关注文学语言的独创性

新鲜是多样的前提，有创造性才有多样性。语言的多样性是指从不同的角度、层次、特性出发，不仅能表现不同类事物，而且能表现同类事物的差异、同一事物的差异。

所谓“陌生化”，就是打破传统的思维惯性，给予读者新鲜、新奇的阅读体验。需要强调的是，“陌生化”并不是通过猎奇来吸引读者的眼球，而是试图引导读者摆脱固有的麻木状态，真正惊醒过来、振作起来。

我们看这句话：“微风拂来，夹岸的柳枝被风剪成丝缕，舞成一片婀娜。”与“春天来了”相比，它更能打动读者的心，因为它巧妙地借助了联想与想象，引导读者获得美的享受。

（七）关注文学语言的音乐性

所谓音乐性，是指通过语言音调的高低清浊、节奏安排的长短徐疾、声调配合的亮度色彩等所达到的一种抑扬顿挫的音调和美的听觉效果。

《子夜》中有一段描写：“他眼前是红的，黄的，绿的，黑的，发光的，立方体的，圆锥形的——混杂的一团。在那里跳，在那里转；他耳朵里灌满了轰，轰，轰！轧，轧，轧！啷，啷，啷！”这段描写充分运用了各种表现手法，突出各种声响，淋漓尽致地渲染出夜上海的嘈杂、喧闹、混乱，表现出当事人此时的紧张、焦虑。

美学实践与思考

1. 运用所学文学鉴赏审美的方法，开一次读书分享会，向同学或朋友列一份阅读推荐书目，并写出推荐理由。

2. 举办一次“经典诵读”活动，以小组或个人等方式诵读经典文学作品。

3. 举办一次规范汉字书写文学经典的活动（软笔和硬笔），并展览书写作品。

4. 试用中国传统文学表现手法创作文学作品一篇，诗歌、散文、小说、剧本等体裁不限。

第六章　绘画之美

导读

绘画是艺术领域中最古老且最具影响力的分支。作为视觉艺术的核心表达形式，它不仅承载着艺术家的情感与思想，也是人类文化传承与发展的重要载体。简要介绍这一领域，我们需从绘画的基本要素、发展历程、流派风格、审美鉴赏及其实现方式等方面展开。

1. 绘画的基础构成

绘画之美首先体现在其基础构成上：色彩、线条、构图与材质。色彩不仅仅是视觉上的愉悦，更是情绪与氛围的直接表达；线条勾勒出形态，传达动态与静态，在粗细曲直间讲述故事；构图则决定画面的平衡与视觉导向，通过黄金分割等法则，引领观众的目光；而材质与技术的选择，如油画的厚重、水墨的晕染，赋予作品独特的质感与表现力。

2. 绘画的历史沿革

从洞穴壁画的原始冲动，到古埃及壁画的庄严仪式，再到文艺复兴时期对人本主义的颂扬，直至现代艺术的多元探索，绘画的历史是一部人类文明的视觉编年史。每一时期的艺术风格与主题，都是当时社会、哲学、科技乃至政治环境的镜像，反映了时代的变迁与文化的交融。

3. 流派与风格

古典主义的严谨与完美，浪漫主义的激情与想象，印象派对光与色的捕捉，立体派对空间的解构，抽象表现主义的情感宣泄等，各流派风格的诞生，不仅拓展了艺术的表现边界，也为后世提供了丰富的审美资源与思考空间。理解这些流派，有助于学生掌握艺术语言的多样性，学会从不同视角解读作品。

4. 审美鉴赏与批评

鉴赏绘画，不仅是对作品表面美的感知，更在于深入挖掘其背后的文化内涵、情感寄托与艺术创新。这要求学习者具备一定的艺术理论知识，如形式主义、符号学、文化研究等方法论，以及开放包容的心态，勇于质疑与反思。通过比较分析、文本研究、现场体验等多种方式，提高审美判断力与批评意识。

5. 实践与创新

在理论学习之外，亲自动手创作是理解绘画美的最佳途径。无论是模仿大师作品，还是进行个人表达的创作，实践能让学生直观感受到艺术创作的挑战与乐趣。鼓励学生探索新材料、新技术，结合当代生活经验，创造出具有时代特征的新艺术语言。

绘画美这一章，旨在提高学生的审美情趣、文化素养与创新能力。通过对绘画艺术的系统学习，学生不仅能够欣赏到跨越时空的美学杰作，更能在这个过程中学会如何以艺术的眼光审视世界，以创造性思维解决问题，从而在个人成长中提高综合素质，为社会发展贡献自己的聪明才智。绘画之美，不仅是视觉的盛宴，更是心灵的触动与智慧的启迪。

学习目标

知识目标

了解绘画的社会价值，认识绘画审美的特点。

能力目标

掌握绘画审美的方法。

素质目标

提升绘画艺术审美修养。

思政目标

欣赏优秀绘画艺术作品，感受其精神内涵，弘扬先进文化，增强文化自信。

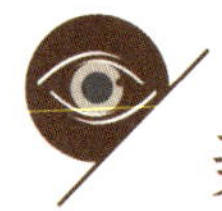

美学欣赏

中国画简称“国画”，是一种具有悠久历史的中国民族绘画，在世界美术领域中自成独特体系。中国画是采用特制的毛笔、墨或颜料，在宣纸或绢帛上绘制而成的。中国画最大的特点是注重表现物象的内在精神和画家的主观情感，讲求“以形写神”，追求一种“妙在似与不似之间”的神韵，意境高远是中国画追求的最高境界。

《泼墨仙人图》是南宋画家梁楷创作的纸本水墨人物画作品，收藏于台北故宫博物院。画面上的形象是一位袒胸露怀的“仙人”，宽衣大肚，步履蹒跚，憨态可掬，像是

行走在云雾之中，其脸部的眉、眼、鼻、嘴拥成一团，下巴胡子邋遢，似乎形象很猥琐，却是尽脱俗相，透出傲骨的仙气。梁楷以湿笔饱蘸浓墨，寥寥数笔，便将一位宽衣大肚诙趣可爱的仙人的形象呈现在观众面前。他夸张地加高了仙人的前额，最大限度地将其五官缩在小块区域内，使得画中人物垂眉细眼，扁鼻撇嘴，显得醉态可掬。梁楷没有对人物做严谨工致的细节刻画，画作通体都以泼洒般的淋漓水墨绘制而成，笔简神具，自然洒脱，绝妙地表现出仙人既洞察世事又难得糊涂的精神状态。

《泼墨仙人图》是现存最早的一幅泼墨写意人物画，是对传统线型经典语言的背离，是墨象语言真正独立的标志。

梁楷《泼墨仙人图》

张择端《清明上河图》（局部）

清明上河图，中国十大传世名画之一，为北宋风俗画，北宋画家张择端仅见的存世精品，属国宝级文物，现藏于北京故宫博物院。

清明上河图宽 24.8 厘米、长 528.7 厘米（一说 528 厘米），绢本设色。作品以长卷形式，采用散点透视构图法，生动记录了中国 12 世纪北宋都城东京（又称汴京，今河南开封）的城市面貌和当时社会各阶层人民的生活状况，是北宋时期都城东京当年繁荣的见证，也是北宋城市经济情况的写照。

这在中国乃至世界绘画史上都是独一无二的。在 5 米多长的画卷里，绘制的数量庞大的各色人物，牛、骡、驴等牲畜，车、轿、大小船只，房屋、桥梁、城楼等各有特色，体现了宋代建筑的特征，具有很高的历史价值和艺术价值。

第一节　绘画美概述

一、绘画艺术的特点

总体而言，绘画艺术具有以下四方面特点。

（一）超越二维

从本质上说，绘画借助明暗对比与形象结构来营造一种立体幻象，让欣赏者感觉画面是立体的。简单地说，绘画就是在二维上展现三维世界的形象的方式。

（二）擅长描绘

再现性绘画强调精准，有时甚至可以以假乱真。时至今日，商品广告和工业设计的效果图就继承了这种传统，这当然与实际的需要息息相关。

如果说再现性绘画偏重于再现客观世界的话，那么表现性绘画则偏重于表现主观世界。

所谓主观世界，涉及的无非是思想哲理、主观心态，甚至包括一些梦境、幻觉。这些东西本身就极具主观特性，不可能也不需要像再现性绘画那样进行精准的描绘。换句话说，表现性绘画更侧重于反映“神”而非“形”。

（三）注重构图

所谓构图，就是运用绘画艺术语言，进行绘画各个部位的组织。构图是绘画艺术的基础，也是表达作者构思、产生绘画美感的关键所在。

构图需要注意的方面

（四）各具风采

不同的绘画类别往往具有不同的艺术美。由于受到工具、材料、

技法的影响，不同画种的艺术趣味和不同画家的艺术功底都会有不同的表现。一般说来，中国写意画追求力透纸背与灵活变化；油画追求浑厚、凝重、丰富；版画追求印制美感；水彩画则追求明快、丰润。

二、追求简约之美的中国画家

《道德经》强调“大道至简”，绘画界也同样崇尚简约之美，讲究感官上的简洁、品位上的优雅。以下就是其中的五个典型。

（一）八大山人

八大山人，原名朱耷，是明末清初的画家。他不愿参与新王朝的任何活动。这种风骨体现在作品中，便是借助象征手法来抒写心意。因此，他画中的鱼、鸭、鸟等，无一例外都白眼向天，倔强之气扑面而来。他的《孤禽图》中仅有一只小鸟，但销售价格超过 6000 万元。显而易见，这是一只不平凡的鸟。

朱耷《孤禽图》

（二）牧溪

牧溪是南宋画家，是世人眼中谜一般的奇特人物。他最擅长的是山水画、蔬果画、僧道画。在《六柿图》中，画面上摆放着六个柿子，虚实、粗细、浓淡都极为自然、灵活，充分体现了“随处皆真”的意境。《烟寺晚钟》《渔村夕照》《远浦归帆》《平沙落雁》这四幅作品都以夕阳西下为背景，采用了大量的留白手法。

牧溪《六柿图》《烟寺晚钟》《渔村夕照》《远浦归帆》《平沙落雁》

（三）倪瓒

倪瓒是元末明初的画家。他的画颇为寂寥，很少出现人，擅画山水、竹、石、枯木等景物。在众多画作中，他的画似乎并不抢眼。但只要端详之后，你就会过目不忘。在疏林坡岸上，居然连一丝云翳、一痕鸟影都不见踪影，笔墨的使用已经到了透明的境界。他的这种简约、疏淡的山水画风影响了董其昌、石涛等一大批明清画家。

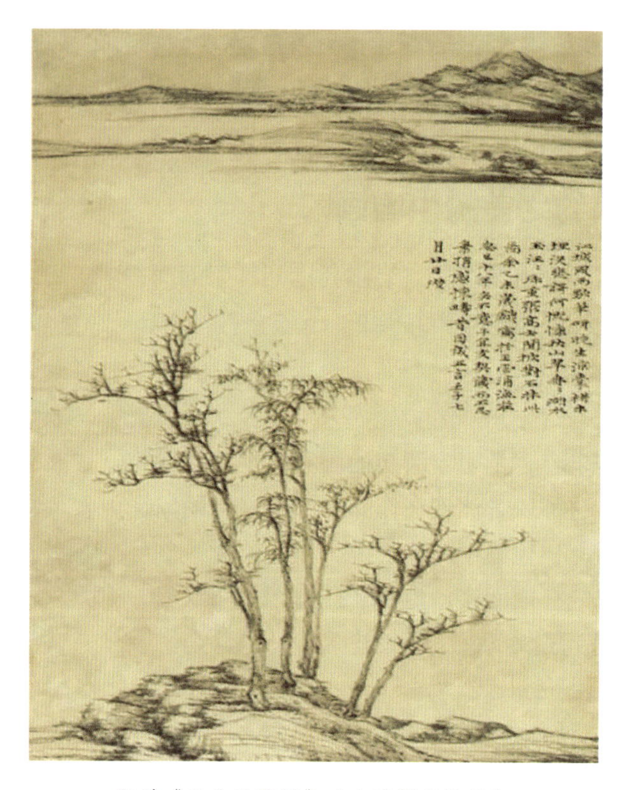

倪瓒《渔庄秋霁图》（上海博物馆藏）

（四）齐白石

齐白石不仅擅长绘画，而且还有一句箴言流传极广：“作画妙在似与不似之间。”事实上，齐白石毕生都在追求这种非凡的境界。到了晚年，齐白石的画更突出“神”的主导地位，进而达到“笔愈简而神愈全”的境界。他的作品极为简约，一片树叶、一个瓜果、一只蜻蜓、一枚红柿、一条丝瓜，均洋溢着独特的生活情趣与艺术气息。

齐白石《三千年之果》

（五）潘天寿

现代国画大师潘天寿非常注重形式美，在花鸟画的形式结构方面颇有心得。他非常注重画作的疏密虚实，主张重在布虚，也就是多留空白。这也正是他的花鸟作品的独特魅力。

潘天寿的极简《荷花》

三、超越生命的绘画之美

在绘画领域中，画家总是以有限的生命来感悟无限的宇宙时间，借此获得心灵的超脱和自由。绘画具有强烈的时空观念，并与生命意识相关联，因为生命本身就处于时间长河和现实世界当中。绘画作为一种生命的艺术，就是要呈现出流淌于时空中的生命韵味。例如画家对自然山水美的描绘，通体贯穿着某种可以诉之于人的情感体验的精神性的东西，这是实现山水画作微妙生动的关键所在，也是对美与生命关系的认识的一个重要发展。

中国绘画的审美主体将时间与生命联结起来，以流动的时间来统领万物，最终在心中形成时间意象。这种时间模式突出的不是一个时间的序列，而是生命变化的模式，使主体精神超越过去、现在和未来的界限，并在游物畅神中获得全身心的生命感受和体验。

第二节　绘画审美的特点

每个画家都有自己的个性和追求，这种个性和追求也往往体现在他们的绘画作品之

中。此外，身处不同的时代、不同的国度，画家的绘画语言也会产生明显的变化。比如，中国的绘画就与西方国家的绘画有着显著的差异。

一、感悟形体之美

要想感悟绘画中的形体之美，就要充分感悟绘画中的点、线、面、体的特色之美。

（一）点

在绘画语言中，点是最常见的，也是最容易被忽视的。位于平面上的点，由于大小不同、位置有别，常常能让人产生不同的视觉感受。在中国山水画中，画家就常常借助各种点来表现山石、地坡、枝干、杂草。这些点能够表现特殊的物象，极具绘画之美。

（二）线

在绘画造型中，线能在一定程度上表现不同的情感。一般说来，水平直线代表宁静、沉稳，垂直线代表挺拔、庄严，自由曲线代表活泼、愉悦。在中国传统绘画中，线条是非常重要的造型手段，可以巧妙地创造出各种各样的艺术形象。

（三）面

在绘画的艺术语言中，面比点、线更能表现具体的形。一般说来，方形代表沉稳、方正，横长方形代表沉重、安谧，竖长方形代表伟岸、高耸，等腰三角形代表均衡、向上。绘画是以造型为主要特征的艺术，在造型方面极为重视面的布局设计。

（四）体

对于欣赏者来说，体积的大与小会产生截然不同的感觉：大的体积意味着沉重、威武；小的体积意味着轻巧、灵活。艺术家可以在绘画中通过技巧有效表现事物的体积大小，如较大的物体可以添加更多的细节，如纹理和图案，而较小的物体则可以简化细节，以保持视觉上的体积比例。

二、感悟明暗之美

自然界处处有明暗对比，也时时有明暗之美。在达·芬奇从自身实践中总结出“明暗转移法”之后，“明暗”就成为西方绘画中最重要的艺术语言之一。达·芬奇特别强调，绘画中的明暗并非截然分开，事实上不应有明确的分界线，而应当逐渐过渡。

三、感悟色彩之美

对于绘画而言，色彩极具感染力。例如，红、橙、黄的色相容易与太阳、火光相联系，进而产生温暖之感，被称为“暖色”；青、蓝、绿的色相容易与蓝天、大海相联系，进而产生寒冷之感，因而被称为“冷色”。

四、感悟材质之美

写小说离不开笔、纸和墨水。即使是无纸化办公，也还需要手机、电脑等。显而易见，这些东西并不会制约小说形象。但是，绘画则不同，使用的物质材料很可能会影响画作的质量。中国画、油画、版画之所以存在各种不同，除了绘画理念的区别之外，使用的物质材料的差异也是关键原因。

五、感悟肌理之美

所谓肌理，是指绘画作品表面的质感。在绘画艺术中，专业术语叫作笔触，意为绘画笔法。例如，绸缎的肌理与毛线编织物的肌理截然不同。能否表现出绘画对象的材料的肌理效果，往往会对画作的审美价值产生某些影响。从这个意义上说，肌理也是绘画的艺术语言之一。

第三节　绘画审美的方法

绘画的主要欣赏方式是观看，但其实这个看似简单的过程却是一个极为复杂的心理活动。

即使是诗歌、散文般的美妙文字，也很难真实地再现绘画的妙处。如果只注重对画作局部的条分缕析，就必然会破坏审美的整体感。事实上，绘画审美的难度很大，要求很高。下面从五个方面具体说明。

一、把握绘画发展脉络

历史留存给人们的不仅是绘画作品，而且还有绘画作品背后所蕴藏的人类文化与人类理想。我们面对很多的优秀绘画作品，它们的创作者早已离世。于是，这些优秀绘画作品就成为这些绘画艺术家的思想感情的化石。因此，对于流传至今的各种绘画作品，我们在欣赏的时候，必须结合这些绘画作品所诞生的时代背景进行剖析，找准它在绘画史上的准确位置，才能真正理解其独特的绘画之美。

二、理解作者创作意图

对于任何一幅绘画作品，欣赏者首先要善于理解作者的创作意图。无论这幅绘画作品属于哪种流派、哪种风格，也无论自己是否喜欢，都要在真正欣赏之前确立一个正确的理解态度。所谓理解，这里指的是全面了解绘画作品的诞生背景、创作原因、基本结构、主要形式等。只有真正理解了这些东西，你才有资格与作者或作品平等对话，你才有资格对绘画作品进行相对客观的评判。很多欣赏者或批评者习惯于先入为主，往往只针对自己反感的地方进行批评，却全然不顾绘画作品的创作背景和绘画作者的创作意图。

这样的批评不仅无益，而且有害；其观点不仅很难得到他人接纳，而且还会严重阻碍自身绘画欣赏能力、绘画审美能力的提高。

三、培养艺术欣赏思维

（一）关注线条

在众多绘画要素中，线条可以说是最生动、最抽象的部分。尤其在中国画中，线条一向被视为营建物象、抒发情感的特殊符号。事实上，不同的线条给予欣赏者的感受是完全不同的：有的好比杨枝柳条，有的好比松柏裂痕；有的极具连绵之感，有的极具坚挺之感。

（二）关注形体

在绘画中，形体代表的是某一具体物象的形貌及其情感倾向。一般说来，“△”形往往表示稳定、均衡，“□”形往往表示有序、静止等。不仅单独的形体可以表情达意，而且这些单独的形体还可以通过某种方式组合起来，表达更为微妙、复杂的情感。事实上，绘画中的形体极具象征意味。在欣赏绘画时，必须注意形体的写实性和象征性的整合问题，才能真正领略绘画作品的丰富内涵。

（三）关注色彩

科学研究表明，不同的色彩会产生不同的心理效应。例如，红色容易与壮烈、勇猛、激奋相联系，蓝色容易与遐想、宽广、舒缓相联系。但需要强调的是，除了注意单一色彩的内涵之外，还要注意色彩组合所蕴含的深意。实际上，当画家描绘一片树林时，并不是只用绿色就万事大吉了，而要采用多种组合，综合使用冷绿、暖绿等系列色调。音乐讲究“乐感”，语言讲究“语感”，绘画与绘画欣赏则讲究“色感”。

（四）关注动感

所谓动感，是指绘画构图和造型带来的视觉冲击。在古代中国论画，一向强调“气韵生动”，认为画面的“活”“生”“畅”远胜过“滞”“板”“僵”。这与注重天人合一的哲学倾向、与“天行健，君子以自强不息”的人生态度都是密切相关的。

此外，笔触、质感、体量感等也在绘画中起到重要作用。所有这些要素组合在一起，才构成绘画作品的整体形象。要想成为高层次的绘画欣赏者，不仅应当经常欣赏绘画作品，而且要具备专业化的绘画思维，最好自己也有实际绘画的实践体验。

四、提升欣赏创造能力

毫无疑问，欣赏绘画并没有绝对规范的标准。受到欣赏者年龄、阅历、修养、爱好的影响，人们从同一幅画中所获得的感悟是完全不同的。严格说来，当欣赏者欣赏绘画作品时，就已经在对绘画作品进行特殊的二次创作或称再创作。每一个人都能给予绘画

作品独特的理解，要充分尊重这种理性基础上的直觉，驰骋自己的想象。这个阶段的感受属于自我较高层次的感受，不同于最初接触绘画时的那种感受。欣赏者要善于将自身的人生阅历、知识结构、思维方式、审美素养与作品内涵紧密地联系起来，更加深刻、更加全面、更加系统地认识绘画作品、理解绘画作品、欣赏绘画作品。

五、注重审美成果总结

（一）点评画家的绘画功底

艺术是无价的，但书画的艺术水平是有标准的，书画艺术水平的评价是要有依据的。因此，进行绘画审美要懂得衡量画家的绘画功底。

（1）看构图是否合理，尤其是章法、构图、布局是否严谨，在笔墨、设色、背景方面是否恰如其分。要重点关注这个画家是否有所创新，有所突破，掌握与众不同的新方法和新形式。

（2）看造型是否合理。徐悲鸿强调“造型、解剖、结构准确”，黄宾虹强调“以不似之似为真似”，齐白石强调“太似则媚俗，不似则欺世”，其实都是造型问题。

黄永玉《水墨菊花》

（3）看画家的作品是否气韵生动、意境深邃。所谓气韵生动，是指绘画作品中的山水花鸟都极具灵性，给人一种栩栩如生的感觉。所谓意境深邃，是指一幅画不仅给人留下深刻的印象，而且还能给予人多方面、多层次的感悟。

（4）看画家的画作格调是否高雅。这是一种感觉，无论你是否掌握书画艺术鉴赏知识，一眼就能看出来，这幅画给你的感觉舒服不舒服，是粗俗还是高雅。

（二）剖析作品的专业素养

除了关注画家的绘画功底，我们还要善于剖析作品的专业素养。

（1）了解哪些时期的画注重透视关系，而哪些时期不那么注重。例如：古典主义时期的画特别注重透视。那么，你欣赏画的时候，就应把这一点考虑进去。在那些不注重透视关系的画里面，你就不应用透视来判断画的好坏。

（2）关注光影。通过观察画中光的表现手法，可以判断出你所欣赏的画作所处的时期，同样也能反映这种风格的特点。例如，印象派的画特别注重光与色的关系，这时候你就必定要把光考虑进来。

（3）关注构图。构图的好坏可以直接体现在画面里。好的构图一般都有构成感上的平衡，作者还可能通过构图来反映更深层次的含义。所以，努力分析构图，对欣赏画作是有帮助的。

（4）关注技法。一幅画往往会用到多种多样的技法。你可以通过细心观察，大胆猜测作者所用的技法是什么。这些技法可能会为你今后的作画带来帮助。

（5）关注题材。绘画的题材有很多种，要善于区别。例如，古典时期的西方油画钟情于画人物，人物往往和宗教相结合。这时候，你就需要了解《希腊神话》《圣经》这两本书了。因为书里面大多数是叙事性的故事，如果没读过这两本书，是绝对不知道画中在讲述什么。

美学实践与思考

1. 如何理解绘画中的简约之美？
2. 如何理解绘画中的形体之美？
3. 什么是绘画的艺术欣赏思维？

第七章 音乐之美

导读

仇英《汉宫春晓图》局部（台北故宫博物源藏）

音乐是一种通过有组织的乐音来塑造形象，反映现实生活，表达思想感情的艺术。通过演唱、演奏，为听众所感受而产生艺术效果。

古代音、乐有别。《礼记·乐记》中记载："凡音之起，由人心生也。人心之动，物使之然也，感于物而动，故形于声。声相应，故生变，变成方，谓之音。比音而乐之，及干戚、羽旄，谓之乐。"后浑称"音乐"，指用有组织的乐音表达人们的思想感情，反映社会生活的一种艺术。音乐审美具有陶冶性情、启迪智慧、辅佐政道、教化风俗的社会功能。从西周开始的教育就有"礼、乐、射、御、书、数"六门课程，称为"六艺"，当时的"乐"就包含了音乐。音乐审美是诉诸听觉的艺术。而欣赏音乐是一种再创造的审美活动，它不是将音乐作为一种物理现象接受，而是通过音响形式来引起人的情感共鸣，从而达到审美的作用，是"动之以情"的引导，不是"晓之以理"的教育，是在欣赏过程中包括了感觉、想象、情感、理解等多种功能综合的动态过程。

在本章节的学习中，我们将带领大家走进音乐艺术的世界，体会音乐的魅力所在。通过拓展、开放、综合的教学引导，为学习者开启音乐艺术之门，引领大家品味经典。

学习目标

知识目标

1. 了解音乐美的含义和内涵。

2. 掌握音乐审美的本质和基本方式。

3. 了解和掌握声乐之美和器乐之美。

4. 了解中西方音乐不同。

能力目标

1. 认识区别不同种类的音乐。

2. 初步懂得鉴赏音乐美，掌握音乐的审美方法。

素质目标

1. 提高鉴赏音乐美的能力，通过欣赏音乐舒缓愉悦心情。

2. 能够完整地背唱所学过的歌曲。

思政目标

欣赏优秀音乐作品，感受音乐的时代性，增强对古典音乐、民族音乐的喜爱，自觉坚持文化自信。

美学欣赏

中华民歌和民乐欣赏

民歌与人类社会生活有直接、紧密的联系，人民群众是长期劳动的实践者，为表达自身的意愿，抒发内心的情感，展现真实的生活而创作民歌。中华人民共和国地域辽阔，民族众多，各地区有自己独特的民歌风格，演唱风格也呈多元化。

《小河淌水》是一首出自云南省大理白族自治州弥渡县的弥渡山歌，也是云南山歌的代表性作品。山歌一般指人们在山上砍柴、野外放牧、田间耕种时，为了抒发劳作的情感而演唱的歌曲，因此也叫“山野之曲”。山歌较为自由，具有字密腔长的特点。

小河淌水

1 = ♭E 4/4 3/4 云南民歌

|: 6 - - - | 6 1 2 3 3 3 2 1 6 | 3 2 . 6 - | 6 1 6 5 3 2 | 5 6 . 6 5 3 2 | 6 - - - |

哎， 月亮出来亮旺旺 亮旺 旺！ 想起我的阿 哥 在 深 山。

哎， 月亮出来照半坡 照半 坡！ 望见月亮想 起 我 的 哥。

6 2 2 6 3 2 1 6 | 3 2 2 1 6 - | 2 - - 6 | 3 2 1 6 3 2 1 6 |

哥像月亮天上走 天上走！ 哥 啊！ 哥啊！ 哥啊！

一阵清风吹上坡 吹上坡！ 哥 啊！ 哥啊！ 哥啊！

6 1 6 5 3 2 | 5 6 . 6 5 3 2 | 6 - - - :|| 0 3 3 2 2 | 6 - - - ||（结束句）

山下小河淌 水 清 悠 悠。 哎， 阿 哥！

你可听见阿 妹 叫 阿 哥。

云南弥渡民歌《小河淌水》词曲

1947 年月亮高挂的一个美妙夜晚，云南大学尹宜公创作了《小河淌水》。这首歌曲蕴含着少女对心爱阿哥深情、纯净的思念，其最吸引人的地方就是借景抒情、借地取景、以物传情手法的运用。“月亮”作为思念的象征物，展现了青年男女内心对爱情的呼唤，展现了一位阿妹望月抒情、思念心爱阿哥的美好情感。她把对阿哥的想念换成动人心扉的歌声，让小河的流水带着动人的歌声流进阿哥的心里。这首民歌营造出了优美的意境，心爱的阿哥、皎洁的月亮、流水潺潺的小河，勾勒出生动的画面。

中国民族器乐的历史悠久。从西周到春秋战国时期民间流行吹笙、吹竽、鼓瑟、击筑、弹琴等器乐演奏形式，那时涌现了师涓、师旷等琴家和著名琴曲《高山》和《流水》等。秦汉时的鼓吹乐，魏晋的清商乐，隋唐时的琵琶音乐，宋代的细乐、清乐，元明时的十番锣鼓、弦索等，演奏形式丰富多样。近代的各种体裁和形式，都是传统形式的继承和发展。

民族管弦乐是民族管弦乐队合奏的音乐。我国民间常见的乐队类型有以打乐为主，丝竹为辅的“锣鼓”乐队；以打乐、管乐为主，辅以弦乐的“鼓吹”或“吹打”乐队；有以管乐为主，辅以弦乐、打击乐的“吹歌”乐队；以丝竹为主，打乐少用的“丝竹”乐队。

唐代诗人张若虚的七言诗《春江花月夜》语言优美、生动、形象，富有哲理意味，诗人将自身内在的真情实感溶浸在春江月色的美景之中，营造出一个心物交感、情景相生、时空叠合、虚实互补、空明纯美的诗歌意境，此诗意境和情感被音乐家借鉴。上海民乐团“大同乐会”的柳尧章、郑觐文约在 1925 年将著名的琵琶古曲《夕阳箫鼓》改编成民族管弦乐合奏曲，同时根据诗歌更名为“春江花月夜”。这一创举使这首抒情写意的民族管弦乐插上诗情画意的翅膀，大大提升了改编后民族管弦乐的艺术效果和影响力。这首作品也成为中国传统音乐中一颗光彩夺目的璀璨明珠。

《春江花月夜》作为十大中国古典名曲之一，是民族音乐中占有重要地位的文人音乐。它融入了一些哲学、美学的范畴，其对民族音乐有深远的影响，它所追求的“中正平和、清微淡远”的意韵美，崇尚自然、寄情山水、返朴归真的自然美，给人们以高度艺术美的享受。

第一节　音乐和音乐审美

音乐是最能激发人的情感的一种艺术，也是人们普遍喜爱的艺术。著名音乐家冼星海说："音乐是人生最大的欢乐，音乐是生活中的一股清泉，音乐是陶冶性情的熔炉。"音乐能带给人审美的愉悦，能陶冶人的性情，能促进人的想象力和创造力。

一、音乐是什么

（一）音乐是声音符号

一般说来，音乐的主要表现形式是旋律、节奏、复调、和声等。古希腊哲学家柏拉图认为，相比于其他教育，音乐欣赏的作用极为关键。事实证明，学会欣赏音乐，将有助于提升艺术修养，有助于促进身心健康。

（二）音乐是艺术殿堂

音乐属于典型的听觉艺术，风格丰富多元，有的庄严肃穆，有的轻快热烈，有的沉痛忧郁，有的温婉缠绵。小提琴演奏家盛中国认为，喜爱音乐的人，必定感情丰富，富于正义感。爱因斯坦强调，他之所以能在事业上取得一些成绩，与年轻时的音乐教育密切相关。许多科学家都认为，正是借助于音乐，自己的科学研究才取得了突出的成绩，自己的人生才显得更加充实、幸福。因此，大学生理应掌握一些基本的乐理知识，适当培养一点音乐细胞。这对于丰富艺术底蕴、提高审美能力是大有裨益的。

（三）音乐是心灵体操

有人将音乐比作心灵体操，这是非常中肯的。当你沉浸在音乐的优美旋律中而暂时忘却身在何处时，生活中的恩怨情仇、名利得失就自然烟消云散，更不会对你产生任何消极的影响。于是，你的精神更加愉悦，心灵更加纯净，你与世界的关系开始变得更加和谐。有人曾说过这样一句富于哲理的话："借助体育来锻炼身体，借助音乐来陶冶灵魂。"实践证明，经常欣赏高雅音乐，将有助于对真、善、美的不懈追求，对于调整身心都会起到意想不到的效果。

（四）音乐是战斗号角

音乐有很多种，既有偏于阴柔的音乐，也有偏于阳刚的音乐。这些阳刚的音乐堪称战斗号角，将激励我们在人生的旅途中一往无前。在军队中，音乐一直是一种极具威力的战斗力量，能激励战士冲锋陷阵，战胜强敌。事实上，军旅歌曲、革命歌曲已成为我

军极为珍贵的文化软实力。这些歌曲充满战斗激情，恰似战斗号角，催人奋进。即使在和平年代聆听或歌唱这些军旅歌曲、革命歌曲，我们依然心潮澎湃。对于大学生来说，学唱这些歌曲能够增补自己的精神食粮，能够彻底摆脱萎靡不振的精神状态，更好地投入到生活与学习之中。

（五）音乐是保健良方

宋代医学家张子和指出："好药者，与之笙笛不辍。"他认为，乐器演奏具有为观众治疗疾病的奇效。从某种意义上说，音乐近乎免费的理想的"保健品"。从本质上讲，音乐就是最美妙的心灵语言，可以促使人放松身心，调整身心不和谐的状况。医学研究表明，优美的音乐有助于改善患者的精神状态。在治疗忧郁症、神经衰弱症时，音乐也具有显著的疗效。大学生学习、生活压力较大，而高雅的音乐确实具有减压奇效。

二、音乐美的内涵

（一）音乐的旋律之美

音乐讲究高低起伏的变化，注重轻重缓急的节奏，因而具有大自然般的和谐声响。伴随着《二泉映月》抑扬顿挫的音乐声，我们会自然联想到失明的阿炳的悲惨人生，能想象出他在小路上孤独徘徊的身影，能感受到他对光明的无限渴望，令人酸鼻泪目。

（二）音乐的内容之美

优美的音乐不仅拥有美的内容，而且还拥有美的歌词。20 世纪 80 年代的《在希望的田野上》一直为很多人所喜爱。这首歌清新悦耳，生动地再现了改革开放初期的崭新气象。20 世纪 90 年代的《春天的故事》同样让人印象深刻。歌词中，既有叙述，又有描写，讴歌了改革开放对中国的深远影响，让人欢欣鼓舞。

优美的音乐，常常伴随着一个动人的故事。听《梁祝》，我们就会想起生死相随的梁山伯、祝英台，为他们生不能相聚、死而双舞双飞而感动至深。听《葬花吟》，我们不禁为剧中人的悲惨命运而伤感。听《新白娘子传奇》，我们就会想到断桥、雷峰塔。听《钗头凤》，我们便会想到陆游"山盟虽在，锦书难托"的沉痛叹息与唐婉"人成各，今非昨"的诀别之语。

（三）音乐的技巧之美

音乐之美，往往美在歌唱的方法、方式。

从方法上看，美声唱法注重发音精准、气息流畅，算得上是名副其实的阳春白雪；民族唱法的特色则是质朴、亲切；至于通俗唱法，影响极广，堪称无与伦比，更强调真实流露的个性化，凭借其充分的情感、独特的个性来赢得广大的听众。

从方式上看，合唱突出气势，独唱突出自由，重唱突出和谐。如今又兴起载歌载舞

的新形式，它既能发挥音乐的感染力，又能借助舞蹈的震撼力，其效果不言而喻。在传统音乐中，京剧字正腔圆，时而高亢入云，时而柔情千转。

（四）音乐的民族之美

不同民族的音乐呈现出不同的民族特色：藏族音乐高亢、热烈，恰似蓝天上飘过的白云；新疆音乐欢快、明亮，恰似出类拔萃的百灵；蒙古音乐显得极为粗犷，恰似草原上奔涌的马群；东北二人转幽默、风趣；至于西北音乐，苍凉深邃，荡气回肠。每当听到这些家乡的音乐，人们便像遇到久别重逢的家乡人，倍感亲切、充实、温馨。

（五）音乐的教化之美

音乐具有明显的教化功能。美国小说家欧・亨利笔下的苏比，原本好吃懒做，以至于宁愿寻衅滋事去监狱躲避饥寒，也不愿靠自己的双手养活自己。后来，他听到了《赞美诗》，不禁想起了母亲、朋友……于是，他开始厌恶现在自己的所作所为，决心振作起来，不再过那种行尸走肉的生活。这虽然只是小说家的虚构，却完全符合生活的真实。事实上，音乐就跟书本一样，能让人受到感染、引发触动。在现实生活中，音乐的教化功能也同样随处可见。

三、音乐欣赏的本质

（一）音乐欣赏的性质

音乐这门艺术是由声音构成的，声音的感受并不包含视觉的信息，它不能直接传达视觉形象和思想概念，只能通过听觉感知音乐所传达出的情绪，所以，音乐是情绪的艺术。音乐欣赏本身是一种音乐审美的行为，它的本质在于对音乐之美的判断和选择。音乐欣赏的方式各式各样，但无论如何都是围绕着审美活动去展开。不同情境下的欣赏方式所得到的效果不尽相同，审美的行为是音乐欣赏中最重要的实践环节。

（二）音乐欣赏的目的

音乐欣赏是一项实践活动，一切的音乐创作都需要通过欣赏而获得感受。不管是什么时代什么作品，作曲家和表演者都希望人们感受到他们所创作和表演的作品所传递的情绪。音乐的接收者最终是听众，而所谓的听众既可以是他人，也可以是自己。在中国古代春秋战国时期，有俞伯牙和钟子期的“巍巍乎若太山、汤汤乎若流水”的高山流水觅知音的佳话，遇此知己终身不悔。近代民间艺人华彦钧一生潦倒凄苦，唯独有一技傍身，使其得到世人传颂。因此，音乐欣赏要依靠实践活动得以发展，并成为音乐活动的最终归宿。

（三）音乐欣赏的意义

最终来说，音乐审美是一种主动和被动相结合的行为，包含了作曲家对听众的判断

和影响，也包含了听众对作品的选择和态度。一个良好的欣赏环境，和听众的积极反馈，可以激发作曲家们更好的进行音乐创作。作曲家不仅要对听众负责，听众也应对作曲家负责，为音乐的发展负责。所以音乐欣赏不是一项简单的娱乐活动，还包含着深刻的社会意义，是一项具有创造性的审美活动。

四、音乐审美的基本方式

（一）了解音乐基本知识

音乐基本元素如旋律、和声、节奏、曲式等，对于不同风格的音乐还需要了解其历史和文化背景，这些基础知识有助于更好地理解和欣赏音乐。

（二）关注节奏和旋律

音乐的节奏和旋律是音乐的基本框架和情感表达的核心。通过仔细聆听音乐的节奏和旋律，我们可以初步了解音乐的基本情感和主题。

（三）用心聆听音乐是欣赏音乐的关键

在欣赏音乐时，我们需要专注并全身心投入，让音乐的旋律和节奏渗透到内心，同时，注意每个音符的细微变化，体会音乐家表达的情感。

（四）想象和探究

当对音乐有了情绪感受之后，脑海之中仿佛有了画面一样，这便是想象。它促使听众更深层次提升对音乐的欣赏水平。这一环节的最典型特征就是音乐具有开放性，可以在音乐欣赏内容的基础上大胆加以拓展和延伸。

第二节　声乐艺术之美

声乐艺术是通过人体自身（发声体）发出的声音所形成的音调与语言结合的音乐，用以传达思想感情，表现艺术形象的一种综合艺术形式。除无词的声乐作品外，其他各种体裁的声乐作品本身都是诗的语言与音乐的有机结合。

随着社会的发展与声乐艺术的发展，声乐作品的体裁大致可分为民歌、艺术歌曲、歌剧、清唱剧、康塔塔、素歌、弥撒曲、安魂曲、受难曲、赞歌、声乐协奏曲、中国戏曲声腔等。

一、人声基本分类

由于人体构造的差异，形成人声音色、音质、音量的不同和声部的分类，因而声乐

艺术具有不同于其它音乐形式的丰富的表现力。在声乐艺术中，通常把人声分为三类，即女声、男声和童声。

（一）女声

按照演唱者音域的高低和音色的差异，女声可分为女高音、女中音和女低音三种。每一种女声的音域大约为两个八度。

1. 女高音（soprano）

女高音歌者声带结构短而薄，其长度一般大约在 8 mm ～ 12 mm，声音听来明亮纤细，高音区发音很方便，而唱中低音时声音较薄弱。由于歌者的音域、音色和演唱技巧的差别，又可细分为抒情性女高音、戏剧性女高音与花腔性女高音三种类型。

2. 女中音（mezzo soprano）

女中音歌者的声带比女高音歌者略长、略宽些（长度大约为 12 mm ～ 14 mm），其声音柔和、浑厚、丰满，适宜演唱风格较为深沉的抒情性作品。音域通常可达到 a ～ a2 左右。如中国歌曲《一支难忘的歌》《打起手鼓唱起歌》《吐鲁番的葡萄熟了》《祝酒歌》《多情的土地》等。

3. 女低音（alto）

女低音歌者的声带构造比女高音和女中音更长、更宽些（长度大约为 14mm ～ 16mm）。其声音低沉、浑厚，乍一听有点像男高音，比较擅长演唱风格沉稳的作品。女低音歌者音域大都可以扩展到 a ～ e2 左右。这类歌者在我国歌坛比较少见，在欧美一些国家居多。如苏联歌曲《红莓花儿开》等。

（二）男声

按照演唱者音域的高低和音色的差异，男声也可分为男高音、男中音和男低音三种。每一种男声的音域大约为两个八度。

1. 男高音（tenor）

男高音歌者的声带构造比较结实而边缘较薄（长度大约在 16 mm ～ 18 mm），声音高亢、嘹亮。由于男声比女声的声带结构长、宽、厚，喉结也大得多，因此天生就比女声低一个八度音区。音域通常为 c1 ～ a2 左右，个别嗓音天赋优秀的歌者可达到 c1 ～ c3（两个八度）以上的音域。按照音色特点可细分为抒情性男高音与戏剧性男高音两种。

2. 男中音（baritone）

男中音歌者的声带结构比男高音略长、略宽、略厚些（大约在 18 mm ～ 20 mm）。他们的歌声厚实、雄壮，特别是中低声区流畅、稳实。音域通常在降 a ～ a1 左右。如谷建芬作曲、杨慎作词的作品《滚滚长江东逝水》、比才的歌剧《卡门》中的《斗牛士之歌》等。

3. 男低音（bass）

男低音歌者的声带较长、较宽、较厚（其长度大约在 20 mm ～ 23 mm），声音低沉、敦实，音域通常在 e ～ e1 之间，是声乐中最低的声音，在混声合唱中一般唱到最低声部。如马可等作曲的歌剧《白毛女》中的《十里风雪》等。

（三）童声

童声一般是指儿童尚未变声前的声音。童声音色清脆响亮，男女声音色差异不大，音域一般在 a ～ f2（g2）之间。如乔羽作词、刘炽作曲的歌曲《让我们荡起双桨》，陈晓光作词、谷建芬作曲的歌曲《采蘑菇的小姑娘》等。

二、声乐表演的形式

声乐表演的形式按照声乐作品的内容，一般可分为独唱、重唱、对唱、轮唱、齐唱、合唱等。

三、声乐的演唱方法

美声唱法、民族唱法、通俗唱法是常见的三种演唱方法，下面分别予以介绍。

（一）美声唱法（bel cantoo）

美声唱法产生于意大利，最早出现于 16 世纪末意大利的佛罗伦萨。其意大利语原意是“美妙的歌唱”，应译作“美声歌唱”，也可译作“美唱”或“美歌”。

在演唱方法上，美声唱法要求保持口咽管道的开放和喉型的稳定，以保证气流的流畅贯通和声音的圆润有力，追求具有强烈亮度的“声音集中点”。重视口、鼻、胸式、腹式、胸式呼吸的协调、深沉，强调气息的支持，要求自然放松。强调共鸣的作用。歌者必须在服从共鸣的前提下，保证吐字的运用自如，要求保持统一的口型和歌唱位置，保证各音区之间的转换自如、音色统一。

伴随着欧洲传统音乐的发展，欧洲传统声乐艺术无论是在实践中，还是在理论上，都形成了较为统一和完备的教学与演唱体系、风格和方法。

（二）民族唱法

民族唱法是建立在中国民族民间音乐土壤上，尤其是建立在中国民族戏曲和说唱声

乐艺术基础上的一种具有浓郁民族特色的演唱方法和风格。

中国民族声乐艺术作为中国灿烂民族音乐文化的重要组成部分，历经诸如《诗经》、楚辞、乐府、唐诗、宋词、元曲中的唱和说唱形式，以及明、清戏曲唱腔的发展，中国民族声乐无论在形式、内容，还是唱法和技巧上都得到了极大的丰富和提高。

“五四”运动以后，民族声乐艺术在原有的基础上借鉴欧洲声乐理论和技法，将鲜明的民族特色与强烈的时代特征结合起来，推动民族声乐事业不断跃上新台阶。

民族唱法讲究“字正腔圆”。其中，特别强调咬字、吐字，故将“字正”放在“腔圆”的前面，以发音服从吐字。“腔圆”是吐字和发音技巧有机结合的结果，其标准为歌唱的圆润、流畅。“腔”的表现手法及其运用，是民族唱法鲜明风格形成的又一主要因素。

（三）通俗唱法

通俗歌曲的产生可以追溯到 19 世纪末美国的“蓝调”音乐。经过以爵士乐、摇滚乐、美国西部乡村音乐和欧洲通俗音乐等欧美主要通俗音乐形式的变化发展，通俗歌曲形成了比美声和其他音乐形式更为庞大而变幻无穷的世界。

通俗唱法的名称依托于“通俗音乐”这一大的音乐范畴。其演唱方法、演唱者、演唱场合及欣赏者等方面均有其他音乐形式所无可相比的大众化色彩。

在我国，新时期的通俗音乐开始于“文革”结束以后的年代。自 1977 年起，我国大陆歌坛开始涌现出大量优秀通俗歌曲如《饮酒歌》《年青的朋友来相会》《军港之夜》等。这些歌曲以旋律优美、贴近生活、亲切感人、易于传唱等特点，深受广大群众的喜爱，为弘扬改革开放的新时代精神、表现人民生活风貌发挥了很大的积极作用。

通俗唱法强调自然与个性特色，不像美声那样规格化，更注重情感的直接表达。吐字的唇舌动作与自然的语言相比较为夸张；声音的位置靠前，使声音得以充分展现，不需有意识地去追求共鸣的空间和作用。强调气息的支持和运用，这是感情表达和一切方法技巧的前提和支柱。

（四）原生态唱法

近年来，“原生态唱法”这个名词通过 CCTV 青歌赛已被大众熟知，它包括形式繁多的民间音乐类型，除了民间歌曲外，还有民间戏曲演唱、民间曲艺（说唱）演唱等，是一种最接近民族、民间的没有经过太多修饰的唱法。

这众多的民间声乐品种，都是经过时间沉淀的艺术珍宝，在唱法上都自成体系，有一套独特的演唱技巧。

四、歌唱的技巧

（一）歌唱的器官

歌唱发声时直接参与运动的器官称为发声器官，根据各自不同的功能可分为呼吸器

官、声源器官、共鸣器官、咬字吐字器官和听觉器官五大部分。将吸入的气息从肺部呼出，喉头中的两片真声带闭合并挡气，气息振动声带发出声音，这声音又在各共鸣腔中得到共振，通过调节扩大为宏亮而优美的歌唱声音。

声音的高低是由声带振动的频率决定的，声音的强弱则取决于振幅的大小。唱高低强弱不同的音时，歌唱器官必须做出相应的调整，如唱高音时，呼气压力较大，声带紧张且缩短、变薄，振动频率大，口腔内开度大，上部共鸣的比例较多；唱低音则相反，呼气压力较小，声带较松弛、变长、变厚，振动频率小，下部共鸣的比例较多。唱强音时，呼气的气势强，声带的振幅大；唱弱音时，呼气的气势弱，声带的振幅小。

（二）歌唱的呼吸

歌唱中的呼吸不同于日常生活中的呼吸，它要比生活中的呼吸夸张。日常生活中的呼吸是人的本能反应，比较平静，气吸得少而浅，而歌唱时的呼吸则要求吸得快、吸得深、吸得多，呼气要呼得慢、呼得平稳。

（三）歌唱的共鸣

共鸣是歌唱的重要组成部分之一，声带受到气息的冲击，振动后产生的声音是很微弱的。在声带原始基音的基础上，只有通过各个共鸣腔引起共振，产生大量的泛音共鸣之后，才能发出通畅、圆润、洪亮的声音。

人体中有许多能产生共鸣的空间，叫共鸣腔，包括口腔、咽喉腔、鼻腔、胸腔、头腔。人体各共鸣器官是一个完整的系统，缺少其中任何一个部分都会对声音产生不利的影响。

人体各共鸣腔所产生的共鸣效果是各不相同的。由于所有的歌曲几乎都包含变化多端的高音、中音和低音，以及丰富多采的音色变化，因此，头腔、鼻腔、口腔、咽喉腔、胸腔等共鸣腔体不可割裂开来使用，而应根据音高合理地调整各共鸣腔，使之合理地、有机地结合。如果歌唱时片面地追求某种“单一共鸣”，必将造成发声上的缺陷，破坏了歌声的整体效果。

（四）歌唱的咬字吐字

声乐艺术美是以音乐化的语言为手段的。它的整个创造过程与各个环节，始终是围绕着语言的美化与表现来进行的。因此，学习歌唱，必须具备扎实的语言基础知识以及分析语言、表现语言的能力。

歌唱时每个字在口里的部位和着力点各不相同，口形也就不同，根据字的头、腹、尾的规律，歌唱咬字的方法有三点要求，具体介绍如下。

1. 字头

由于字头的声母在发音时受到阻碍，与发音部位的接触形成一种“咬”感觉。字头在所占的音符中时值最短，讲究用力要有分寸感，就是指字头的发音要像“喷”出来那样敏捷、结实、清晰、有劲。一首歌曲的咬字的字头力度变化是随着歌曲旋律的音乐、情感而变化的。字头咬“紧”，既不能松散、轻飘，也不能咬“死”、咬“僵”，咬字应有适度弹性。同时字头声母的蓄气不足，将会影响吐字中韵母的响亮度。

2. 字腹

歌唱中发韵母或字腹、字尾的成分则称为“吐字（词）”。歌唱旋律的进行是以韵母发音为基础，而字腹是韵母中的主要母音，也就是在韵母中口腔开度最大的母音。字腹在演唱中要求音值引长延伸而不变形，在主要母音引长延伸过程中，除发挥各共鸣腔的作用外，还要保持口形的开、合、圆、扁的控制力，避免口形乱变而影响声音的纯正圆润。

3. 字尾

要使一个字唱得完整准确，就必须收好字尾，如果字尾收声归韵不正确，就会影响词义的表达。歌唱中咬字吐字要强调：字头短而紧，字腹满又松，字尾收要轻。要使咬字吐字的色调统一，声音位置统一，并具有丰富的表达力，必须适时地将口咽腔位置调整得恰到好处，声乐演唱的情感才能充分体现出来。

五、歌唱的情感表现

声乐的艺术感情，主要是借助歌词语言与音乐曲调共同体现的，歌曲的具体内容和情感需要歌者对歌词语言深入理解、体验与感受。

歌唱时是通过不同的咬字吐字方法表情达意的，歌曲情感的不同，歌唱中的咬字吐字也不相同。在演唱雄壮、感情比较强烈、情绪较激动的歌曲时，字咬得较紧，较集中，咬字的全过程比较快，声音以“刚”为主；在演唱情绪欢快的歌曲时，口咽腔的动作小而轻快，干脆利索，咬字发音的全过程较快，声音在口咽腔的着力点略靠前，色调较明亮；在演唱情感内在、含蓄、深情、速度较慢的抒情歌曲时，咬字发音的全过程比较慢，口咽腔咬字较圆滑、柔和，声音以柔为主；在演唱情绪比较平稳的抒情歌曲时，口腔前部用得较少，后部用得较多，声音在口咽腔的着力点较靠后。

六、声乐作品的主要体裁

声乐作品按体裁进行分类，可以分为民歌、艺术歌曲、通俗歌曲、音乐剧、清唱剧、合唱等。下文主要围绕民歌、艺术歌曲、通俗歌曲展开叙述。

（一）民歌

民间歌曲简称民歌，是劳动人民在生产生活中创作、演唱的歌曲，是人民在社会实践中为表情达意而口头创作的一种歌曲形式。它和人民的社会生活有着最直接、最紧密的联系。民歌以坦率自然的演唱方式，表达人们对生活的感受。民歌的形式简明朴素，短小精悍，易于传唱，具有鲜明的民族特征和地域特色，积淀了一个民族和地区的音乐

文化的情趣与精华。它源于生活，是民族文化的精粹，集中体现了一个民族的精神、性格、气质、心理素质、风土人情和审美情趣等。

1. 民歌的起源

民歌的起源，曾经有过劳动说、情动说、本性说、神说、情爱说、鸣响说等多种学说。中国民族音乐界一般认为，民歌起源于人类的劳动与生活。远古时代，当人类处于原始的渔猎时期，在与大自然搏斗和集体劳动中，发出的呐喊声；劳动之余，愉快地回忆，模仿劳动情景，手舞足蹈地敲击石块、木棒，发出的欢呼声、讴歌声，逐渐形成早期的民歌。在人类生产力不断进化、生产关系不断发展的历史进程中，民歌伴随历史的步伐，反映各个时期的社会政治、生产劳动、人民的生活风貌和思想感情，这种艺术形式也随之日渐发展完善。

2. 民歌的分类

（1）我国汉族民歌。

按体裁分类一般将汉族民歌划分为劳动号子、山歌、小调三种基本体裁。

劳动号子简称“号子”，北方常称“吆号子”，南方常称“喊号子”。号子是直接伴随体力劳动，并和劳动节奏密切配合的民歌。它产生于体力劳动过程中，直接为生产劳动服务，真实地反映劳动状况和劳动者的精神面貌。其音乐形象粗犷豪迈、坚实有力，是某些体力劳动不可缺少的有机部分。

号子满足了两种需要：一是人在从事体力劳动时必须调整呼吸、积蓄力量；二是集体劳动中需要统一步调、统一节奏，号子应需产生。因此号子在劳动中具有发出号令、指挥劳动、调节精力、鼓舞劳动情绪的实用性功能。同时号子的音乐抒发了劳动者的感情，表现了人的喜怒哀乐，也给人以精神上愉悦的感受，这是号子的表现性功能。两种功能有机结合在一起，既矛盾又统一，成为劳动号子独具的特征。

号子的歌唱形式视劳动者的多少和劳动的协作性而定，分为独唱、对唱、齐唱、一领众和等。如《川江船夫号子》中的《上滩号子》和《拼命号子》。

山歌是人们在野外劳动（上山砍柴、赶脚驮货、放牧、农事耕耘等）或行走时，用来消愁解闷、抒发情怀、传递情意所唱的民歌。音乐真挚质朴、热情奔放，即兴性强。

广大农村是孕育和流传山歌的广阔天地，农民通过即兴歌唱直抒胸臆，唱出心中的喜怒哀乐及旧时代的苦难、生活的艰辛、对爱情的追求等。山川相隔，交通不便，方言土语复杂，因而山歌的地域性强，地方风格各异，有些地区形成了富有特色的山歌歌种，如陕北的信天游，内蒙古的爬山调，青海、宁夏、甘肃一带的花儿，四川的神歌等。

山歌遍布我国各地，分布面广，数量品种繁多，各地山歌风格迥异。

山歌的音乐奔放、嘹亮、开朗，曲调悠长，广泛使用自由延长音与拖腔。自由延长音与曲首、曲尾的呼唤性衬词结合形成前腔或后腔，为山歌所独有的特征。

山歌的歌唱形式多样，以独唱居多，另有对唱、数人接唱、齐唱、一领众和等。

小调又称“小曲”“俚曲”“时调”等，是人们在劳动之余，日常生活中以及婚丧节庆用以抒发情怀、娱乐消遣的民歌。小调流传面广，遍及城市、乡镇，其内容广泛涉及

社会各阶层人民的生活。小调表现感情细腻曲折，形式较规整，表现手法丰富多样。

小调的数量多，流传面广，传唱中的情况较复杂，至今缺乏统一认同的分类。《中国大百科全书·音乐舞蹈卷》根据小调的历史渊源、演唱场合及音乐性格将小调分为三类：由明清俗曲演变而来的小调、地方性小调、歌舞性小调。宋大能编著的《民间歌曲概论》主要按内容将小调分为抒情歌、诙谐歌、儿歌和风俗歌四类。江明惇的《汉族民歌概论》主要按音乐特征将小调分为吟唱调（包括儿歌、摇儿歌、哭调、叫卖调、吟诗调）、谣曲、时调、舞歌四类。

小调的歌唱形式以独唱为多，其次为对唱和一领众和等。城市小调多有丝弦乐器伴奏，引子和过门的运用，以及伴奏中乐器的加花装饰、托腔垫腔等，使小调音乐更为优美动听。

（2）我国少数民族民歌。

我国是一个有 56 个民族的多民族国家。各民族人民共同创造了灿烂的文化财富，其中包括丰富多彩的音乐文化。我国各民族的政治历史、地理环境、经济发展、文化习俗、生活风貌、劳动方式以及民族语言等各方面的差异，使得各民族的传统音乐文化各具特色，绚丽多彩。各少数民族能歌善舞，许多民族素有“歌唱的民族”“歌舞的民族”之称。

音乐不仅用来表达思想感情，自我娱乐，而且广泛用于各种生产劳动和风俗礼仪活动中，如婚礼、丧葬、宗教活动等，成为这些活动的有机组成部分。许多民族都有自己专门的歌舞节目，如广西壮族的“歌圩”、苗族的“游方”、西北地区回族和其他民族的“花儿会”等。民歌和其他音乐舞蹈形式一起，伴随着各少数民族人民生活的发展而不断演进。

（3）外国民歌。

世界上各个民族都有独具魅力的民歌。民歌产生于民间，深深地植根于人民生活的土壤，紧密地伴随着人民的生活和劳动，记录了各国家、民族在历史进程中的社会生活和精神文化风貌，并伴随社会的发展和人民生活的变化而发展、变化。各国的文化传统、风俗习惯、自然环境以及各民族的风格、语言等方面的显著差异，使得他们的民歌各具特色，具有强烈的民族音乐特征，从而构成了绚丽多彩的民歌世界。尽管世界各民族对民歌概念的理解不同，但只要是被看作民歌的歌曲，无论是个人创作的艺术性较强的艺术歌曲，还是较为通俗的流行歌曲，无论是古老的乡村歌曲，还是近现代的市民歌曲，大都充满着民间的生活气息，表现了广大人民的思想感情和精神风貌，具有本民族典型的性格特征，并在民间广为传唱。

（二）艺术歌曲

艺术歌曲是一种抒情性、专业性很强的音乐体裁，其注重歌词与音乐之间的平衡，既保持了诗意的本体，又能充分展现作品所蕴含的精神意境。

1. 中国艺术歌曲

中国艺术歌曲的发展有着深厚的历史渊源，《诗经》是我国第一部诗歌总集，它标

志着我国古诗词艺术歌曲的诞生与发展。秦汉时期，出现了“琴歌”，即由声乐、器乐与文学三者高度结合的歌曲体裁。到了宋代，诗乐发展成词乐，为中国近现代艺术歌曲的发展奠定了基础。

近现代以来，我国作曲家借鉴西方艺术歌曲的创作技法，创作了一批具有中国民族风格的艺术歌曲。艺术歌曲大致分为两类，一类是为古诗词编写的艺术歌曲，其篇幅不长，结构严谨，能较好地体现原诗所表达的意境和感情；另一类是为现代诗词和音乐会演唱创作的艺术性歌曲，其艺术构思巧妙，充分注重声乐和钢琴的合作来进行形象的刻画和意境的渲染。随着时代发展，中国艺术歌曲呈现出多元化的发展趋势，涌现出更多的中国经典艺术歌曲作品。

2. 外国艺术歌曲

外国艺术歌曲通常是指从 19 世纪浪漫主义音乐发展起来的歌曲形式，它是外国声乐创作的重要类型，多为独唱曲，歌词多选用富有诗意的文学作品，旋律与风格带有浪漫主义气息。德国和奥地利是最重要的艺术歌曲的发源地，之后发展到法语和俄语等国家和地区。这种艺术形式除了要求专业的声乐演唱，钢琴伴奏的地位也尤其突出。著名的艺术歌曲作曲家有弗朗茨·舒伯特、罗伯特·舒曼、加布里埃尔·福列、彼得·伊里奇·柴可夫斯基和德沃夏克等。

（三）通俗歌曲

通俗歌曲在西方被称为“popular song”，因此又被称为流行歌曲，泛指通俗易懂、拥有广大听众并被广泛传唱的歌曲。其特点是歌词通俗易懂，旋律易记易唱，节奏富有现代感，多以平白如话、直抒情怀的方式表现，一般没有过多的修饰和雕琢。通俗歌曲与社会生活联系紧密，许多歌曲直接反映社会生活中不同层面人物的生活、思想和感情。

不同时代、不同地域的通俗歌曲风格迥异，如我国 20 世纪 80 年代的迪斯科舞曲，20 世纪 90 年代的摇滚乐，21 世纪初的网络歌曲，以及国外的布鲁斯（又称蓝调）、爵士乐、乡村音乐、摇滚乐、嘻哈乐等。

中国通俗歌曲产生于 20 世纪二三十年代的上海等大都市。20 世纪 20 年代西方通俗歌曲进入中国，当时西方传教士、商贾、思想家、学者等纷纷来到上海等大都市，西方的资本主义文化与中国传统文化形成了既相互冲突又逐步融合的态势，正是这股新潮催生了中国的通俗歌曲。

随着时间的推移，国外流行音乐已与中国流行音乐渐渐融合，形成了许多有中国风格的流行音乐曲风。现阶段国内通俗歌曲的演唱方法借鉴了很多欧美的演唱方法，比如呐喊、哑音、装饰音、抽泣、滑音、假声等，包括一些气声的特殊运用，来表现歌曲中的各种情绪。同时还利用肢体语言融合节奏的表现形式，加上表演中的一些技巧和不规则人声、混声、和声，进行有声或无伴奏伴唱，使旋律变得富有色彩和感染力。在近几年的流行音乐发展中，逐渐产生了以本色声音加演唱技巧的唱法，这说明通俗歌曲的演唱是随着文化、习惯、音乐的发展而发展的。

伴随着社会的不断进步，在大众传媒的强势推广下，中国流行歌曲正在影响着社会文化格局和人们的生活，在中国大众文化中占据了重要的位置，为丰富人们的精神生活、提高人们的生活品质提供了有益的精神食粮，同时也为社会创造了巨大的社会和经济效益。

七、中外经典声乐作品赏析

（一）中国声乐作品

范例：歌曲《我爱你中国》

1=F $\frac{4}{4}$

我爱你 中国

故事片《海外赤子》插曲

词：瞿 琮
曲：郑秋枫

百灵鸟从蓝天飞过，我爱你中国！

我爱你中国，我爱你中国。我爱你春天蓬勃的秧苗，我爱你秋日金黄的硕果。我爱你青松气质，我爱你红梅品格。我爱你家乡的甜蔗，好像乳汁滋润着我的心窝。我爱你中国，我爱你中国，我要把最美的歌儿献给你，我的母亲我的祖国。

我爱你中国，我爱你中国。我爱你碧波滚滚的南海，我爱你白雪飘飘的北国。我爱你森林无边，我爱你群山巍峨。我爱你淙淙的小河，荡着清波从我的梦中流过。我爱你中国，我爱你中国，我要把美好的青春献给你，我的母亲我的祖

国。啊 啊 我要把美好的青春献给你我的母亲，我的祖国。

作者简介

瞿琮，词作者，湖南长沙人。中国人民解放军文职将军，中国音乐文学学会副主席，中国音乐文化促进会副主席，当代诗人、作家、音乐文学理论家。新中国 70 周年百名湖湘人物。

郑秋枫，曲作者，作曲家。1947 年参加革命工作，历任广州军区战士歌舞团副团长、总艺术指导；广东省音乐家协会第五届主席。1987 年被列为中国十大音乐家，举办多次个人作品音乐会。2019 年 10 月 28 日，获“终身成就音乐艺术家”荣誉称号。

作品简介

《我爱你中国》是 1979 年电影《海外赤子》的插曲，由叶佩英演唱。1980 年，在优秀群众歌曲评奖中，该曲被评为“优秀群众歌曲”。1983 年，获得第一届优秀歌曲评选“晨钟奖”。1984 年，该曲入选联合国教科文组织（亚洲）歌曲集。2019 年 6 月 17 日，该曲入选中宣部选出的“庆祝中华人民共和国成立 70 周年优秀歌曲 100 首”。

歌曲为 4/4 拍，带引子和尾声的单三部曲式结构，音调明亮、高亢，感情充沛、激越，结构规整、均衡。下面列出该歌曲的结构特点。

乐段		歌词特点	音乐特点	情感发展
引子		点明主题	激越、宽广	如百灵鸟的歌声响彻了祖国大地
主题	A段	排比句+抒情句	优美而宽广的主题旋律	自由展开、发展基础
	B段	排比句+抒情句	加大了旋律的起伏	感情激动、主题思想深化
	A段变化再现	排比句+抒情句	与前一乐段对比	主题思想进一步深化
尾声		饱满抒情	生动、高亢	情绪推向最高潮

（二）外国声乐作品

范例：《今夜无人入睡》

1=G 4/4

(5 2 3 5 3 5) 5. 5 | 5 5 5 0 5. 5 | 5 5 5 0 0 | 0 0 5 5 5 5. 4 |

3 3 3 3 3 b3. 7 | 1 1 7 7. 6 | 5 5 5 5 5 5. 4 | 3 3. ∨ 3 b3. 7 |

1 1 1 0 0 rit | 0 5 6 7 6 5 6. #4 | 2/4 3 - | 4/4 0 6 7 i 7 6 7. 5 |

#4 5 6 6 7 i | 2 - 2 2. 7 | 7 - 7 7 7. 5 | 2 - 2 6. #4 | 5 ……

作者简介

普契尼，意大利歌剧作曲家，现实主义歌剧流派的代表人物之一，1858 年生于意大利卢卡的一个音乐世家。1880 年进入米兰音乐学院学习作曲。一生创作了 12 部歌剧，

著名的有《蝴蝶夫人》《艺术家的生涯》《托斯卡》《图兰朵》（未完成）等。其创作多取材于下层市民生活，具有现实主义倾向。

作品简介

《今夜无人入睡》是选自歌剧《图兰朵》的唱段，由意大利歌剧作曲家普契尼创作。普契尼在世时未能完成全剧创作，在他去世后由弗兰克·阿尔法诺根据普契尼的草稿创作完成了全剧。该部歌剧也是唯一具有中国音乐元素的一部西方歌剧，在作品当中融入了我国江苏民歌《茉莉花》的音调。

该剧讲述了一个中国公主图兰朵，和流亡中国的鞑靼王子卡拉夫之间发生的爱情故事。剧中的唱段《今夜无人入睡》是其中最著名的男高音唱段，表现了卡拉夫对于最终获得美好爱情的信心，演唱技巧难度大，传唱度高。上图乐谱列举的是该歌曲的部分乐谱。

第三节　器乐艺术之美

一、器乐艺术的种类

器乐艺术指的是使用乐器来进行演奏，以表达情感、营造氛围或展现技巧的艺术形式。器乐艺术主要由以下四种呈现样式。

（一）古典器乐

古典器乐多见于欧洲古典时期的音乐，通常使用古典乐器如小提琴、大提琴、长笛、竖琴等。这种音乐形式强调旋律和和声，注重演奏技巧和音乐的逻辑性。

（二）民族器乐

民族器乐指的是世界各个国家和地区的传统乐器演奏的音乐。这种音乐形式通常与当地的文化和传统紧密相连，如中国的二胡、琵琶，印度的塔布拉鼓，非洲的部落鼓，印度尼西亚的甘美兰，巴西的卡波耶拉等。

（三）现代器乐

现代器乐通常指的是 20 世纪以后发展起来的音乐形式，它吸收了各种流派的特点，并进行了创新。现代器乐常常使用电子乐器和合成器，注重音响效果和实验性。

（四）流行器乐

流行器乐主要指流行音乐中的器乐部分，如爵士乐、蓝调、摇滚、电子舞曲等。这种音乐形式通常更加注重节奏和律动，以及与声乐的结合。

爵士乐演奏现场

二、器乐作品的体裁

每一类器乐的艺术呈现，都离不开作曲家们呕心沥血的创作。按照不同器乐作品的体裁其可以分为标题音乐与无标题音乐、室内乐和交响音乐、单声部和多声部音乐。多声部器乐作品又可分为复调音乐与主调音乐。不同体裁的器乐曲的形成，都与它们各自的应用、表演的目的、演出的场合、乐曲内容的倾向性、音调和节奏的特色、音乐风格的特征等有关。

（一）无标题音乐

无标题音乐作品是指没有说明乐曲具体内容的文字标题，而只是用曲式名称如“奏鸣曲”“赋格”“变奏曲”等作为曲名，或用器乐作品体裁名称如“前奏曲”“练习曲”“小步舞曲”等作为曲名。为了避免同名和有所区别，就加上乐曲的开始调名，例如“某某”C大调奏鸣曲，“某某”e小调交响曲，或者再加上作者创作此种体裁作品的编号，如莫扎特《第四十交响曲》，李斯特《匈牙利狂想曲第二号》，肖邦《夜曲作品第九号之二》等。

许多音乐家在创作无标题音乐时，只求通过音乐创作来抒发某种主观情绪，表现某种精神意境，体现音乐艺术本身的音响美、形式美及体裁风格特征，并不想用音乐去反映客观事物。有的作者不愿通过文字标题来使乐曲的内容一目了然，而只希望找到知音去体会真正的音乐精髓，所以只以曲式名称或音乐体裁的名称作为曲名，而不设标题。

（二）标题音乐

标题音乐是以文字或标题来阐明作品思想内容的器乐作品。16世纪以前标题音乐出现，19世纪上半叶标题音乐因欧洲浪漫派音乐家的提倡而盛行。标题音乐的名称也于此时产生。音乐爱好者熟悉的柏辽兹、李斯特是这一类音乐作品的代表人物。标题音乐在器乐作品中占有很重要的地位。比起无标题音乐来，它的表现力尖锐，音乐形象生动，更受广大群众喜爱。

（三）室内乐

室内乐原指西欧宫廷贵族中演奏、演唱的世俗音乐，以区别于教堂音乐及歌剧音乐。室内乐于 16 世纪初发源于意大利，代表作有“室内奏鸣曲”“室内康塔塔”等。18 世纪末叶以后，室内乐是指由少数人演奏、演唱并为少数人所欣赏的音乐。现今，室内乐多指各种重奏曲（有时也包括独奏曲），使用少数乐器伴奏的独唱、重唱曲等。室内乐对于演奏者要求很高，不仅需具备独奏的技巧，同时要有同别人合作的能力。

（四）交响音乐

交响乐是指管弦乐队演奏的管弦乐曲。交响乐可以采用任何曲式（通常是中大型结构的）谱曲，而最典型的曲式结构则是“交响曲”。交响乐和交响曲是两个概念，交响曲是由三四个乐章组成的管弦乐队演奏的大曲。其代表人物有音乐爱好者熟悉的贝多芬等。

（五）复调音乐

复调音乐是主调音乐的对称，属于多声部音乐的一种。它是若干个旋律同时进行并相互关联的有机整体，各种声部又彼此形成良好、协调的和声关系。

复调音乐分为以下 3 类：

（1）以对比的方式所写的复调音乐称“对位音乐”，简称“对位”，即对位式的复调音乐。

（2）以模仿方式为基础所写的复调音乐，通称“卡农”，即“轮唱”或“轮奏”。

（3）用衬托的方式所写的复调音乐称“支声复调”。

复调音乐以对位法为其主要创作技法。

（六）主调音乐

主调音乐是复调音乐的对称，属于多声部音乐的一种。其中有一个声部（通常是高音部）旋律性最强，处于主要地位，其他声部则以和声等手法对主旋律起烘托和陪衬的作用。

以常见的器乐作品体裁为例，有以下 14 种，下面分别介绍。

1. 前奏曲

前奏曲有“序”“引子”之意。它是一种单主题的中、小型器乐曲。它源自 15—16 世纪某种乐曲前的引子，最初常为即兴演奏，有试奏乐器音准、活动手指及准备后边乐曲进入的作用。不少作曲家均有独立的钢琴前奏曲。19 世纪后，西洋歌剧、乐剧中的开场或幕前音乐亦有称作“前奏曲”者，其含义与上述独立体裁的前奏曲有所不同。

2. 序曲

序曲原指歌剧、清唱剧等作品的开场音乐，17—18 世纪的歌剧序曲分为“法国序曲”

及“意大利序曲”两类。前者为复调风格，由慢板、快板、慢板三个段落组成，中段为赋格形式，末段较短；后者为主调风格，由快板、慢板、快板三个段落组成，后世交响曲即由此演变而成。19 世纪以来，从贝多芬开始，作曲家常采用这种体裁写成独立的器乐曲，其结构大多为奏鸣曲式并有标题，如贝多芬的《科里奥兰序曲》、的柴可夫斯基《1812 年序曲》等。

3. 小步舞曲（menuet）

一种起源于西欧民间的三拍子舞曲，流行于法国宫廷中，因其舞蹈的步子较小而得名。其速度中等，能描绘许多礼仪上的动态，风格典雅。19 世纪初，小步舞曲构成交响曲、奏鸣套曲的第三乐章，后又被谐谑曲所代替。

4. 赋格（fuga）

它是西洋复调音乐中的主要曲式和体裁之一，又称“遁走曲”，意为追逐、遁走。它是复调音乐中最为复杂而严谨的曲体形式。其基本特点是运用模仿对位法，使一个简单而富有特性的主题在乐曲的各声部轮流出现一次（呈示部），然后进入以主题中部分动机发展而成的插段，此后主题及插段又在各个不同的新调上一再出现（展开部），直至最后主题再度回到原调（再现部），并常以尾声结束。

5. 卡农（canon）

复调音乐的一种，其原意为“规律”。同一旋律以同度或五度等不同的高度在各声部先后出现，造成此起彼落连续不断的模仿，即严格的模仿对位。

6. 练习曲（etude）

这是用于提高器乐演奏技巧的乐曲。它通常包含一种或数种特定技术课题。这种乐器练习曲除用以练习技巧外，同时具有高度的艺术性和舞台效果。李斯特、德彪西等都创作有此类练习曲。

7. 浪漫曲（romance）

浪漫曲泛指一种无固定形式的抒情短歌或短小的器乐曲。其特点为：曲调表情细致，与歌词紧密结合，伴奏亦较丰富。

8. 狂想曲（rhapsodie）

这是一种技术艰深且具有史诗性的器乐曲，原为古希腊时期由流浪艺人歌唱的民间叙事诗片断，19 世纪初形成器乐曲体裁。其特征是富于民族特色或直接采用民间曲调，如李斯特的 19 首《匈牙利狂想曲》，拉威尔的《西班牙狂想曲》等。

9. 幻想曲（fantasia）

这是一种含有浪漫色彩而无固定曲式的器乐叙事曲。原指一种管风琴或古钢琴的即兴独奏曲。从 18 世纪末叶起，幻想曲遂成为独立的器乐曲，如格林卡运用俄罗斯民间音

乐写成的管弦乐曲《卡玛林斯卡亚》幻想曲。

10. **即兴曲**（impromptu）

即兴曲原是钢琴独奏曲的体裁名称，后也用于其他乐器的独奏乐曲。它是即兴创作的器乐小品，常由激动的段落和深刻抒情的段落组成，所以大多数是复三部曲式的。

11. **夜曲**（nocturne）

夜曲原指 18 世纪流行的西洋贵族社会中的器乐套曲，风格明快典雅，常在夜间露天演奏，与“小夜曲”类似。

12. **圆舞曲**（waltz）

圆舞曲又称“华尔兹”，起源于奥地利北部的一种民间三拍子舞蹈。圆舞曲分快、慢步两种，舞时两人成对旋转。17—18 世纪流行于维也纳宫廷后，速度渐快，并始用于城市社交舞会。19 世纪起风行于欧洲各国。现在通行的圆舞曲，大多是维也纳式的圆舞曲，速度为小快板，其特点为节奏明快，旋律流畅；伴奏中每小节常用一个和弦，第一拍重音较突出，著名的圆舞曲有约翰·施特劳斯的《蓝色多瑙河》、韦伯的《邀舞》等。

13. **奏鸣曲**（sonata）

奏鸣曲原是意大利文，它是从拉丁文“sonare”（鸣响）而来，而与“cantata”（康塔搭，大合唱）一词相对立，是大型声乐套曲体裁之一，原意为“用声乐演唱”，一个是“响着的”，一个是“唱着的”。起初奏鸣曲是泛指各种结构的器乐曲，到 17 世纪后期在意大利作曲家柯列里的作品才开始用几个互相对比的乐章组成套曲型的奏鸣曲。到 18 世纪方定型为三个乐章。（海顿、莫扎特的钢琴奏鸣曲都是三个乐章的。）后来“奏鸣—交响套曲”又增加了一个“小步舞曲”乐章，插在第二、三乐章之间，成为四个乐章的“奏鸣—交响套曲”。到贝多芬又用“谐谑曲”代替“小步舞曲”，后来的作曲家还有用“圆舞曲”作为第三乐章的。奏鸣曲在结构上类似组曲的一套乐曲，但它又和交响曲分不太开，是一种大型套曲形式的体裁之一。

14. **交响曲**（symphony）

交响曲源于希腊语“一齐响”，是大型器乐曲体裁，亦称“交响乐”，系音乐中最大的管弦乐套曲。交响曲的产生同 17—18 世纪法国、意大利歌剧的序曲以及当时流行于各国的管弦乐组曲、大型协奏曲等体裁有直接的联系。交响曲的结构，一般分四个乐章（也有只用两个乐章或五个乐章以上的）。

器乐作品的宝库犹如浩瀚的星辰大海，随着器乐作品欣赏入门，音乐爱好者还会遇见更多不同的器乐作品体裁，获得更为丰富的器乐艺术审美愉悦和精神满足。

三、器乐艺术的特征

器乐艺术相较于声乐和戏剧艺术主要有以下特征：

（一）无歌词的纯粹性

与声乐不同，器乐完全依赖于乐器的音色、技巧和演奏者的情感来表达内容。这使得器乐更加抽象，给听众留下更大的想象空间。

（二）乐器的多样性

器乐艺术中使用的乐器种类繁多，从弦乐、管乐到打击乐，每种乐器都有其独特的音色和表现力，为音乐创作提供了无限的可能性。

（三）技巧与情感的结合

器乐演奏不仅需要高超的技巧，还需要深厚的情感。演奏者通过技巧展现音乐的细腻之处，同时通过情感赋予音乐生命和深度。

（四）结构的复杂性

许多器乐作品，特别是古典器乐，具有复杂的结构和层次。它们可能包含多个乐章，每个乐章都有其独特的主题和情感。

（五）与其他艺术形式的融合

器乐经常与其他艺术形式结合，如舞蹈、戏剧和视觉艺术。这种跨界的合作可以创造出更加丰富和多元的艺术体验。

（六）即兴与创作的并存

在器乐艺术中，既有严格按照乐谱进行的演奏，也有即兴的创作。即兴演奏为演奏者提供了展现个性和创新的机会。

四、中国经典器乐作品赏析

（一）作品分类

1. 打击乐合奏

打击乐合奏指由打击乐器组合的合奏音乐，在民间节日或风俗性活动中常见。如四川的《闹年锣鼓》、湖南的《十样景锣鼓》、江南的《十番清锣鼓》、陕西的《打瓜社》等。在某些吹打乐合奏中独立的纯用打击乐器演奏的“鼓”段，戏曲音乐中的“开场锣鼓”或配合舞蹈、武打场面的纯锣鼓段落，均属此类。

2. 吹管乐合奏

吹管乐合奏指由吹管乐为主兼有少量打击乐器的合奏音乐，普遍流行于民间婚丧喜

庆活动中。其有以唢呐为主的，如《山东鼓吹》以海笛（小唢呐）笙、笛加上部分打击乐器演奏；《辽宁鼓吹》以大唢呐、小唢呐为主加上堂鼓、铜鼓、小钗、吊当等打击乐器演奏；也有以管子和笙为主的，如《河北吹歌》以管子为主奏乐器配以其他吹管乐和打击乐器。

3. 丝弦乐合奏

丝弦乐合奏指由几件拉弦乐器和弹弦乐器合奏的音乐，丝弦乐合奏以优美、抒情、质朴、文雅见长，适于室内演奏，风格细腻。乐曲多数为短小的抒情性乐曲，也有部分较长大的套曲。

4. 丝竹乐合奏

丝竹乐合奏根据地域不同，主要多见的有江南丝竹、广乐音乐、福建南音、白沙细乐（云南丽江）等。江南丝竹和民间的婚丧喜庆等民间活动有紧密联系。常奏的八大传统名曲是：《欢乐歌》《云庆》《行街》《四合如意》《三六》《慢三六》《中花六板》《慢六板》。其也有来自古典乐曲的，如《春江花月夜》《霓裳曲》《高山》《流水》等。其音乐和江南地区的民歌、说唱、戏曲有千丝万缕的联系，风格轻柔、秀丽、细腻、雅致。

广东音乐以高胡为主，加扬琴和秦琴，后来在此基础上加其他丝竹乐器琵琶、椰胡、笛、箫、唢呐、笙、木鱼、碰铃等。其音色清脆明亮，旋律流畅，节奏活泼多变，音乐风格热烈明快。传统曲目约四五百首，有以写景为主的《雨打芭蕉》《鸟投林》《午夜遥闻铁马声》等；有以抒情为主的，如抒发欢快喜悦之情的《旱天雷》《步步高》等；有抒发凄苦哀怨之情的，如《昭君怨》《双声恨》《小桃红》等，多数乐曲结构短小，形象鲜明，一气呵成。

（二）名曲欣赏

1. 民乐合奏《金蛇狂舞》

这首乐曲是由我国音乐家聂耳在 1934 年根据民间乐曲《倒八板》整理改编，创作出民族器乐合奏曲《金蛇狂舞》，它表现了我国传统民间节日中人们舞动巨龙、锣鼓喧天的欢乐场景，反映了作曲者的革命乐观主义精神。

2. 琵琶独奏《十面埋伏》

琵琶又称批把，其名“琵”“琶”是两种演奏技法的名称。琵琶是弹拨乐器，音色变化多样，可以婉转柔美亦可气势雄浑。

它的演奏技巧丰富，可以模仿很多场景。根据乐曲风格和表现手法的不同，分为文曲和武曲。琵琶文曲以抒情优美、简朴动人的旋律，深刻表达人物内心的思想感情，生动展示令人向往的意境，如《浔阳月夜》《月儿高》《汉宫秋月》《塞上曲》《青莲乐府》《飞花点翠》等。

琵琶文曲在乐曲格调上的特点是抒情性和写意性。在弹奏文曲时，常用吟、揉、推、拉、

带、擞、打、轮指、泛音等技法，并将虚音与实音作恰切的配合。擞、打、带等技法只能是左手指触弦发音，称为“虚音”；而双手配合弹奏的吟、揉、推、拉、泛音、轮指等指法则称为“实音”，要求婉约轻扬，柔婉轻拨，如珠落玉盘般奏出舒展徐缓的旋律，并有余音缭绕之感。

琵琶武曲，指的是用形象鲜明的音乐语言，来表现具有一定故事情节、气势较宏伟、结构比较庞大的乐曲。与文曲相比较，琵琶的“武曲”旋律非常强烈、激昂，如《十面埋伏》《霸王卸甲》《海青拿天鹅》《汉将军令》《满将军令》《水军操演》等。

琵琶武曲在乐曲格调上的特点是叙事性和写实性。武曲演奏则追求表现雄健豪宕、势不可挡的气概，讲究抑扬顿挫、刚柔相济的处理。琵琶武曲常用的演奏技法为扫弦、快夹扫、煞音、绞弦、推并双弦、拍、提、满轮等。

琵琶独奏《十面埋伏》展现的是刘邦与项羽的垓下之战。公元前 202 年，刘邦率部将项羽合围于垓下（今安徽灵璧县东南）。在四面楚歌、军心涣散、兵断粮绝的情况下，项羽眼看大势已去，只好与爱妾虞姬话别，连夜夺路突围。在刘邦五千骑兵的追赶下，项羽跑到乌江边上，看着前面茫茫乌江，后面滚滚追兵，在走投无路之下，只得拔剑自刎。乐曲色调辉煌，风格奇伟，形象生动，是长期流传于民间的名曲，是传统琵琶武曲中的代表作品。

3. 笛子独奏《姑苏行》

笛子是吹管乐器，演奏技巧丰富。它的音色可以清新明亮，也可以轻柔飘逸，非常动听。它独特的色彩、韵味深受我国民间喜爱，流行非常广泛。笛子的名曲非常丰富，如《姑苏行》《牧笛》《荫中鸟》《扬鞭催马送粮忙》等。

《姑苏行》是首广为流传、深受民众喜爱的笛子独奏曲，由我国近现代作曲家、演奏家江先渭先生于 1962 年创作。在乐曲中运用了中国典雅的昆曲腔调，色彩鲜明透亮，音色醇厚甜美，形象地描绘了典雅的古园林建筑与游客在苏州秀美的园林景色中游玩时恬静与欢快的情形，是一首非常成功的直接抒情、间接写景的标题器乐曲。

4. 二胡独奏《二泉映月》

二胡是拉弦乐器，它的音色委婉动听，演奏技巧丰富，表现力很强，深受我国人民的喜爱，是具有代表性的民族乐器之一。二胡名曲众多，例如《赛马》《良宵》《江河水》《二泉映月》等。

作品《二泉映月》是一首用变奏、衍展手法写作的作品。阿炳称之为“自来曲”。开始有一个像是感怀、叹息般的引子，几小节后出现的主题具有感慨万千的情绪这个主题在全曲出现多次，随着旋律的发展，时而深沉，时而微扬，时而悲恻，时而傲然。激昂悲愤的乐调，似乎倾吐了作者的屈辱和痛苦，诅咒了现实的残酷和社会的不平，同时又充满了对未来的憧憬与希望，交织着疑问和伤感。作曲家经过长期的修改演绎，结合自已坎坷的一生逐步发展形成，他用二胡表达出叹息、哭泣、倾述与呐喊，是我国民间音乐的精华之一。整曲曲式结构图如下。

乐段	引子	主题部分			中段	高潮	后段
表现手法特点	短小深沉	a低沉	b昂扬	c高亢	重复变化abc推波助澜推进乐思	力度强、速度快、音调高	音调平静低沉
内心情感发展变化	好似一声长叹	沉思	无限感慨	激动忧愤	悲愤	怒号	无奈叹息

特殊的创作手法——“鱼咬尾”。

鱼咬尾是指前一句旋律的结束音和下一句旋律的第一个音相同的结构，也叫衔尾式、接龙式，是中国传统音乐的一种结构形式，也是音乐的一种创作手法，在我国很多的民歌中体现，具体如下面乐谱所示。

沂蒙山小调

1=G $\frac{3}{4}$ $\frac{2}{4}$

山东

2 5 32 | 3 53 21 | $\frac{2}{4}$ 2 - | $\frac{3}{4}$ 2 5 2 |

1. 人 人（那个） 都 说 （哎咳 哎） 沂 蒙 山
2. 青 山（那个） 绿 水 （哎咳 哎） 实 在
3. 高 粱（那个） 红 来 （哎咳 哎） 豆 花
4. 咱 们的毛 主 席 （哎咳 哎） 领 导 得

3. 5 32 16 | $\frac{2}{4}$ 1 - | $\frac{3}{4}$ 1 3 23 | 5 27 65 |

好， 沂 蒙（那 个） 山 上（哎咳
好， 风 吹（那 个） 草 低（哎咳
香， 万 担（那 个） 谷 子（哎咳
好， 沂 蒙 山的 人 民（哎咳

$\frac{2}{4}$ 6 - | $\frac{3}{4}$ 1. 2 76 | 53 5 - | $\frac{2}{4}$ 5 - ‖

哎） 好 风 光。
哎） 见 牛 羊。
哎） 堆 满 仓。
哎） 喜 洋 洋。

沂蒙山小调

外国经典器乐作品

美学实践与思考

1. 选择自己最喜欢的一首歌，唱一唱。

2. 请选择一种乐器，查资料了解它的形成与发展，并推荐一首你认为最能表现该乐器特色的代表性曲目。

3. 请分析《我的祖国》的创作背景，并将其编排合唱。

第八章　舞蹈之美

导读

舞蹈是一种空间性、时间性、综合性的动态造型艺术。作为一种社会审美形态，舞蹈以人体本身作为物质载体，将肢体动作典型化（提炼）、节奏化（组织）、造型化（美化）。舞蹈借易于感知的生动舞蹈形象，表现语言文字或其他艺术表现手段所难以表现的细腻情感、深刻思想、鲜明性格以至内在深层的精神世界。

舞蹈艺术形象在一定的空间和时间内，可以是连续的舞蹈动作过程、凝练的姿态表情，也可以是不断流动的站位变化，它需要结合音乐、舞台美术（服装、布景、灯光、道具）等艺术手段来整体呈现。

舞蹈艺术审美的社会功能集审美的愉悦性和审美的功能性于一体，是人们进行社会交往、开展文化娱乐、促进身心健康，且具有广泛群众基础的一种艺术形式。在本章的学习中，我们将带领大家走进舞蹈艺术的世界，体会舞蹈艺术的魅力所在，体验舞蹈艺术的律动美与形体美。通过拓展、开放、综合的教学引导，我们将为学习者开启舞蹈艺术之门，帮助舞蹈爱好者品味舞蹈的独特魅力。

舞蹈诗剧《只此青绿》剧照

学习目标

知识目标

1. 掌握舞蹈美的含义与起源。

2. 掌握舞蹈的类型、特征与形式。

3. 了解舞蹈审美方法。

能力目标

1. 具有分辨不同舞蹈种类的能力。

2. 具有鉴赏舞蹈作品、分析舞蹈艺术的能力。

素质目标

1. 掌握舞蹈美的赏析方法。

2. 提高鉴赏舞蹈美的能力。

思政目标

1. 通过鉴赏舞蹈作品，培养学生的创新精神和艺术素养。

2. 发掘我国古典舞、民族舞的特色和文化内涵，树立文化自信，增强对中华民族的认同感和自豪感。

美学欣赏

舞种各异，流光溢彩

中国古典舞创立于20世纪50年代，曾一度被称作“戏曲舞蹈”。它本身就是介于戏曲与舞蹈之间的混合物，也就是说还未完全从戏曲中蜕变出来。流传下来的舞蹈动作，大多保存在戏曲舞蹈中；一些舞蹈姿态和造型，保存在中国的石窟壁画、雕塑、画像石、画像砖、陶俑上以及各种出土文物上的绘画、纹饰舞蹈形象的造型中。另外，中国文史资料中也有大量的对过去舞蹈形象的具体描述。

中国古典舞的艺术灵魂在于“身韵”。“身韵”即“身法”与“韵律”的总称。“身法”属于外部的技法范畴，“韵律”则属于艺术的内涵神采。只有它们二者的有机结合和渗透，才能真正体现出中国古典舞的风貌及审美的精髓。换句话说“身韵”即“形神兼备、身心并用、内外统一”，这是中国古典舞不可缺少的标志。

一个成熟的舞蹈演员在舞台上展现的动作之所以具有审美价值和艺术魅力，是因为他体现了“形、神、劲、律”的高度融合，这正是中国古典舞身韵的重要表现手段。“形、神、劲、律”作为身韵的基本动作要素，高度概括了身韵的全部内涵。形，即外在动作，包含姿态及其动作连接的运动线路。神，即神韵、心意，是起主导支配作用的部分。劲，就是力，包含着轻重、缓急、强弱、长短、刚柔等关系的艺术处理。律，也就是动作本身的运动规律。这四大动作要素的关系，经过劲与律达到形神兼备、内外统一。其规律

是“心与意合、意与气合、气与力合、力与形合”。这都是对舞蹈精辟的概括与提炼，而这些文字又与元素性动作高度统一、协调，构成了具有中国特色的舞蹈美学理论。

《桃夭》是一支充满少女般青春气息的汉唐古典舞，出自《诗经·周南·桃夭》，舞者妙曼的身姿塑造了如同小桃树一般的少女形象。少女们轻盈跳跃着、嬉戏着，如同桃之精灵一般。她们艳若桃李的面容让人仿佛置身于四月盛开的桃林之中，那清脆的笑声伴着桃花的香味扑面而来，她们那充满着生机活力的舞姿如同枝头的桃花在绽放。

中国古典舞《桃夭》剧照

中国民间舞蹈是中国舞的一个分支，泛指产生并流传于民间、受民俗文化制约、即兴表演但风格相对稳定、以自娱为主要功能的舞蹈形式。它是中华民族艺术宝库中的璀璨明珠，不仅历史悠久、题材广泛、内容丰富、形式多样，而且数量众多。现代中国民间舞蹈创立于20世纪50年代初，新中国成立后，我国建立了舞蹈教育体系、专业团队，舞蹈艺术家们有效考察、收集、整理了散见于民间的各民族舞蹈，并进行加工再创作，最终将其展现于舞台。

民间舞蹈的动作千姿百态，其表现的内容有古代原始社会的狩猎生活、战争经历、图腾信仰，也有现代生活中各种传统节日里人们表达欢喜之情的娱乐活动，有的还渗透了各种民俗、祭祀、礼仪活动。

由著名编导张继刚创作的《黄土黄》，以黄河文化为底蕴，以时代精神为参照，具有浓郁的汉族特色和独特的表演风格，把晋南花鼓艺术发挥到了极致。舞者们以饱满的激情、磅礴的气势让观者感受到了黄土高原人民顽强的生命力和无限的生命激情。舞蹈中那俯身跪地的汉子，双手捧起黄土向天抛洒的动作，饱含着黄土地人民对命运求索的坚韧、对美好生活的向往、对民族精神的赞颂。

民间舞《黄土黄》剧照

当代舞又称新创舞，是区别于古典、民间、芭蕾、现代等各类舞蹈风格的一种新风格舞蹈，是为了表达当代社会生活和塑造当代人物的形象，根据现实生活进行的一种舞蹈创造，是有选择地吸收、结合了古典舞、民间舞和现代舞的表演方法，从而形成的一种全新风格的舞蹈。

中国当代舞指的是20世纪50年代后的舞蹈创作和表演。它在作品选择上鲜明地指向了中国人当代生活的情感状态，追求鲜明的艺术形象和丰富的民族审美情趣，反映中国当代火热的社会生活，展现出时代性的精神风貌。

当代舞打破了舞种间的壁垒，对于中国戏曲舞蹈、芭蕾舞、西方现代舞中的舞蹈元素，它采取了兼收并蓄的方式，广泛吸收而又不拘一格地运用中国传统舞蹈素材和外来艺术素材进行创作和表演。

群舞《红船》以嘉兴南湖的红船为故事背景，舞蹈动作设计独具匠心，既体现了中国传统舞蹈的美学特点，又富有现代气息。年轻的演员们用丰富的肢体语言和深邃的情感，将舞蹈中的情境刻画得淋漓尽致。《红船》既有古典舞的优美，又有现代舞的激情。

编导巧妙地将红色元素融入舞蹈动作和舞美设计中，将红色的革命历史与舞蹈艺术完美结合。红色象征着革命的热情和信仰的力量，贯穿在整个舞蹈作品之中。舞者们用富有张力的动作语言表达了对理想信念的坚持和对未来的憧憬，充分展现了当代人民群众传承红船精神、勇立潮头、奋发有为的精神面貌和信仰力量。

当代舞《红船》剧照

第一节　舞蹈美概述

舞蹈和音乐相同，都是一种表情艺术，它运用舞蹈语言、节奏、表情和构图等多种基本要素，塑造出具有直观性和动态性的舞蹈形象，借以反映社会生活，表达人们的思想感情。作为一门动律艺术和表情艺术，舞蹈不仅包含了音乐、诗歌、戏剧的因素，还包含了造型艺术的因素，舞蹈表演者的身躯就是“活的雕塑”和“正在动作的绘画”。舞蹈以经过提炼、组织和美化了的人体动作为主要表现手段，通过演员的身躯、四肢和表情来表达艺术家的审美情感、审美理想，反映社会生活。观看者通过欣赏舞蹈作品所塑造的形象，体会舞蹈作品所蕴含的思想感情，接受潜移默化的教育，激发生活的热情。

一、舞蹈的含义

作为历史悠久的人类艺术形式，舞蹈享有“艺术之母”的美誉。在远古时代，舞蹈就与耕作、狩猎、战斗、宗教密切相关。舞蹈能够极为生动地表现其他艺术形式难以充分表现的强烈情感、鲜明个性与特殊心理，并在一定程度上去探索与体现人生的价值。

舞蹈属于人体造型艺术。但是，这不是一种随意化的普通人体活动，而是经过高度抽象、提炼的舞蹈化的人体动作。就广义的人体动作范畴而言，杂技、哑剧、人体雕塑、韵律操等都属于人体动作。舞蹈的独特之处在于，它是借助舞蹈动作这一主要艺术表现手段，深刻反映其他艺术表现手段所难以充分诠释的人与人之间、人与自然之间、人与社会之间的矛盾冲突，淋漓尽致地体现舞蹈编导的审美理想与舞蹈演员的审美情感。

舞蹈必须在一定的时空中存在，而且往往需要音乐的伴奏，还要配以特定的服装、特定的道具。如果属于舞台表演，还特别注重灯光和布景。由此可见，舞蹈是一种时空性与综合性极强的动态造型艺术。

从美学的角度来欣赏，舞蹈艺术就是一种生活的艺术，甚至升华为一种生命的艺术。在远古时期，舞蹈的重要性是可想而知的。婚丧嫁娶需要舞蹈，生育献祭需要舞蹈，播种丰收需要舞蹈，驱病除邪需要舞蹈，出征凯旋需要舞蹈，等等。舞蹈已经成为远古先民生活的重要组成部分，也是远古先民感知世界、探索世界的重要手段。

二、舞蹈的起源

无论是中国的神话传说，还是古希腊的神话传说，都认为舞蹈是天帝或掌管舞蹈的女神传授给人类的。在远古时期，先民还分不清神与才能超凡的人的本质区别。实际上，不同民族的神话传说中的各种各样的神都是人按照自己的形象，经过想象创造出来的。表面上是神创造了舞蹈，但归根结底是人创造了舞蹈。

舞蹈起源于劳动，往往与音乐、诗歌结合在一起，是人类历史上最早产生的艺术形式之一。作为一种社会意识形态，舞蹈总是鲜明地反映出人们的不同思想信仰、生活理想和审美需求，具有以情感人、以技惊人、以舞娱人、以艺育人、以美动人等社会功能。

《毛诗·序》深刻地阐释了舞蹈的特征："情动于中而形于言，言之不足故嗟叹之，嗟叹之不足故咏歌之，咏歌之不足，不知手之舞之，足之蹈之也。"这一见解极为精辟，强调舞蹈是人类感情最充沛、最集中时自然而然产生的。闻一多认为，舞蹈是生命情调最直接、最实质、最强烈、最尖锐、最单纯而又最充足的表现。当代舞蹈家吴晓邦认为，凡是借助人体的组织化、规律化的动作，集中反映某些人物与故事、某些思想与感情的，都可称为舞蹈。究其本质，舞之美实为人之美。舞蹈既然是一种艺术，自然就有艺术美。但舞蹈的特殊性在于，它所借助的事物不是声、色、字、词，而是人本身的肢体语言。从这个意义上说，舞蹈之美是一种典型的自然之美。当然，除了注重自然美，舞蹈更注重艺术美。这就必然需要衣饰与音乐来加以配合。不过，在这方面，中国舞蹈所使用的衣饰既不同于日常衣饰，也不同于西方的舞蹈衣饰。例如，在西方舞蹈中，小天使往往会在两腋下生出一对肉翅。按照中国舞蹈艺术来看，这显然极为生硬。例如敦煌石窟里的飞天，肩垂飘带，升腾在空中，自有一份独特的轻灵之美。真正的舞蹈，展现的不仅是形、色、物、体，而且还有神、情、韵、气。这是一种飘逸之美，也是一种朦胧之美，更是一种延绵之美。对观众来说，舞蹈不仅要用眼去观看、用耳去聆听，而且要用心去感悟。

要发现舞蹈的艺术之美，就需要一双发现美的眼睛。事实上，各种类型的舞蹈都有独特的美。芭蕾舞优雅高贵，神圣而不可侵犯；街舞自由随性，追求个性的解放；爵士舞恣肆张扬，有着蛊惑人心的妩媚；华尔兹雍容华贵，富于抒情浪漫的情调……无论哪种类型的舞蹈都有其忠实的拥护者，因为舞蹈的美是共通的，不会因为舞蹈种类的不同而改变。舞蹈艺术的美最直接地表现在其形体美上，用人的躯体去扮演各种生灵，演绎各种心情，诠释真实的生活。

如果说舞蹈的形体美和内容美是必备品的话，那么意境美就是奢侈品。所谓舞蹈意境，是指舞蹈作品必须注重情景交融，追求一种类似于“象外之象，景外之景”的艺术境界。意境美不仅是舞蹈演员的追求，更是对舞蹈编者的考验。意境的好坏直接影响着舞蹈作品的质量，它是一部舞蹈作品的灵魂。“舞有尽而意无穷”是众多舞者的最高追求。古语有云：“有意境，自成高格。”舞蹈作品也是如此。

意境能对舞蹈作品的优劣起决定性的作用，其原因在于它的严要求。一部作品的意境由诸多因素构成：舞者的造型、基本功底、服装，编者对道具、舞台布景、音乐的选择，以及舞蹈作品本身的内涵。想要创造好的意境，就必须下苦功夫。

时代在发展，历史的车轮正在滚滚向前，舞蹈也不例外。在众多循规蹈矩的舞蹈中，现代舞异军突起，大大颠覆了人们对舞蹈的认识。既不像芭蕾舞那样高贵优美，也不像街舞那样舒展自由，现代舞以一种近乎怪诞的方式演绎着当代人的现实诉求。作为一门艺术，舞蹈具有强大的生命力，舞蹈之美毋庸置疑。

三、舞蹈的基本类型

对舞蹈艺术进行分类是认识和欣赏舞蹈的基础。虽然舞蹈的分类只是人们对现存舞蹈实际现象所做的理性归纳，但这却是人类对自身所创艺术样式的认识日趋成熟的体现。所以说，舞蹈艺术不同类型、不同形式的出现，是舞蹈艺术自身发展的结果，也是观众对舞蹈艺术的审美经验不断累积的结果。依据不同的审美视角和归纳方法，舞蹈的分类大致有以下三种。

（一）依据舞蹈的社会作用分类

按社会作用来分类，舞蹈可以分为自娱性舞蹈和表演性舞蹈两大类，也可将此类描述为生活舞蹈和艺术舞蹈两大类。

自娱性舞蹈或者说生活舞蹈的主要特点是：不是为了表演，而主要是为了群众自身的娱乐，因此舞蹈动作一般较简单易学，参加人数和活动场地也较随便。西方前一时期较为流行的“霹雳舞”，最初也是一种自娱性舞蹈。

表演性舞蹈，顾名思义，就是专门为了观众欣赏而表演的舞蹈，一般亦可指舞台表演的舞蹈，因此也称艺术舞蹈。按照一定的主题思想、感情色彩等创作的舞蹈，以及经过规整、加工后上舞台表演的民族民间舞蹈，都属此例。

表演性舞蹈的主要特点是：专门为了表演，即为审美者（观众）而舞，因此舞蹈动作与自娱性舞蹈相比，一般更为美化，技巧性更强，并且能充分利用灯光、布景、服饰等各种舞台造型艺术。

（二）依据舞蹈的风格特点分类

根据舞蹈的风格特点可以将舞蹈艺术分为古典舞、民族民间舞、芭蕾舞、现代舞、当代舞以及亚（类）舞蹈的教育、体育舞蹈。

1. 古典舞

中国古典舞剧照

古典舞是在民族民间传统舞蹈的基础上，经过历代专业工作者的提炼、整理、加工创造，并经过较长时期的艺术实践的检验，流传下来并被认为是最具有典范意义和古典风格特点的舞蹈。一般来说，古典舞蹈多具有严谨的程式、规范性的动作和比较高超的技巧。世界上许多国家和民族都有各具独特风格的古典舞蹈。欧洲的古典舞蹈一般泛指芭蕾舞。

2. 民族民间舞

民族民间舞是由劳动人民在长期历史进程种集体创造、不断积累发展而成的，并在广大群众中广泛流传的一种舞蹈形式。民族民间舞蹈和人民的生活有着密切的联系，它直接反映劳动人民的生活和斗争，表现着他们的思想感情、理想和愿望。由于各民族、各地区人们的生活方式、历史文化心态、风俗习惯以及自然环境存在差异，因而形成了不同的民族风格和区域特色的民族民间舞。

蒙古族民间舞剧照

维吾尔族民间舞剧照

3. 芭蕾舞

芭蕾舞是指有一定动作规范、技巧和审美要求的欧洲传统舞蹈艺术。它是在欧洲各地民间舞蹈的基础上，经过几个世纪不断加工、丰富、发展而形成的。19 世纪以后，芭蕾舞技术上的一个重要特征是女演员要穿特制的足尖鞋，用脚趾尖端跳舞。

芭蕾舞剧照

4. 现代舞

现代舞是19世纪末20世纪初在欧美兴起的一种舞蹈流派，其主要特点是反对古典芭蕾舞的因循守旧、脱离现实生活和单纯追求技巧的形式主义倾向，主张摆脱古典芭蕾舞过于僵化的动作程式的束缚，以合乎自然运动法则的舞蹈，自由地抒发人的真实情感，强调舞蹈艺术要反映现代社会生活。其创始人被公认为美国舞蹈家伊莎多拉·邓肯。传统意义上的“美”，不是现代舞所追求的目标，从编排、语汇、气息到技术技巧，现代舞自诞生以来一直在探索发现肢体的无限可能性。

5. 当代舞

当代舞是中国“新舞蹈”的后续衍生品。早在1935年，吴晓邦先生将西方“现代舞”引进中国。“新舞蹈”逐步成为舞蹈人士对于西方“现代舞”在中国的“本土化”探索。它追求鲜明的艺术形象和丰富的民族审美情趣，反映中国当代火热的社会生活和时代性的精神风貌。

当代舞在艺术审美上，富有时代的当下及时性，表现传统和当下现实的关系性，符合大多数人的娱乐需求。它是时尚的、主流的、大众的，它积聚了中国在变革时代的文化性，在思想上和艺术样式上求“改良”而不求颠覆。它没有所谓的“独特的艺术性”，也不讲究是否“原创”，而是将优秀的拿来和加工，赋予新的样式。

6. 体育舞蹈

体育舞蹈总体分为两大类：第一类为国标舞（拉丁舞和摩登舞）。拉丁舞有五个小舞种风格，即恰恰、伦巴、桑巴、斗牛、牛仔；摩登舞也称交谊舞，包括华尔兹、维也纳华尔兹、狐步舞、快步舞、探戈。第二类为有氧操舞，它属于艺术体操范畴，如健美操、啦啦操等，具有一定的竞技性。

（三）依据舞蹈表现方法的不同划分

1. 抒情性舞蹈

抒情性舞蹈是一种直接表现舞蹈形象和抒发思想感情的舞蹈，通过在特定的生活情景中对人物思想感情的描绘，塑造出鲜明生动的舞蹈形象，以此来表达创作者对客观世界的感受和对生活的见解。例如，在群舞《春江花月夜》春、江、花、月、夜的特定环境中，它突出了当代人对诗歌、音乐和舞蹈的重新诠释。扇子是舞蹈的主要载体和表演手段：有时是山水，有时是潺潺的泉水，有时是山谷精怪，有时是缠绵，其中的水不断流动，它是生命之源，孕育万物，启迪人心。在舞蹈的高潮部分，随着琴声激荡的旋律，用扇子加强舞蹈动作的循环旋转。扇子的翻转、旋转，呈现出流畅的曲线，使舞蹈更加美丽动人。舞者手中的扇子就像滚滚的浪花，迅速地打开和关闭，形成层层波浪，与之形成鲜明对比的是一开始的沉静，给人一种强烈的视觉冲击力。

中国古典舞《春江花月夜》剧照

2. 叙事性舞蹈

叙事性舞蹈是通过一定的情节事件来塑造人物、表现作品主题思想的舞蹈。叙事性舞蹈所叙之事一般比较单纯、简短，人物关系也比较简明，因此舞蹈本身的构成也比较简明。叙事性舞蹈的动作具有鲜明的性格特征，偏重写实，往往能产生更强烈的社会反响，必要时可辅以哑剧动作和伴唱来使舞蹈情节明朗化。

3. 戏剧性舞蹈

戏剧性舞蹈是表现一定戏剧内容的舞蹈，是一种综合了舞蹈、戏剧、音乐、舞台美术的舞台表演艺术。戏剧性舞蹈一般分为若干幕，篇幅较长，有较完整的故事情节。

四、舞蹈的基本形式

根据舞蹈丰富的表现形式特点，又可以将舞蹈分为独舞、双人舞、三人舞、群舞、组舞以及和歌曲或戏剧相结合的其他形式。

（一）独舞

独舞多用来揭示人物的内心世界。它是由一个人表演完成一个主题的舞蹈，往往可以直接抒发人物的思想感情。

（二）双人舞

双人舞是由两个人共同表演完成一个主题的舞蹈，多用来直接抒发、交流人物的思想感情，并可以展现人物的关系。

（三）三人舞

三人舞是由三个人合作表演完成一个主题的舞蹈。它可以表现单一情绪，也可以描述一定的情节，还可以展现人物之间的戏剧冲突。

（四）群舞

群舞是指四人以上合作表演的舞蹈。群舞一般用来表现某种概括的情节或塑造群体的形象。群舞整体舞蹈的队形以及画面的更迭、变化具有很强的艺术感染力，它通过不同速度、不同力度、不同幅度的舞蹈动作、姿态、造型的变化，营造出深邃的意境。

（五）组舞

组舞是由若干段舞蹈组成的比较大型的舞蹈。每个舞蹈片断都有自己独立的思想，每个舞蹈片断之间又是相互联系的，它们都在一个共同的主题和完整的艺术构思之中。

（六）歌舞

同样作为一种艺术表演形式，歌舞是由歌唱和舞蹈相结合而形成的。其特点是载歌载舞，既可以用来抒情，又可以用于叙事，能表现出人物复杂、细腻的思想感情。

（七）歌舞剧

歌舞剧是一种以歌唱和舞蹈为主要艺术表现手段来展现戏剧性内容的综合性表演形式。

（八）舞剧

舞剧是以舞蹈为主要艺术表现手段，综合了音乐、服装、布景、灯光、道具等来表现特定的戏剧内容的舞蹈。

第二节　舞蹈的审美特征

舞蹈是以经过艺术加工的人体动作为主要表现手段，运用动作、姿态、节奏和表情等多种基本要素，塑造出具有直观性和动态性的舞蹈形象，以表达人们的思想感情的一种艺术形式。也可以说，舞蹈是以艺术化的人体动作，借助音乐或其他道具展示内容，表现人物情感，具有造型美、流动美、情感美的巨大欣赏价值。舞蹈以其生动优美的形象、传神灵动的姿态、精湛高超的动作技巧感染着每一位欣赏者。

一、舞蹈审美的一般特点

（一）动态性

舞蹈艺术最基本的特性就是动态性。所谓动态性，是指舞蹈借助人体动作，形象地反映客观世界与心灵世界，塑造出感动人心的舞蹈形象。舞蹈中的动作是一种抽象的节律动作，而不是任意动作的简单堆砌。舞蹈正是通过这些动态语言，创造出鲜明、生动

的舞蹈形象。由于这个原因，舞蹈艺术也被人们称为“动作的艺术”。

（二）律动性

律动是舞蹈的灵魂。从本质上说，外在的律动显然是内心世界的真实外化。律动赋予生命以原始的躁动，并以某种节奏秩序来体现某种情调。舞蹈的律动样式丰富、千变万化，能够最直观地展现舞蹈演员自身的气质、神韵。

（三）抒情性

正如音乐通过声音来抒情、文学通过文字来抒情、绘画通过线条与色彩来抒情一样，舞蹈是通过专业化的人体动作来表达人类的深层情感。实际上，原始人之所以习惯于采用舞蹈这种形式，就是为了便于抒发内心的激情，表现生命的活力。

（四）象征性

舞蹈艺术具有明显的象征性。例如，舞蹈中的骑马、划船、坐轿、刺绣、扬鞭等，都是虚拟的，均带有象征意味。尽管如此，观众却完全接受，而且不会产生误解。究其原因，就是充分运用了象征手法。例如，舞蹈演员做出一连串的大跳、旋转和翻滚动作，再配以舞台灯光、音乐、演员服饰等，观众就知道这表现的是硝烟弥漫的战场。

（五）造型性

舞蹈动作并不是对生活中自然形态的单纯模拟，而是依据舞蹈艺术的自身规律进行了高度的抽象、提炼、加工。所谓造型性，是指连续流畅的舞蹈动作给予观众特殊的审美感受，总是在片刻停顿或静止时才呈现出舞蹈的独特韵味。舞蹈造型性的主要特点是动中有静、静中有动，充分展现人体之美与人心之美。

二、中国舞蹈审美的基本特点

（一）中国舞蹈的思想渊源

在历史上，影响中国舞蹈发展的学术流派很多，儒学、道学、理学、佛学都在不同程度上给予中国舞蹈积极的影响。相对而言，道家的美学思想在中国舞蹈审美发展方面起着主导性的关键作用。

道家的美学理论崇尚“天人合一”，注重“养生之道”，尤其强调要妥善处理好人与自然之间的关系。由于儒家所崇尚的理想化的社会与普通百姓的现实生活相距甚远，道家的美学思想就成为当时戏曲的主流美学思想。事实上，中国古典舞的很多舞蹈元素就来自戏曲，突出“拧、倾、圆、曲”的审美特点。汉、唐时期的舞蹈艺术热烈奔放，在中国舞蹈艺术发展史上独放异彩。不过，受元、明、清时期思想禁锢的制约，戏曲舞蹈的审美风格偏于压抑与内敛。从这个意义上说，戏曲舞蹈还不能完全代表中国古典舞。

（二）中国舞蹈的民间传承

总体来看，中国舞蹈可大致分为祭祀舞蹈、宫廷舞蹈、民间舞蹈、戏曲舞蹈等。祭祀舞蹈极为程式化，随着祭祀活动的变化，已逐渐趋于消亡。至于宫廷舞蹈，也存在类似的情形。尽管历史上统治者极为重视宫廷舞蹈，而且宫廷舞蹈也确实达到了很高的艺术境界，但在传承上显然并不理想。相比之下，民间舞蹈与戏曲舞蹈却有着顽强的生命力，在缺乏足够的文字记载的情况下，依靠师徒之间的口传心授，逐渐发扬光大。

（三）中国舞蹈的表演形式

中国最早的舞蹈是在旷野中进行的。西周时期，舞蹈主要在广场上进行，尤其是祭祀舞蹈一直在广场上进行，只不过祭祀舞蹈拥有自己的特定广场罢了。等到女乐、宴乐出现之后，舞蹈的表演场所发生了明显的变化，从室外转为室内，从广场转为厅堂。一般情况下，舞蹈演员居中表演，观众则四面围坐。唐代的《坐部伎》与《立部伎》显示，舞蹈演员是在厅堂与广场上表演的。即便是赵飞燕与杨玉环的独舞，也由皇帝专门修建一个亭作为舞蹈场所。因此，中国自古就没有形成西方那样的舞台概念。至于民间舞蹈，表演场所更是很难固定。类似于“踏歌”的民间舞蹈，简直是随时随地可以表演。到了宋朝，民间艺人开始拥有固定的场所，被称为“瓦子”或“游棚”。直到元、明、清出现杂剧戏曲，才有了真正意义上的表演戏台。中国戏台与西方舞台有所不同。西方舞台一般是一个平面，左、右用于上下场。中国戏台是一个向前突出的矩形，舞台后墙的两扇门用于上下场。在中国戏台表演舞蹈有一个很大的难题：既要让正面观众满意，又要让侧面观众满意。换句话说，舞蹈演员的所有造型与动作都要让处于不同角度的观众都感觉到美。

（四）中国舞蹈的融合趋势

从西周到汉、唐、宋，中国舞蹈既有雅乐舞，也有俗乐舞。事实上，很多雅乐舞都由俗乐舞转化而来，如汉朝的《大风歌》、唐朝的《九部乐》《十部乐》就是典型的例子。汉朝的“女乐”往往被士大夫、官僚阶层所豢养。唐朝的舞蹈融合是文化多元化、交流与传承的重要标志，其影响延续至今。

中国舞蹈的发展也与民族文化的交融息息相关。汉代张骞通西域后，我国传入许多西域乐舞。汉灵帝酷好胡服、胡帐、胡床、胡饭、胡笛、胡舞，于是全社会就上行下效。究其原因，固然与皇帝的喜好有关，但也得益于西域与中原的频繁交往，由此引发了人们对西北、西南地区独特的乐舞文化的浓厚兴趣。到了唐朝，民族交流与文化融合更趋明显。以《泼寒胡戏》《胡旋舞》《九部乐》《十部乐》为例，除了《宴乐》《清商乐》之外，其余都是少数民族乐舞。毫无疑问，这些新鲜的舞蹈元素给予中国舞蹈增添了旺盛的生命活力。

第三节　舞蹈审美的方法

一、提高舞蹈审美能力的途径

（一）深入社会生活

舞蹈既然是反映社会生活的艺术，就必须将社会生活视为舞蹈创作的源泉。舞蹈既源于现实生活，又高于现实生活，因而是一种经过了高度提炼、艺术美化的人体动作艺术。要想提高舞蹈审美能力，必须深入社会生活，积累足够的生活阅历，这样才能逐渐形成敏锐的审美眼光与专业的审美心态。

（二）强化艺术修养

欣赏舞蹈需要相应的艺术修养，这是不言而喻的。这里所说的艺术修养，不仅包括一般意义上的文化知识的积累，而且包括对舞蹈基本理论的掌握。例如，芭蕾舞、现代舞、中国古典舞、民族民间舞的审美特征各不相同，产生的历史文化背景各具特色。

（三）感悟舞蹈之美

要想感悟舞蹈之美，就要提高自身的舞蹈欣赏能力。为此，可以首先选择观赏每个历史时期、每个民族、每个舞蹈流派的经典代表作。这样做，将有助于迅速把握不同历史时期、不同民族、不同舞蹈流派各自的特色，真实感受不同风格特点的舞蹈艺术，对欣赏者迅速入门是极有裨益的。例如古典舞具有“一切从反面做起”“逢冲必靠、欲左先右、逢开必合、欲前先后”的动作规律。

感悟舞蹈之美的要点

二、欣赏舞蹈的要点

（一）轻

舞者动作要轻柔、轻巧、轻盈，恰似一片羽毛、一缕薄纱、一叶扁舟或一只燕子。

（二）稳

舞蹈必须稳如泰山，这也是体现舞蹈演员基本功的重要方面。无论是技巧性动作，还是动作之间的衔接，都要给予欣赏者充分的稳定感。

（三）准

舞蹈的动作必须正确、准确以至精确。要有足够的分寸感，多一点不行，少一点也不行。

（四）洁

舞蹈动作必须干干净净，不能拖泥带水。只有切实做到这一点，才能让欣赏者豁然开朗，愉悦舒畅。

（五）敏

与常人相比，舞蹈演员动作的灵敏度要高得多。显而易见，这是舞蹈演员的基本功。如果动作不敏捷，就会显得动作不利索。真正的舞蹈要像燕子穿帘一样，轻巧敏捷。例如，男子群舞《走·跑·跳》是为数不多的反映官兵训练生活的舞蹈作品。该作品取材于部队军事训练，以训练中稳健有力的“走”、迅捷如风的“跑”、腾挪如豹的“跳”，展现了中国军人在烈日下刻苦训练的场景。作品通过新颖的舞蹈动作与高超的舞蹈技巧，塑造了新一代军人的崭新形象，将其顽强拼搏的精神表现得淋漓尽致。

男子群舞《走·跑·跳》剧照

（六）柔

舞蹈要柔中有刚，刚中带柔，刚柔相济。即使是柔美的动作，也不能展现得懒散与无力。

（七）健

舞蹈是刚柔并济的，绝非一味的柔美。人物的形态、神态都要有相应的支柱，该刚的时候要让观众看到刚的一面。

（八）韵

注重韵律，讲究韵味，追求音乐性、音乐感。如根据唐代诗人李颀的《采莲》所创

作的群舞《莲鼓越歌行》，是在“诗画浙江”的大背景下创作产生的，该作品着重于莲的拟人化与女子形象的相互映衬，展现了采莲女的俏丽、质朴与美好，丰富了江南水乡文化的古典舞之美。舞蹈结合了鼓声、铃铛声与婉转歌声，增强了作品的听觉效果，使作品在视听上呈现出柔和的古典之美。

群舞《莲鼓越歌行》剧照

（九）情

舞蹈艺术是感情表达的艺术，情是舞蹈当之无愧的核心。正是得益于形神兼备、情景交融的艺术表演，舞蹈才能呈现出令人震撼的审美效果。如经典的芭蕾舞剧《天鹅湖》取材于德国中世纪的民间童话，是一部具有浪漫色彩的抒情诗篇。世界各地的芭蕾舞团都有不同版本的《天鹅湖》上演，最早的芭蕾舞剧《天鹅湖》是由俄罗斯著名作曲家柴可夫斯基创作的，舞剧共四幕，每一幕都出色地完成了对场景的抒写和对戏剧矛盾的推动，以及对各个角色性格和内心的刻画，具有深刻的情景性。

《天鹅湖》四人舞剧照

美学实践与思考

1. 举办一场“舞蹈故事会”，讲述你喜欢的舞蹈家或舞蹈作品。
2. 欣赏一场舞会或演出汇报，讲述你喜欢的舞蹈作品。

第九章　戏曲之美

导读

戏曲是我国传统艺术之一，剧种繁多有趣，其表演形式包括载歌载舞、有说有唱、有文有武，集“唱、念、做、打”于一体，具有极强的艺术感染力，在世界戏剧史上独树一帜，与古希腊悲喜剧、印度梵剧并称“世界三大古剧”。中国戏曲不仅声腔剧种百花齐放，戏剧文学样式品类繁多，剧目也极其丰富。中国戏曲源于原始歌舞，经过汉、唐到宋、元才形成比较完整的戏曲艺术，它集文学、音乐、舞蹈、美术、武术、杂技及表演艺术于一身，能够声情并茂地表现人物特性，反映社会生活，让观念在欣赏戏曲时寓乐于教。

中国戏曲的起源、形成、发展、成熟经历了漫长的过程。从原始社会以祭祀神灵为主的巫舞，到春秋战国时代的俳优、优舞，到汉魏时期的角抵、百戏，再到隋唐时代的参军戏，最终在宋元之际确定了中国戏曲最初的完整形式。戏曲在成熟与繁荣的过程中，主要出现了汉代的百戏、唐代的参军戏、宋代的南戏、金代的院本、元代的杂剧、明清时期的传奇等几种戏曲形式。

学习目标

知识目标

1. 了解戏曲的起源、种类与发展历史。
2. 了解戏曲艺术的特点。
3. 认识戏曲审美的特点。

能力目标

掌握戏曲的审美方法，学会如何欣赏戏曲艺术。

素质目标

感受中国戏曲之美，提升对戏曲艺术的审美修养。

思政目标

欣赏优秀戏曲艺术，弘扬戏曲文化，增强文化自信。

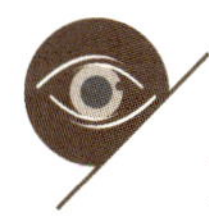

美学欣赏

戏曲剧本赏析

《牡丹亭》是中国戏剧史上浪漫主义的杰作，讲述了杜丽娘和柳梦梅生死离合的爱情故事。天生丽质的杜丽娘正值豆蔻年华，情窦初开，却为封建礼教所束缚，极为向往自由和爱情。其父杜宝请来老先生陈最良为杜丽娘授业，一首《关雎》触动了她心底的情丝。后杜丽娘于后花园踏春，归来后便在梦中见一书生，两人情义相浓，缱绻缠绵，醒来方知是南柯一梦。杜丽娘渐渐相思成疾，药石不医，香消玉殒。杜宝此时升任淮扬安抚使，临行前将女儿葬于花园梅树之下，并建成梅花庵观，请道姑看守。杜丽娘死后，她的游魂来到地府，判官问明她至死情由，查明婚姻簿上有她和新科状元柳梦梅结亲之事，便准许放她回返人间。此时，书生柳梦梅赴京应试，途中感染风寒，卧病住进梅花庵中。病愈后，他在庵里与杜丽娘的游魂相遇，二人恩爱，如胶似漆。不久，此事为道姑察觉，柳梦梅与她道破私情，和她秘议请人掘开杜丽娘的坟墓。杜丽娘于是得以重见天日，且复生如初。柳、杜二人随即做了真夫妻，一起来到京都。柳梦梅参加了进士考试，考完后来到淮扬，找到杜府时被杜巡抚盘问审讯。柳梦梅自称是杜家女婿，杜巡抚怒不可遏，认为这儒生简直在说梦话，他女儿三年前已死，如何复生？且又听说女儿杜丽娘的墓被这儒生挖掘，因而判他斩刑。正审讯之时，朝廷派人陪着柳梦梅的家属找到杜府，报知柳梦梅中了状元，柳梦梅这才得以脱身。但杜巡抚仍然不信女儿会复活，并且怀疑这状元郎也是妖精，于是写了奏本请皇上公断。皇上传杜丽娘来到公堂，在“照妖镜”前验明真身，于是下旨令父女、夫妻相认，最终柳、杜二人成亲。一段生而复死、死而复生的姻缘故事就这样以大团圆结局。

《牡丹亭》

《牡丹亭》作者汤显祖

第一节 戏曲美概述

一、戏曲概述

我国历史上最早使用“戏曲”这个名词的是南宋刘埙。他在《词人吴用章传》中提出“永嘉戏曲”。他所说的“永嘉戏曲”，就是后人所说的“南戏”“戏文”“永嘉杂剧”。从近代王国维开始，“戏曲”被用来作为中国传统戏剧文化的通称。

戏曲是中国传统艺术之一，剧种繁多，表演形式多样，有说有唱，有文有武，集“唱、念、做、打”于一体，在世界戏剧史上独树一帜。以集古典戏曲艺术大成的京剧为例，其主要特点包括：一是男扮女；二是划分生、旦、净、丑四大行当；三是有化装艺术——脸谱；四是“行头”（戏曲服装和道具）有基本固定的式样和规格；五是利用“程式”进行表演。中国民族戏曲涵盖了先秦的“俳优”、汉代的“百戏”、唐代的“参军戏”、宋代的杂剧、南宋的南戏、元代的杂剧、清代的地方戏曲和京剧。

中国戏曲主要是由民间歌舞、说唱、滑稽戏三种不同的艺术形式综合而成的。它起源于原始歌舞，是一种历史悠久的综合舞台艺术样式。一直到宋金时代，中国才形成比较完整的戏曲艺术。这一艺术由文学、音乐、舞蹈、美术、武术、杂技及表演艺术综合而成。中国的戏曲与希腊的悲剧和喜剧、印度的梵剧并称世界三大古老的戏剧文化。

二、戏曲种类

中国戏曲种类繁多，据不完全统计，各民族地区戏曲剧种有 360 多种。中国五大戏曲剧种一般表述为京剧、越剧、黄梅戏、评剧、豫剧。下面以京剧和越剧为例，介绍各自的艺术特色与表演方式等内容。

（一）国粹、国剧——京剧

京剧是我国影响最大的戏曲剧种，又叫皮黄、平剧、京戏等，源于清代乾隆年间的徽调和汉调，形成于清道光年间（1840 年前后）。徽调和汉调吸收了昆曲、梆子诸腔之长，因为在京兴起，具有北京语音特点，故名京剧。内容方面，京剧有的剧目是歌颂民族英雄和民族气节的，如《苏武牧羊》《文天祥》；有的剧目是表现反封建压迫和礼教的，如《打渔杀家》《野猪林》《闹天宫》《白蛇传》；有的剧目是歌颂抑恶扶善的，如《铡美案》《四进士》；有的是歌颂忠贞爱情的，如《孔雀东南飞》；有的剧目是反映历史上的重大事件和英雄人物的，如《完璧归赵》《鸿门宴》《霸王别姬》《空城计》等。中华人民共和国成立后，整理改编的剧目有《将相和》《海瑞罢官》《十五贯》《穆桂英挂帅》等。

在唱调方面，京剧以七字句或十字句为基本句式唱词，以西皮、二黄等板腔体为主要腔调；在乐器方面，京剧场面用京胡、二胡、月琴、月笛、唢呐等管弦乐和鼓、锣、铙等打击乐器伴奏；在角色方面，京剧角色根据男女老少、俊丑、正义与邪恶、文戏与武戏分为“生”“旦”“净”“丑”四大行当；在表演手段方面，京剧“唱、念、做、打、翻”五功并重，表情与身段兼顾，运用程式化的表演方法对生活进行高度概括。

京剧与其他传统戏曲剧种相比，历史较短，从乾隆五十五年（1790 年）进京演出至今才 200 余年。然而，它却是我国 300 多个剧种中艺术风格与表演体系最为完整、最为成熟且影响最大的剧种，故有“国剧”之称。

梅兰芳《贵妃醉酒》剧照

周信芳《明末遗恨》剧照

（二）戏曲宝藏——越剧

越剧曾被称为“的笃班”“绍兴文戏”，1906年起源于原属浙江绍兴府的嵊县（今嵊州市），由“落地唱书”等田间乡俚的说唱艺术演变而来，经过一百多年的丰富与发展，现已成为全国第二大剧种。越剧在发展中集昆曲、话剧、绍剧等剧种之大成，经历了由男子越剧为主到女子越剧为主的历史性演变。越剧流派众多，在曲调的组织上，各派都有与众不同的手法和技巧，通过旋律、节奏及板眼的变化，形成各自的基本风格；在演唱方法上，大多通过唱字、唱声、唱情等展示人物的独特个性，通过发声、音色及润腔装饰的变化形成不同的韵味美。

越剧的角色行当主要有小旦、小生、老生、小丑、老旦、大面六大类。其中，小旦又分为悲旦、花旦、闺门旦、花衫、正旦、武旦六种，小生又分为书生、穷生、官生、武生四种，老生又分为正生、老外两种，小丑又分为长衫丑、官丑、短衫丑、女丑四种。

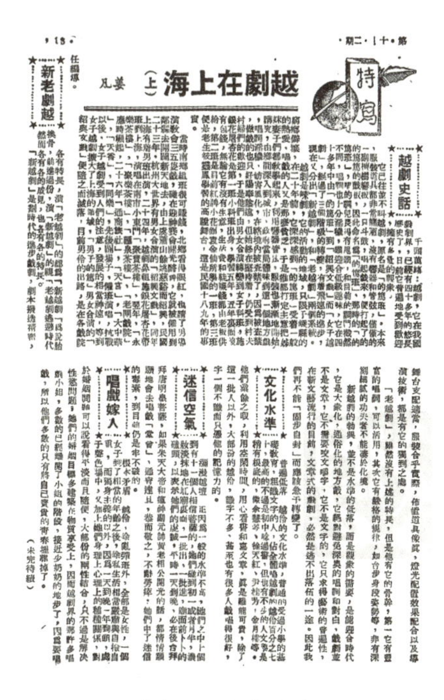

第二十一期

·13·

特寫

越劇在上海（上）

姜凡

越劇史話

新老劇越

文化水準

迷信空氣

唱戲嫁人

《宁绍兴报》连载
介绍了越剧在上海的发展（1947年）

越剧的舞台采用带有中国画特色的立体布景、五彩灯光、音响和油彩妆，服装样式结合剧情进行设计，在继承传统的基础上借鉴古代仕女画，款式清新自然，色彩、质料柔和淡雅，对传统戏曲服装的发展起到了良好的促进作用。

越剧长于抒情，以唱为主，唱腔优美动听、唯美典雅，极具江南灵秀之气。越剧的题材大多是“才子佳人”，以爱情剧目最为擅长，并以诗情画意的形式表现出丰富的人性之美，吸引了一批又一批年轻观众。《梁山伯与祝英台》就是越剧最有代表性的经典剧目之一。越剧还有不少为人熟知的优秀剧目，如《红楼梦》《西厢记》《柳毅传书》《碧玉簪》《打金枝》《孟丽君》《孔雀东南飞》等。

越剧电影《梁山伯与祝英台》剧照（1953年）

上海越剧院《红楼梦》剧照，王文娟饰林黛玉（左），徐玉兰饰贾宝玉（1958年）

三、中国戏曲的发展历程

（一）萌芽期

在原始社会，氏族聚居的村落产生了原始歌舞。随着氏族的壮大，歌舞也逐渐发展与提高。现在在许多古老的村庄，还保持着源远流长的传统歌舞，如“傩戏”。同时，一些新的歌舞如“社火”“秧歌”等是为了适应人民的精神需求而诞生。正是这些歌舞演出，造就了一批又一批技艺娴熟的民间艺人，他们朝着戏曲的方向一点点迈进。《诗经》里的“颂”，《楚辞》里的“九歌”，就是祭神时歌舞的唱词。从春秋战国到汉代，歌舞逐渐从娱神的歌舞演变成娱人的歌舞。

从汉魏到中唐，又先后出现以竞技为主的“角抵”（“百戏”）、以问答方式表演的“参军戏”和扮演生活小故事的“踏摇娘”等，这些都是萌芽状态的戏剧。

汉代的百戏可以看作中国戏曲的萌芽。实际上，在春秋战国时代，百戏已相当盛行，包括杂技魔术、武术、幻术及某些民间歌舞、杂戏等。汉代张衡的《西京赋》中有对百戏演出场面的描写，如当时流行的《湘妃怨》的情景：“女娥坐而长歌，声清畅而委婉……度曲未终，云起雪飞。初若飘飘，后遂霏霏。”说明当时的戏曲表演已经相当精湛。元代马端临在《文献通考》中也记录了汉代以来的百戏及其发展过程。另外，我国古代还

通过陶俑塑造了汉代百戏的演出场面，如长沙马王堆汉墓出土的“彩绘木乐俑”就展现了汉代五个百戏演员两人吹竽、三人鼓瑟的场面。

唐代中叶产生了参军戏。参军戏是各种技艺（滑稽戏、傀儡、皮影、歌舞、杂技、武术等）的泛称，与百戏意义相近，有些可作为单独节目演出，但只是以第三者的身份通过说、唱、表演来叙述故事。当时常在宫廷梨园中演出参军戏，富豪巨商也广设歌台戏院，令伎人演出参军戏。但总体来看，唐代的参军戏还不是人们所说的戏曲，因为这种参军戏有歌舞、说唱、武术，都是以第三者口吻来咏唱和叙述故事的。参军戏没有戏曲中的角色，它也是戏曲的萌芽。

（二）形成期

中唐以后，中国戏剧飞跃发展，戏剧艺术逐渐形成。唐代文学艺术的繁荣是经济高度发展的结果，也促进了戏曲艺术的自立门户，并给予戏曲艺术丰富的养料。诗歌的声律和叙事诗的成熟对戏曲产生了决定性影响。唐代的音乐、舞蹈为戏曲提供了表演、唱腔的基础。教坊的专业性研究、正规化训练，提高了艺人们的艺术水平，使歌舞戏剧化的进程加快，产生了一批用歌舞演故事的戏曲剧目。

（三）发展期

宋代的“杂剧”、金代的“院本”和讲唱形式的“诸宫调”，从乐曲、结构到内容，都为元代杂剧打下了坚实的基础。

宋代的南戏是元杂剧的前身，成就较高。南戏是指流行于我国南方的一种戏曲艺术，为区别北方的杂剧而得名，因起源于浙江温州，又称温州杂剧或永嘉杂剧。南戏形成的年代大约是在宋宣和年间。南戏在温州地方民间歌舞的基础上吸收了宋杂剧和其他民间伎艺的一些元素，融歌舞、念白和插科打诨于一体，所用音乐是南曲，虽然具备了戏曲的主要要素，但是也无角色。宋代南戏传世很少，仅有《永乐大典》最后一卷中所列的三种戏文。宋代南戏中戏曲的形式已初具规模。

金院本是金代的一种戏曲，剧中有各种不同的角色，通过大曲演唱。剧中模仿表演各种社会职业的人物，如和尚、秀才、农夫等，反映的生活比以往更广阔，表演技艺也更成熟。后来的元杂剧就脱胎于金院本。

（四）成熟期

到了元代，“杂剧”在原有的基础上大大发展，成为一种新型戏剧。它具备戏剧的基本特点，标志着中国戏剧进入成熟阶段。12 世纪中期到 13 世纪，我国出现了职业艺术和商业性的演出团体及反映市民生活和思想的元杂剧和金院本，如关汉卿的《窦娥冤》、马致远的《汉宫秋》等。这个时期是戏曲舞台的繁荣时期。元杂剧是一种成熟的戏剧形态，因其富于时代特色、具有艺术独创性，被视为当时文学的主流。元杂剧最初以大都（今北京）为中心，后流行于北方。元灭南宋后，元杂剧发展成为全国性的剧种。元代剧坛群星璀璨，名作如云，如关汉卿的《窦娥冤》《望江亭》《救风尘》，王实甫的《西

厢记》，马致远的《汉宫秋》，白朴的《墙头马上》，郑光祖的《倩女离魂》等。元杂剧的歌唱艺术也有很高成就，不少知名演员都是出色的歌唱家，如名重一时的珠帘秀、梁园秀、陈婆惜等。剧作家关汉卿可与同时代的英国戏剧家莎士比亚相媲美。

元杂剧的剧本情节绝大多数由“四折一楔”构成。四折是四个情节的段落，就像做文章讲究起承传合一样；楔子篇幅短小，通常放在第一折之前，有点类似于后来的“序幕”。元杂剧以歌唱为主，结合说白表演。剧中主场的男主角称“正末”，女主角称“正旦”。杂剧的剧目可分为“末本”和“旦本”两种。每一折由同一宫调的若干支曲子联成一个套曲，全套只押一个韵，由扮演男主角的正末或扮演女主角的正旦演唱。这种“一人主唱”可以极大地发挥歌唱艺术的特长，酣畅淋漓地塑造主要人物形象。如《窦娥冤》开头的楔子：“‘花有重开日，人无再少年。不需长富贵，安乐是神仙。’老身蔡婆婆是也，楚州人氏，嫡亲三口儿家属。”这种戏，全剧只由主角一人歌唱，其他角色只是说白，念白部分受“参军戏”的影响，常常插科打诨，富于幽默趣味。音乐结构与戏剧结构相统一，体制上规整，充分体现了元杂剧的艺术的成熟性，可见，元杂剧是一种由说唱故事转化为扮演故事的戏曲形式。

（五）繁荣期

明代时，传奇发展起来了。明传奇的前身是宋元南戏，南戏是南曲戏文的简称，它是以温州为发祥地，在宋代杂剧的基础上，与南方地区曲调结合而发展起来的一种新兴的戏剧形式。南戏在体制上与北杂剧不同，不受四折的限制，经过文人的加工和提高，这种本来不够严整的短小戏曲变成相当完整的长篇剧作。例如，高明的《琵琶记》就是一部由南戏向传奇过渡的作品。这部作品的题材来源于民间传说，比较完整地表现了一个故事，并且有一定的戏剧性，被誉为“南戏中兴之祖”。明代中叶，传奇作家和剧本大量涌现，其中成就最大的是汤显祖，《牡丹亭》是他的代表作。作品通过杜丽娘和柳梦梅死生离合的故事，歌颂了反对封建礼教，追求幸福爱情和个性解放的反抗精神。作者给予爱情起死回生的力量，主人公战胜了封建礼教，取得了最后胜利。这在封建礼教统治的社会具有深远的意义。这个剧作问世以来，一直受到读者和观众的喜爱。直到今天，“闺塾”“惊梦”等片段还活跃在戏曲舞台上。

明末清初的作品多是写人民群众心中的英雄，如穆桂英、陶三春、赵匡胤等。这时的地方戏主要有北方梆子和南方皮黄。京剧是在清代地方戏高度繁荣的基础上产生的。同治、光绪年间，出现了名列“同光十三绝”的第一代京剧表演艺术家及不同流派的宗师，标志着京剧艺术的成熟与兴盛。不久，京剧向全国发展。特别是在上海、天津，京剧成为具有广泛影响的剧种，将中国的戏曲艺术推到了一个新的高度。

（六）革新期

辛亥革命前后，一批有造诣的戏曲艺术家从事戏曲艺术改良活动，著名的有汪笑侬、潘月樵、夏月珊等，他们为以后的戏曲改良积累了宝贵的经验。从 1919 年“五四”运动到中华人民共和国成立，一些有志之士对戏曲进行改革。梅兰芳在“五四”前夕演出了《邓粗姑》《一缕麻》等宣传民主思想的时装新戏，周信芳、程砚秋等也演出了不少作品。

袁雪芬则高举越剧改革之大旗，主演鲁迅名著《祥林嫂》，在中国戏曲中率先形成融合编、导、舞、音、美为一体的综合艺术机制。

（七）新时期

中华人民共和国成立后，涌现出了一批优秀剧目，如京剧《将相和》《白蛇传》，评剧《秦香莲》，越剧《梁山伯与祝英台》，昆曲《十五贯》等，著名历史学家吴晗创作了京剧《海瑞罢官》。后来又陆续涌现出了一系列优秀剧目，如京剧《白毛女》《红灯记》《奇袭白虎团》，越剧《西厢记》，评剧《刘巧儿》，沪剧《芦荡火种》，豫剧《朝阳沟》等。今天的戏曲艺术不断适应新时代、新观众的需要，保持和发扬民族传统的艺术特色。戏曲界提出的“现代化”与“戏曲化”的问题，已成为新的历史时期戏曲工作者需要积极探讨和实践的问题。

四、中国戏曲的艺术特色

（一）综合性

中国戏曲是一种高度综合的民族艺术。这种综合性不仅体现在戏曲融汇了各个艺术门类（诸如舞蹈、杂技等）方面，还体现在精湛的表演艺术上。各种不同的艺术因素与表演艺术紧密结合，通过演员的表演，实现戏曲的全部功能。其中，唱、念、做、打通过演员的表演得以展现，是戏曲综合性最集中、最突出的体现。唱，即唱腔技法，讲究字正腔圆；念，即念白，是朗诵技法，要求严格，所谓“千斤话白四两唱”；做，即做功，是身段和表情技法；打，即表演中的武打动作，是在中国传统武术基础上形成的舞蹈化武术技巧组合。这四种表演技法有时相互衔接，有时相互交叉，构成方式视剧情需要而定，但都统一为综合整体，体现出和谐之美，充满着音乐精神。中国戏曲是以唱、念、做、打的综合表演为中心的富有形式美的戏剧形式。

（二）程式性

程式是戏曲反映生活的表现形式，是指对生活动作的规范化、舞蹈化表演并被重复使用。程式直接或间接地来源于生活，是按照一定的规范对生活经过提炼、概括、美化而形成的。程式凝聚着古往今来艺术家们的心血，又是新一代演员进行艺术再创造的起点，通过这种形式戏曲表演艺术才得以代代相传。戏曲表演中的关门、推窗、上马、登舟、上楼等，皆有固定的程式。除了表演程式外，戏曲的剧本形式、角色当行、音乐唱腔、化妆服装等各个方面都有一定的程式。优秀的艺术家能够突破程式的某些局限，创造出具有个性化的规范艺术。从本质上讲，程式是一种美的典范。

（三）虚拟性

虚拟是戏曲反映生活的基本手法，是指通过演员的表演，用一种变形的方式来比拟

现实环境或对象，借以表现生活。首先，中国戏曲的虚拟性表现在对舞台时间和空间处理的灵活性方面，所谓“三五步行遍天下，六七人百万雄兵”“顷刻间千秋事业，方丈地万里江山”“眨眼间数年光阴，寸柱香千秋万代”。这就突破了西方歌剧的“三一律”与“第四堵墙”的局限。其次，中国戏剧的虚拟性表现在具体的舞台气氛调度和演员对某些生活动作的模拟方面，诸如刮风下雨、船行马步、穿针引线等，更集中、更鲜明地体现出戏曲的虚拟性。再次，戏曲脸谱也是一种虚拟方式。中国戏曲的虚拟性既是戏曲舞台简陋、舞美技术落后的局限性的产物，也是追求神似、以形写神的民族传统美学思想积淀的产物。这是一种美的创造，极大地解放了作家、舞台艺术家的创造力和观众的艺术想象力，从而使戏曲的审美价值获得极大的提高。

第二节　戏曲审美的特点

戏曲是中国的艺术瑰宝，在历史的长河中焕发着勃勃生机。在不同的历史时期，戏曲表演形式各异。但是，其蕴含的内在审美特征并没有从中国的传统文化中游离。中国戏曲的内在审美，从现实的角度来看，通常定位于表演程式化、歌舞技术化、舞台虚拟化。从中国传统文化的角度而言，民族特征孕育于戏曲审美中，使其存在于传统的戏曲艺术之中并经久不衰。从艺术的角度对中国戏曲的特征予以定位，主要是寻求其特殊的审美规律，以有别于其他艺术形式。

中国戏曲的艺术表现力很强，综合了文学、舞蹈、音乐、美术等艺术表现形式，将不同艺术表现风格融为一体，形成独特的戏曲艺术规律。美是中国戏曲的魅力所在，也是戏曲所追求的艺术原则。戏曲审美包括形式和内容两个层面。就形式而言，中国戏曲是以色彩、线条并结合声音和动作展示视觉美。观众在享受形式美的同时，感觉戏曲的内在意蕴，逐渐领会戏曲的内容。

一、感知中国戏曲的审美共性

（一）中国戏曲的外在审美特征

中国戏曲从艺术的角度被程式化了，但这并不意味着各种艺术元素被完全分割开来，而是从不同的层次予以阐述。戏曲的歌舞化表演手段体现在唱、念、打、做上，以音乐的旋律展示其节奏美和舞蹈的姿态美。在歌舞化的同时，中国戏曲还将对白、写实融入其中，演唱中融入对白，那种散文体的口语化更接近于日常生活。

戏曲的舞台是虚拟化的环境，舞台效果的程式规范来源于自由的创造。灯光通明的舞台上，演员仍然手持蜡烛，以表示夜晚的舞台情境。演员表演的过程也是自由创造的过程。根据新的戏曲审美要求，戏曲名家梅兰芳将一些舞台戏曲角色的传统演唱风格打破，进行了创新。例如，“抱着肚子傻唱”的青衣的表演形式被其融入花衫、闺门旦和刀马旦，

创造了独特的演唱风格。可供戏曲表演者自由创造的动作还包括大唱腔舞姿、长过门及行弦中的哑剧动作等，都可以根据戏曲的内容及审美需求进行创造。舞台调度以实现戏曲表达效果为核心目的，突出审美特征，动静结合，繁简得当，哪怕是疾驰与缓步的舞台调节，都可以将不同的审美效果呈现出来。

（二）中国戏曲的内在审美特征

中国戏曲来自民间，具有民俗性。作为戏曲演员，要做到“合乎曲文、恰到好处”，做到“和与美”的统一，即和美性。中国戏曲极具感情色彩，注重寓美于情，美的形式与情感的和谐，更突出“自我表现”。

中国戏曲长演不衰，总是在不同的时期焕发出顽强的生命力。其中一个重要原因就在于其具有较强的社会性，在大众中融合。根植于民间的戏曲艺术必然符合群众的审美需求，加之戏曲内容体现的是百姓生活的真情实感，使其更具地域化特点。虽然中国戏曲是一种艺术表现形式，但它与社会伦理相融，实现了善与美的和谐。悲剧的表演要做到“哀而不伤”，喜剧的表演要做到“乐而不淫”，将个体心理欲望与社会规范和谐，这就是戏曲的审美与和谐的统一。

二、认识中国戏曲的美学价值

中国的戏曲艺术结构具有稳定性，是中国稳定性社会结构的缩影。戏曲艺术是在对生活深刻理解基础上的艺术升华，蕴含了中国传统的艺术价值观。从戏曲美学的角度而言，戏曲的艺术规律、戏曲的创作背景、戏曲的欣赏角度都可以将审美心理揭示出来。要想探索戏曲表演的美学意义，就要在重视戏曲艺术表现形式的同时，更加重视对戏曲艺术本质问题的研究。从中国传统文化的心理结构角度分析戏曲表演，从哲学及伦理学的角度来分析戏曲内容，更有助于体验中国戏曲艺术的美学意义。

中国经历了几千年的农耕文明，建立起独特的道德秩序和礼仪规范，并植根于人们的意识形态中。“礼乐”被赋予教化的含义。礼乐将社会政治关系通过礼仪的形式渗入人的感性认知，使人的行为被自觉地归纳到社会秩序中，成为道德规范。戏曲艺术的意义正在于此。从其程式化的演出形式及行当归类、脸谱划分上来看，戏曲的唱腔和曲牌板式所表现的程式化的审美倾向，也是社会伦理秩序的具体体现。

中国人对诗性思维情有独钟，因此就有对“情即是景，景即是情，情景交融”的独特理解。诗歌是中国文化中特有的产物，《诗经》是中国诗歌的开端。随着诗歌文化的发展、社会意义的改变，戏曲由此派生出来，在一定意义上表达了“一切景语皆情语”的思维内涵。诗歌创作的原则，体现为人们艺术欣赏心理的审美定位，诗歌的特征要遵循欣赏原则形成审美意境，并孕育在戏曲艺术之中，使其具有欣赏价值。在这个层面上定位戏曲的意义，将其看作“诗剧”，也许是更为贴切的。

就艺术研究的角度而言，一种程式一旦形成，就会根植于意识而传承下去。程式以符号形式作为标志，在一定程度上独立存在，构成人的心理意识，规范着人的行为。这些程式化的行为在生活中有所体现，也成为戏曲艺术结构的参考。这些独立的小单

元犹如一行行美丽的诗句，散发着无限的魅力，将人们的生活艺术化。正是由于艺术程式的存在，人们的审美倾向才得以定位，戏曲艺术形式才得以传承，并焕发出强大的生命力。

三、领悟中国戏曲的审美意蕴

（一）意境之美

意境是我国古代美学的独特范畴，艺术的最高境界是“境生于象外”。王国维说：“语明白如画，而言外有无穷之意。”戏曲作为一门艺术，也讲求出于实、表于幻的意境美。意境之所以为意境，就是看情与景、意与境的统一，能否形成特定的审美机制，能否显现特定的审美形态。

唱作为戏曲表演的主要手段之一，基本含义是交代情节，揭示人物内心矛盾，刻画人物性格，正所谓“曲也者，达其心而为言者也”。

例如，昆曲《牡丹亭·惊梦》中的唱词：“原来姹紫嫣红开遍，似这般都付与断井残垣。良辰美景奈何天，赏心乐事谁家院……朝飞暮卷，云霞翠轩；雨丝风片，烟波画船……锦屏人忒看的这韶光贱。”这唱词可看作是一首情景交融的小诗。实的部分是姹紫嫣红、云霞翠轩、雨丝风片、烟波画船等，这些是实的客观存在，是意境的稳定部分。又如《西厢记》中“长亭”一折：“碧云天，黄花地，西风紧，北雁南飞。晓来谁染霜林醉，总是离人泪。”情绪是看不见、摸不着的东西，此折却用少而精的导向力极强的画面传达出一种广阔的、朦胧的、邈远而感伤的、愁肠万种的情绪。这就是意境美的魅力所在。凡被寓于有意境的戏曲作品，都是可以让观众回味无穷的。

（二）空灵之美

戏曲表演讲求“生活真实”和“艺术真实”，即虚与实的高度统一。戏曲舞台艺术以音乐、舞蹈为主要元素，其节奏性、程式性是生活的变形，是在真与非真、似与非似之间讲求“神似”而不是力求“形似”。丢弃写意的美学精神，直接写实，反而显得很假，也不符合观众的审美需求。例如，在表演过程中，几个龙套就可代表千军万马，一个圆场就可表现行千里路。这种纵马千里、行舟百程、兵发燕赵、阵布吴越的场景，都在大小圆场中完成。

戏曲的虚拟既有以上谈到的对地域、空间转换的虚拟，也有对自然环境的虚拟；既有象征性虚拟，也有对时间形态的虚拟，即域象、景象、喻象与时象。喻象即象征、引申、比喻之象。昆曲《桃花扇》中，用水旗表现人在水中，用马鞭的扬动表示策马前行。《牡丹亭》中，用手托额头，表示正在熟睡。对景的虚拟即景象。京剧《三岔口》中，两个人物在灯光如昼的舞台上，以摸黑打斗的身段表现当时正处于伸手不见五指的黑夜。

（三）中和之美

所谓中和，中是指心无偏奇，和是指和谐、中节、合乎节度。孔子以他的“中庸”

哲学思想为基础，提出了艺术的最高审美理想——中和美。他认为，文艺的最高审美理想就是能使人内心趋于平静，并唤起庄敬和睦与仁爱的感情，从而对恢复周礼、协调人际关系、维护社会的法度和秩序产生巨大作用。孔子强调“《关雎》乐而不淫，哀而不伤”，就是指的“和”。这种审美理想要求中国的戏曲讲适度、讲和谐，不走极端，喜怒哀乐皆有节制，悲欢离合相辅相成。

美学实践与思考

1. 观看一部老戏曲电影，运用所学戏曲审美方式来欣赏并作影评。

2. 在自己生活的城市，寻找可以坐下来饮一杯清茶、听一曲好戏的地方，拍一张动人的剧照。

第十章　影视之美

导读

电影艺术是以影像与声音为媒介，是通过银幕上感性直观的形象再现和表现生活的一门艺术。它有自己独特的语言体系和叙事法则，视听结合是它的基本特性之一。其美学特征为造型性和运动性的有机统一、逼真性与假定性的有机统一、综合性和技术性的有机统一。银幕上的世界是一个特殊的时空复合体。电影是与单维的平面视觉艺术、立体视觉艺术、听觉艺术截然不同的艺术载体，它有着自己本质特征的视听综合的艺术特性，电影的试听语言具有连续展示时空、传递艺术信息的独特本体功能，它既有空间的延展性，也有时间的相继性和运动的连续性。电影作为光影的艺术，是艺术家手中流动空灵的画笔，一百多年来，无数的电影人用它精心地雕刻时光、记录历史、表述心灵。在人类文明的进程中，电影将一直扮演重要的角色，它的载体将随着技术的提升而改变，但电影和人类的亲密关系将不会轻易改变，光影传奇仍将继续。

学习目标

知识目标

1. 了解影视艺术的基本要素。
2. 了解中外影视艺术发展历程。
3. 学习影视作品鉴赏方法。

能力目标

1. 初步掌握解读电影作品的能力。
2. 用摄相机等电子设备拍摄一部短片。
3. 培养探索、学习能力，通过鉴赏影视作品拓宽知识面。

素质目标

将影视美学知识与自身专业相结合，并运用到今后的工作当中。

思政目标

感受影视艺术之美，在影视艺术中领略中华优秀传统文化。

美学欣赏

开启中国电影大片时代的《英雄》

著名电影导演张艺谋第一次涉足武侠片领域拍摄《英雄》，就开创了一个中国电影空前壮观的神话。《英雄》可以说是中国电影国际化的典型文本，展现出了中国从以叙事为中心向以视觉为中心的转变，在采用国际化的叙事结构和电影视听语言的同时，不忘展现东方特色的意像与奇观化的造型，使国际化的大片质感与中国电影诗意山水风格完美融合，也在新的时代到来之际，为世界推上来自古老东方的价值观，让中国的英雄走向世界。《英雄》在国外获得了极高的赞誉。美国《纽约时报》以两个版的篇幅报道了《英雄》在美国上映的盛况，评论称：“《英雄》这部中国电影，经典得就像中国的《红楼梦》，也是我们美国奥斯卡的无冕之王。”影片更是被美国《时代周刊》评为 2004 年度全球十大佳片第一名。

电影《英雄》剧照

《英雄》将色彩作为语言，对于塑造人物、描摹情感、解释主题有着不可替代的关键性表达作用，彻底改变了之前中国电影中色彩无足轻重的辅助作用的地位。片中颜色的运用与人的塑造是紧密联系的，是人物身份的象征和代言，人物服装颜色的配置相对简单，也比较纯粹，都有与之相对的代表颜色。影片中，分布在三个叙述段落的五个有关刺秦的故事，基本上都独立配置了一个主色，将人物、景物、情节巧妙地融会成一个有机的整体。颜色的运用在中国人手中不仅是结构与情绪的工具，更是意境的画笔，晦涩难懂的中国情感通过颜色的视觉化表达，使得其为外国人所明了，这也是《英雄》成为国际大片的一大助力。

《英雄》中的黑色

《英雄》中的红色

《英雄》中的蓝色

《英雄》中的绿色

《英雄》中的白色

此外，《英雄》值得关注的地方还有很多，比如谭盾笔下结合古典韵味与现代风格的原创音乐，九寨沟意念决斗中清晰可辨又独具表现力的水波脉动、滴水对决声等，淋漓尽致的表达和唯美创意的展现，都传达出中国电影前所未有的诗意和浪漫。

第一节　影视艺术的产生与发展

一、电影的产生与发展

电影诞生于19世纪末，是由活动照相术发展起来的一种连续的影像画面。电影的诞生是人类文明史上的一次革命，是现代科技的产物，是一种全新的影像思维方式，使人类通过全新方式来感知世界。电影诞生近130多年来，给人类带来了此前艺术门类无法实现的视听享受，是人类表达思想、情感和文化的重要载体。

（一）国外电影的产生

1892年，“视觉暂留原理”被发现，这一原理促使了电影的产生。当人们眼前的物体被移走之后，其反映在视网膜上的物象不会马上消失，而是会滞留0.1～0.4秒，人眼能够通过这种生理功能将一系列独立静止的画面组合起来形成连续的运动影像。其实，古人在春秋时期就注意到了这种现象，于是发明了走马灯和皮影戏。

1894年，美国著名的发明家爱迪生公布了他的发明，一个叫“电影视盘”的东西，

他开始能够在观众面前放映活动影像，这便是最早的电影放映机。

1895 年 3 月，欧洲的卢米埃尔兄弟注册了“电影机”，并摄制了世界上最早的一批短片。这些影片通常只有一个镜头，拍摄的内容也大多与生活相关，如《工厂大门》《火车进站》《婴儿午餐》等。

电影《火车进站》剧照

1895 年 12 月 28 日，卢米埃尔兄弟通过公开售票，把他们的影片放在法国巴黎的一个地下沙龙放映。这一天被定为公认的电影诞生日。

（二）国外电影的发展

电影诞生之初，并没有得到人们的重视和关注。发明家们只是将其作为一种记录活动影像的工具。随着人们对电影的探索和实践，作为艺术的电影才慢慢形成。

1. 无声电影时期（1895—1920 年）

卢米埃尔兄弟的影片，仅仅只是平铺直叙地记录生活，并不能真正引起观众的兴趣，于是仅仅风靡了 18 个月就回归平静。真正让电影走向艺术的是法国人乔治·梅里爱，他是电影史上必须要提及的人，因为他创造了特技摄影和镜头组合，还在电影中借鉴戏剧的表现手法，同时结合魔术的表现手法，发现了停机再拍、多次曝光等电影拍摄技巧，其代表作《月球旅行记》是世界电影走向艺术的标志。美国人埃德温·鲍特在 1903 年拍摄了《火车大劫案》形成了完整的叙事，这是电影作为故事片的开始。

1913 年，无声电影进入全盛时代，接触的电影人、经典的影片和优秀的电影流派异彩纷呈。美国的大卫·格里菲斯拍摄的《一个国家的诞生》（1915）是具有里程碑意义的作品，这部作品使得电影被世界公认为艺术。从这部作品开始，电影有了复杂的叙事，不再只是单个场景的拍摄，而是多条线索平行叙事，也诞生了著名电影场面“最后一分钟营救”。与此同时，美国开始出现优秀的喜剧作品，比如美国的查尔斯·卓别林是世界电影史上最杰出的喜剧大师，他的作品如《淘金记》《摩登时代》等，体现了个人命运与社会现实、现代工业、强权政治的强烈冲突，以笑中有泪的方式抨击了资本主义价值观，震撼了观众心灵。

2. 有声电影与好莱坞的“黄金时代”（1927—1940 年）

声音为电影注入了新的灵魂。1927 年，为了摆脱破产危机，美国华纳兄弟公司拍摄了第一部有声片《唐璜》，但是它声画分离，并不能成为真正意义上的有声电影。随后第二年，他们拍摄了《爵士歌王》，在音乐中加入了对白，上映后反响空前，从此电影

电影《公民凯恩》剧照

开始进入视听兼具的时代。声音技术为电影带来的变化是革命性的，电影终于从一门纯视觉的艺术转变成视听兼备的艺术，大大拓宽了电影的表达效果。好莱坞在电影声音上的成功突破，大大增加了美国电影的声望。1935 年，美国影片《浮华世界》的上演标志着世界电影有了色彩，进入彩色时代。电影在色彩上表现的重要性，犹如开篇提到的《英雄》那样。本书后续会专门讲解色彩对电影表现的帮助。这一时期，美国电影得到了大繁荣，这除了技术上的革新外，还得益于制片厂体系的确立和明星制度。电影的商品化在这一时期初具规模。1941 年，奥逊·威尔斯推出了他的代表作《公民凯恩》，这部电影从叙事结构、镜头运动、主题、声音和剪辑方面都与当时的类型片截然不同，它既表现了外部世界的客观真实，又表达了主观的内心世界，是美国电影史上第一部现代主义的杰出作品。

3. 世界电影变革期（20 世界 50—70 年代）

这个时期是世界电影的变革期，第二次世界大战后，曾经辉煌的美国电影遭遇前所未有的危机，苏联的现实主义电影也遇到了瓶颈，与此同时，随着电视的家庭普及，人们足不出户就可以享受免费的影像娱乐，这些都给世界电影发展带来了极大的冲击。为了振兴电影业，电影人不断寻求创新、改革。在法国，青年电影工作者以崭新的电影观念震撼了法国影坛，并迅速影响了世界电影的创作潮流，这便是 20 世纪五六十年代的法国“新浪潮”电影，被称为世界电影史上第三次电影运动，其中以戈达尔的《精疲力尽》（1959）、特吕弗的《四百下》（1959）为代表。意大利的“新现实主义”电影运动、英国的“自由电影”和德国的“新德国电影”，都为世界电影的发展添上浓墨重彩的一笔。与此同时，日本、中国、印度的电影也开始得到世界影坛的关注。无论是电影艺术家，还是电影作品、电影思潮流派，抑或是电影理论研究，都在变革中寻求发展，走向成熟。意大利的《八部半》、德国的《告别昨天》、日本的《罗生门》、印度的《两亩地》都是这一时期的优秀作品。

同时，美国在经历了电影业阵痛后，好莱坞的电影人对本土的类型电影进行反思，使美国的电影业终于迎来了第二次辉煌。《邦尼和克莱德》的公映，标志着好莱坞电影二次辉煌的开始。新好莱坞电影吸收欧洲电影的理念，再结合传统的商业模式，突破戏剧化电影的束缚，开始追求影片内容的真实性。20 世纪 70 年代，美国电影完成了从商业向艺术、从模式化向个性化的巨大转变，但是它的核心仍然是追逐商业利益。这时期的美国电影代表作有《教父》《出租车司机》等。

电影《教父》剧照

4. 数字时代来临（20 世纪 70—90 年代）

电影《肖申克的救赎》剧照

这是世界电影走向繁荣的时期。随着数字技术的发展，也给电影创作带来了新的可能。好莱坞电影抓住时机，使得科幻片、灾难片成为轰动一时的热门题材。1977 年乔治·卢卡斯的科幻片《星球大战》给观众带来了前所未有的体验。1982 年的《星际迷航 2：可汗之怒》中诞生了电影史上第一个完全由电脑制作的场景。1997 年上映的《泰坦尼克号》中的电脑特技制作的合成镜头，堪称美轮美奂，给观众带来了全新的视觉体验。该影片是截至当时电影史上最昂贵的电影，并成为第一个全球票房超过 10 亿美元的大片。一方面，好莱坞利用数字技术制造奇幻的视觉体验；另一方面，其他地区的电影也不乏低成本佳作。法国电影在继承原有风格的基础上，加强了影片的观赏性，题材也更加多元化；意大利电影更加注重反映社会问题，有些影片具有鲜明的政治色彩；德国电影展示出德国新一代电影奇才不羁的个人风格，代表作有《铁皮鼓》等；日本电影也在这一时期有了新的发展，以宫崎骏为代表的电影人把日本动画电影推向世界，取得了非凡的成就，同时也获得了世界前所未有的关注；印度是最大的电影生产国，浓郁的民族风情和特有的歌舞表现形式，也在国际影坛上占有一席之地。这一时期的优秀电影不胜枚举，《飞越疯人院》《七宗罪》《天堂电影院》《肖申克的救赎》《低俗小说》《小鞋子》等影片，都堪称经典。

5. 新世纪新发展（2000 年至今）

进入新世纪以来，全球电影数字化的进程不断加快，胶片拍摄几乎成为历史。正是这样的技术革命为电影提供了无限的艺术创作空间，3D 制作技术也在新世纪迅速发展。于是，人们在《金刚》里看到了巨兽，在《侏罗纪公园》里见证了恐龙，在《哈利·波特》里见识到神奇的魔法，在《少年派的奇幻漂流》中看到了汹涌的波涛和一叶孤舟。2009 年詹姆斯·卡梅隆导演的 3D 电影《阿凡达》中，神奇瑰丽的潘多拉星球、半人半兽的纳美人生活，奇幻的视听冲击让影片深受全球观众的喜爱。近年来，大量的 3D 电影上映，试图征服观众眼球，为观众提供视听盛宴。但是，并不是缺少 CG 技术和 3D 技术的电影就意味着失败，《三傻大闹宝莱坞》《绿皮书》《海上钢琴师》

电影《绿皮书》剧照

等电影，虽然没有绚丽的画面，但是隽永的故事情节，深刻的价值体现都很值得品鉴。

电影《定军山》剧照

（三）中国电影的产生

世界电影诞生不久，就传入中国，但是中国电影真正的诞生是在1905年。1905年，北京丰泰照相馆的老板任庆泰拍摄了中国第一部影片，内容是著名京剧泰斗谭鑫培主演的《定军山》中“请缨”“舞刀”“交锋”等片段，影片在大观楼戏院放映时出现了万人空巷的情景。从此，中国电影诞生了。

（四）中国电影的发展

1. 早期发展（19世纪末—20世纪30年代初）

最早的中国电影也重复着简单记录的制作模式，谈不上艺术。这一时期的电影发展更多的是自发的创造或者企业运作的尝试，没有明确的艺术目的和经营方针。直到1913年，由张石川、郑正秋等人创办了新民公司，拍摄了中国第一部短故事片《难夫难妻》，这部影片拉开了中国叙事电影的序幕。1918年，商务印书馆成立影戏部，这是中国民族资本成立的第一家电影制片机构，它开创了规模经营方式。此后，大大小小的电影公司如春笋般涌现出来，大量质量良莠不齐的影片问世。1921年，中国电影第一部长故事片《阎瑞生》拍摄完成，并大获成功。但在这一时期，大量的电影公司过分追求商业价值，甚至展开恶性竞争，对当时的电影生态有所损害。这一时期也不乏一些电影采用创新手法，如古装片《西厢记》中运用了平行蒙太奇的手法，《火烧红莲寺》被称为中国神怪武侠片的起点。1930年，中国第一部有声电影《歌女红牡丹》问世，成为中国电影发展史上的又一里程碑。

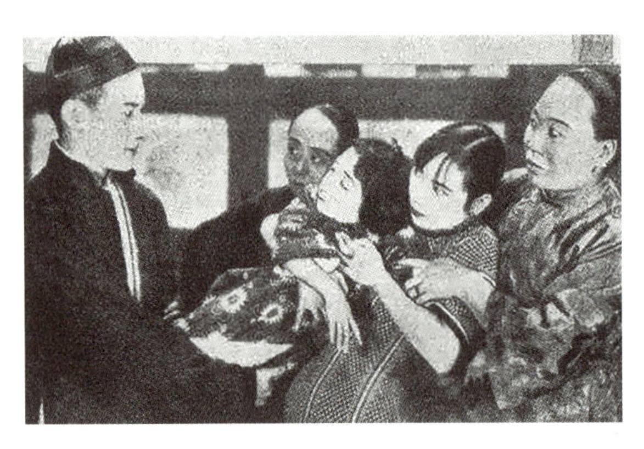
电影《难夫难妻》剧照

2. 抗战前后的探索期（1931—1948）

这一时期，社会陷入混乱之中，广大群众呼吁电影救国，希望电影人能够担负起抗日救亡的民族责任，所以此时的中国电影与战争背景、家国命运都密不可分。在这样的背景下，出现了左翼电影运动。以夏衍为代表的电影人要求电影创作要贴近社会、反映现实，一批优秀的作品应运而生。这期间创作的电影有抗日救亡主题的《大路》《小玩意》等，揭露黑暗现实、表现妇女受欺压的《神女》《船家女》等，还有呼吁

解放女性的《三个摩登女性》《女性的呐喊》，反映现实生活、承载国家民族命运的《马路天使》《渔光曲》等纷纷上演；抗日战争时期，上演了大量宣传抗日的故事片和新闻纪录片上映，《八百壮士》《中华儿女》是其中的优秀代表；也有像《木兰从军》《苏武牧羊》等以古鉴今的影片也表达了爱国情、民族志；抗日战争胜利之后，地下党组织联合一些进步电影人利用官方机构的优势，创作了大量具有较高艺术水准和深刻思想的影片，如《乘龙快婿》《松花江上》《天堂春梦》等。当时实力较强的民营机构昆仑公司也拍摄了《八千里路云和月》《一江春水向东流》《万家灯火》《三毛流浪记》等经典影片。这一阶段，中国电影在世界影坛的影响力在逐渐增大。

3. 新中国电影的发展期（1949—1966）

1949 年 7 月，第一届全国文艺工作者座谈会胜利召开，为新中国文艺工作指明了方向，在“双百方针”的指导下，电影发展格局基本确立。这一阶段，出现了大批主题鲜明、题材各异、风格多样的优秀影片。由于新中国的电影观众从之前的城市居民转变为广大工农兵群体，所以电影将塑造“工农兵”形象作为首要任务。另外，喜剧片和文学名著改编得到极大发展，少数民族题材、戏曲片、儿童片也有了前所未有的进步。例如：新中国第一部故事片《桥》成功地塑造铁路工人的形象；第一部少数民族题材影片《内蒙人民的胜利》，第一部戏曲片《小姑贤》以及儿童题材影片《鸡毛信》《祖国的花朵》先后面世。这些影片在遵循现实主义原则、表现生活本质的同时，也深入展现矛盾和冲突。

4. 荒芜时期（1967—1976）

这 10 年，中国电影业遭遇重创，电影生产几乎停滞，只有《智取威虎山》等样板戏供人民观看，形成了特殊的文化景观。直到 1972 年，在党中央的号召下，故事片创作才开始慢慢恢复。《闪闪的红星》等影片就是当时的一抹亮色。

5. 复兴的新时期（1977—1999）

中国电影摆脱低谷期，百废俱兴，迎来了欣欣向荣的复兴期，影人队伍人才辈出，中国电影“第三代”“第四代”导演陆续推出了很多好的作品，如《芙蓉镇》《归心似箭》《城南旧事》《黑骏马》等。这些具有创新意识与精神追求的影片，将电影的视听表现和家国情怀结合了起来。而“第五代”导演也开始一鸣惊人，陈凯歌的《黄土地》成为第五代电影人的里程碑作品，张艺谋的《红高粱》则以充满生命意识的张扬、浓烈的色彩、豪放的风格展现了久违的民族意识。《红高粱》《霸王别姬》等一批斩获国际大奖的电影作品为中国电影在世界电影中的地位提升发挥了重要作用。冯小刚的《甲方乙方》《不见不散》等电影提出“贺岁片”的概念并赢得了观众的喜爱。关注边缘话题与人物的“第六

电影《红高粱》剧照

代”导演也在迅速崛起，以张元、管虎、王小帅、贾樟柯等为代表的新生代导演，创作出《头发乱了》《冬春的日子》《小武》等个人色彩浓厚的影片。这一阶段，影片生产蓬勃发展，艺术探索精益求精，“第五代”“第六代”导演经历从崭露头角到扛起大旗的历练，成为中国电影复兴的中流砥柱。

6. 繁荣发展时期（21 世纪以来）

电影《河边的错误》剧照

首先，中国电影的繁荣表现在电影市场的繁荣，国内市场经济的蓬勃发展极大地提高了中国电影的生产力。2012 年，中国超过日本成为世界第二大电影市场；2016 年，中国电影市场超过北美成为世界第一。其次，中国电影的影片数量和质量都有提升。“票房”收益开始被重视，渐渐成为评价电影成绩的重要指标。2002 年，张艺谋的《英雄》创造了国产影片史无前例的票房价值，宣告中国电影大片的诞生。这一时期，主旋律电影也有了新的突破，《战狼 2》《红海行动》《长津湖之水门桥》《我和我的家乡》等作品将市场需求和家国情怀有机融合，不断刷新票房纪录。《流浪地球》《流浪地球 2》更是刷新了中外观众对中国科幻大片的印象。让人们看到了中国电影产业的辉煌前景。另一方面，在国际上获奖的《气球》《白日焰火》《河边的错误》等优秀影片在票房上却未能取得较好的成绩。

中国电影自诞生以来，在社会发展中一直占据着不可或缺的地位。随着电影产业和技术的不断发展，中国电影事业承载着越来越多的社会责任与使命。中国电影如何做到雅俗共赏，如何可持续发展，是当前电影人和电影产业都需要解决的问题。

二、电视的产生与发展

（一）电视的产生

与电影一样，电视的产生与发展也和科学技术进步密不可分。硒元素的发现、传真、尼普可夫转盘（图像扫描技术）、阴极射线示波器等技术的发展催生了电视的诞生。1925 年 10 月 2 日，英国人约翰·洛奇·贝尔德组装出第一个机械电视系统，因此他被称为“电视之父”。1936 年 11 月 2 日，英国广播公司开始了第一次正式的电子电视公开播出，这标志着黑白电子电视广播时代的正式开始，揭开了世界电视史的序幕。

（二）电视的发展

1. 黑白电视时期（1936—1953）

在第二次世界大战爆发前，美国、德国、苏联、法国、意大利也都建立了自己的电

视机构，播出电视节目。一些载入史册的重大活动，如1936年第十一届柏林奥运会，1937年英国国王乔治六世加冕礼，1939年纽约世界博览会等，都通过电视播出。

第二次世界大战的爆发对刚刚兴起的电视事业造成了巨大影响，电视业完全陷入停滞。有一个颇有意味的细节是，1939年9月1日，英国广播公司突然停止播出正在播放的米老鼠动画片，而7年之后的1946年6月7日，英国广播公司复播该动画片，并选择从当年的停播处开始播放，情节完成了接续，但世界已经发生了巨变。

直到二战后，各国电视台逐渐恢复，电视机拥有量逐年飙升，电视业开始复兴。据统计，1955年，世界上已有20个国家兴办了电视业，出现了约6000家电视台，电视机总数达4100万台。

2. 彩色电视时期（1954—1963）

在中国为电视开播准备的时候，电视强国已经完成了彩色电视的飞跃。彩色技术的研发和推广呈现出群雄逐鹿的局面，很多国家都对彩色电视机制式进行试验，先后提出了20多种制式，经过时间的考验，最后留下的是美、法、德三国的德制式。我国采用的是德国的制式。

在此时期乃至往后，新闻类节目几乎是各电视台的立台根基，这些节目在帮助观众了解生活周边及世界各地变化的同时，也很大程度地推动了社会进步。同时，新闻类节目也有效地将电视与电影区分开。英国广播公司的《全景》、美国哥伦比亚广播广司的《60分钟》是这一时期的代表节目，成为新闻调查类节目的标杆。

3. 多路转播与数字电视时期（1964年至今）

早期电视传播使用的是超短波，不能传送太远，家家户户都树立天线杆，接收的信号也不稳定。为此，人们开始研究多路传播的方法，电缆电视和卫星电视应运而生。

1962年6月19日，美国发射了卫星“电星一号”，7月10日首次成功地转播了电视信号。1963年11月22日，肯尼迪总统被刺，日本人通过“转播一号”卫星看到了实况报道。1965年4月，国际通信卫星组织的第一颗国际商用同步卫星——“国际通行卫星1号”发射成功，标志着世界进入国际卫星传播的新时代。

因为有了卫星，在新闻现场直播成为可能。1969年7月20日，美国东部时间下午4时17分，月球登陆器着陆，全球约有3亿至7.5亿的观众实时观看了这次登月的过程，这是令前人震惊的盛况。除了卫星之外，电视还通过宽频线缆传输信号，这就是有线电视，它抗干扰强，频道多，有清晰的收视信号，可以满足不同层次、不同兴趣的观众需求。现在世界上观众收看的电视大部分都是模拟信号的电视节目，但是数字电视也正在普及。数字电视不仅有高清晰图像、高质量音响，信号也更加稳定。如今，网络电视也是观众不可或缺的观看渠道，它便捷、内容丰富、画质清晰，也在迅速占领观众市场。

进入20世纪90年代，互联网浪潮席卷全球，电视媒体作为“传统媒体”面临全面挑战，如何与互联网媒体进行融合发展成为电视从业者必须面对的全新话题。

（三）中国电视业的产生与发展

新中国成立后，电视业是在很简陋的条件下诞生的。1958 年 5 月 1 日 19 时整，北京仅有的几十台电视接收机的屏幕上出现了“北京电视台”（中央电视台前身）的字样，因为录制技术有限，采用的是直播的方式。6 月 15 日，北京电视台在演播室里直播了我国第一部电视剧《一口菜饼子》。1977 年，北京电视台的两套节目以彩色化形式播出，正式向全国播出彩色信号。1978 年 1 月 1 日，《全国电视新闻联播》在北京电视台播出，这档新闻栏目就是后来家喻户晓的《新闻联播》。1978 年 5 月 1 日，北京电视台正式更名为“中央电视台”，英文缩写为 CCTV。1978 年 6 月 25 日至 26 日，中央电视台第一次通过国际卫星向全国现场直播了在阿根廷举行的第十一届世界杯足球赛的半决赛和决赛。1983 年，《春节联欢晚会》正式亮相，轰动一时，从此成为中国春节的“新民俗”。

早期中国电视业最吸引人的就是电视剧，《四世同堂》《红楼梦》《西游记》《渴望》都是现象级的电视剧作品，丰富了中国观众的日常生活，成为早期电视剧的经典。

1993 年 5 月 1 日，中央电视台推出“东方时空”，开启了栏目时代。随后，就有“焦点访谈”“今日说法”等中央电视台的品牌栏目，各地方电视台也开始创办自己的王牌栏目。

卫星电视和数字电视推广后，全国各地的观众都能看到各省（市、自治区）的电视台；随着互联网的兴起，特别是移动互联网的飞速发展，观众的选择越来越多，电视媒体需要迅速提升节目质量，创作更多精品电视节目来支撑电视频道，否则将会出现空有频道，却无观众的情况。目前，电视的发展面临新的机遇和挑战。

第二节　影视艺术的审美特征

一、审美特性

影视艺术和其他艺术形式一样，源于生活，却又高于生活，是独一无二的艺术，有其特有的审美特征。

（一）综合性

1. 影视艺术是各种艺术的综合表现

影视艺术综合了戏剧、文学、绘画、雕塑、音乐、舞蹈等各门艺术的多种元素，并对其进行改造整合，使得这些艺术元素和影视相融合，形成影视的新特性，并且使得影视成为一门新的艺术。

各门艺术对影视艺术的影响

2. 影视艺术是科学技术的综合表现

影视艺术的诞生经历了三次技术革命，从无声片到有声片，从黑白电影到彩色电影，从有线电视到数字电视再到互联网影视，从二维画面到三维立体画面；影视艺术综合利用了光学、声学、电子学、计算机科学等学科的技术发明，它的发展与现代科学技术的进步息息相关。

3. 影视艺术是集体创作的综合表现

影视作品的创作是集体智慧的结晶，涉及诸多工种与工作人员，很少有人可以做到一人完成所有工作。编剧、导演、演员、摄影、美工、服装、灯光、化妆、音响等工种，各司其职，通力合作，才能完成一部作品。我们可以从影视作品的团队名单中感受到集体的力量，影视艺术是一种集体创作的综合表现。

（二）逼真性

逼真性是影视艺术的基本特性，从审美的角度来看，逼真性也是影视艺术不可或缺的。

1. 其他艺术不可比拟的真实

由于电影电视拍摄技术的提升，影视艺术能够逼真地记录和复现客观世界，能够十分准确精细地记录客观现实的影像、色彩、声音、动作，并且能够将它们在银幕或者荧屏上重现出来。这是其他艺术无法做到的，影视艺术比摄影更灵动，比绘画更客观，比文学更直接，比戏剧更真实。影视艺术的逼真性是独一无二的，是其他艺术望尘莫及的。

2. 影视艺术有一种直观的真实

这种真实是一种视听的真实感。影视艺术借助现代的音像实录技术，不断升级，从无声无色到有声有色，再到宽银幕、巨幕，又出现 3D 电影；甚至为了让观众有触觉、嗅觉的享受，就出现了全息电影。影视艺术以直接的方式将物质现实诉诸于观众的听觉和视觉，甚至是触觉、嗅觉，从而产生真实感，给人以身临其境的审美感受。

3. 与虚拟性有机交融的逼真性

“逼真”意味着逼近于真，但并非绝对的真实。影视艺术是一种重现真实的艺术，它源于生活又高于生活，甚至在创造“生活”。影视作品的创作者将真实生活的场景进行提炼、加工、改造，甚至虚构，又要尽量逼近于真实，才能使观众信服，真正做到“假作真时真亦假”。

（三）运动性

影视艺术展示给人们的是运动的世界，这种运动性既有被拍摄对象的运动、摄影机的运动、主客体的运动以及剪辑造成的运动。正是“这些运动综合表现在银幕和荧屏上，使得电影电视具有了无限的视觉表现力，它可以在上下几千年、纵横几万里的时空中

跳跃，成为一门真正在空间和时间上享有绝对自由的艺术”。

1. 被拍摄物体的运动性

影片中的人物、环境都是在运动的状态下被拍摄的，每个画面都是一瞬即逝的，并且随着人物的运动，空间被不断地扩展延申，场景也在不断地运动。所以，人物的动作、环境的变化和场景的转变都处于一个不断发展的过程中。

2. 摄影机的运动性

制作影视作品的拍摄阶段，摄影机需要有大量的运动，它们通过推、拉、摇、移、跟、升、降等运动方式，为拍摄的画面注入动感，同时也更容易使观众拥有代入感。少量的固定镜头与运动镜头相辅相成，使影视作品的画面动静结合，更有灵魂。这种运动镜头大大增强了画面的艺术表现力。

3. 来自剪辑的运动性

通过剪辑，尤其是运用蒙太奇理论，可以将静态的画面拼接后在观感上动了起来，有了新的意味；使电影从早期的纪实风格向艺术创造转变，尤其是一些特技镜头，如跳楼、中枪、魔术等，就更离不开蒙太奇了。

（四）假定性

影视艺术绝不是对现实生活的机械照相式反映。它同样需要遵循艺术的基本规律，同样是客体与主体、再现与表现、反映与创造、纪实与艺术的有机统一。在影视作品中，创作者的意图虽然没有直接展示，但是总会在作品中悄无声息地体现出来，甚至希望能被观众发现。这就包含着客观的再现和主观的表现两个方面。所谓假定性，一般是指通过艺术媒介对客观环境的非原样的表现。

1. 影视时空的假定性

影视的时空结构并不是对现实客观时空的简单复制，而是对现实客观时空的再造或创造。电影能够中断时间、空间的自然连续，根据影片剧情的需要重新组接，造成与现实时空不同的银幕时空。例如，一般的电影时长 90 ～ 120 分钟，却有可能讲述人物一生的故事，这就是因为影视的时空具有假定性，是再造出来的，而不是真实的时空。电影还能利用闪回来制造假定时空，用闪回表现剧中人物的想象或者回忆，这种将大脑的想象通过画面表现出来，就体现了影视作品的假定性。

2. 影视作品创作者的假定性

创作者的主体意识是会渗透在影视作品之中，并且通过作品表现出来。因此，影视艺术的假定性表现在作品里有作者强烈的主观因素的渗入。从脚本的设计，到由摄影机拍摄下来的画面，选择镜头，取景角度，取景距离，光线色彩，拍摄方式，再到后期剪辑，每一步都离不开人的主观作用。没有影视作者的假定性，就没有影视的艺术性。虽然纪录片要严格按照纪录的方法真实、直接、客观地反映现实生活，拒绝一切虚构和编造，但是，

拍摄人物的选择、画面的取舍，都是作者有意识的创作活动，依然反映了作者的意图。

二、表现手法

任何艺术都有它独特的艺术语言和表现手法，有综合艺术之称的影视借用了各种艺术的语言来表现，我们可以通过对其他艺术的认识，来感受影视艺术的魅力。然而，影视艺术也有其独有的表现手法，那就是影视视听语言。

（一）画面造型语言

人们对世界的认知，大部分通过视觉来实现。对于影像创作，并不是随意拍摄下人们看到的场景、人，导演对于进入画面的人、景、物都有严格的控制和挑选。当一部影视作品放映给观众看时，它的每一帧画面都是编导控制的结果。其中对视觉部分的控制、创作，可称为画面造型语言手段。

画面造型语言是将真实世界加以选择，塑造为屏幕世界的手段，这就有助于表现画面的美感，体现创作者的意图，将“故事”讲好。

1. 景别

景别的大小由摄像机或摄影机与被拍摄主体之间的距离决定，是对画面内容的一种控制和创作。在大千世界中，创作者选择和结构怎样的画面，首先是从对画面景别的选择开始的。景别镜头主要有五种：特写、近景、中景、全景、远景，如果再细分，还有大特写、近特景、中近景、小全景、大全景、大远景等。它们在画面中所包含的内容不同，艺术功能也不同。以电影《我不是药神》为例，男主角程勇在电影中以不同的景别呈现，更容易让观众感受到人物的立体感；下方为电影《我不是药神》中的远景、全景、中景、近景、特写。

景别的分类与表现

《我不是药神》中的远景

《我不是药神》中的全景

《我不是药神》中的中景

《我不是药神》中的近景

《我不是药神》中的特写

《我不是药神》中的特写

2. 角度

角度是创作者表达态度的方式之一，是重要的导演语言之一，景别和景深决定了让观众看见什么，镜头角度则引导观众如何看待画面中的人物和事物。导演的空间想象力体现在对机位设置、拍摄角度的处理上。

高度的摄影角度，会使主体呈现的面积大小、主体与陪体的关系、前后景物之间的透视关系不同，形成不同的画面造型效果。常见的拍摄角度有平拍、俯拍和仰拍、平拍表现画面中任务之间的平等关系，俯拍突显人物的渺小，仰拍强调被拍摄人物的高大与伟岸。

3. 光线

光线作为摄影艺术的灵魂，是电影、电视重要的书写工具。拍摄同一物体，若用不同的光源、光线角度、光线性质，造型效果就不同，物体呈现的特征也不同。光线是表达情绪、营造画面气氛的重要手段。通过控制光的强度、方向、受光面积，导演能够创作出画面的空间深度，描述和勾勒物体轮廓，塑造人物形象，传达场景气氛和情绪，制造特殊的戏剧效果。

（1）造型光的分类。

按照光源的方向，可以将造型光分为正面光、侧光、逆光、顶光、脚光。

①正面光（front lighting）。正面光又叫“顺光”，是呈现物体样貌、提供基本照度的光线，灯光高度与摄影机高度接近，处在同一水平面上，光线投射方向与摄影机方向一致。以正面光为主光源拍摄的物体，成像清晰，但立体感较差。

②侧光（side lighting）。侧光照射下的物体会有很强的明暗反差，缺乏明暗过渡、细腻的影调层次，常用来制造某种特殊光效。

③逆光（back lighting）。光线与摄影机相对，拍摄时受光面在背部，可以作为物体的轮廓光，具有提取线条的重要功能。但由于逆光作为主光时人物的面部、物体的表面特征难以清晰地呈现，会造成人视觉心理上的恐慌或神秘感，所以常被用来制造一些特殊的戏剧效果。

④顶光（top lighting）。顶光把凸亮凹暗夸张到极致，物体着光、背光的反差较大，造型效果比较反常，常用来塑造恐怖、凶恶的形象。

⑤脚光（foot lighting）。脚光是一个很不寻常的光位，光线来自下方，异常感强烈，常用来表现特定光效，制造恐怖气氛，使人物形象显得狰狞可怕。

《一代宗师》侧光

《一代宗师》逆光

《一代宗师》顶光

在美学层面，光影的运用能够实现其他视觉元素不可替代的一些表现效果。

（2）描写人物心境。

霓虹灯的闪烁灯光、烛火的火苗及一些有意制造的不稳定光源，能为画面带来奇特的明暗不定的效果，是塑造人物心境时颇为有效的方法，能够表现人物内心的波动起伏或漂泊流离感。

（3）提升画面的悬念感。

画面内出现投射的影子可以塑造出画面外的空间，或者暗示画外空间的人的存在。因此，当画面只出现影子而没有人物现身时，场景的悬念就大大提升了。电影大师希区柯克就经常在他的电影里用影子代替真人，制造悬念和惊悚效果。

4. 色彩色调

彩色电影是“用光线和色彩进行绘画的过程”。色彩是由光照射在物体上呈现出的颜色，色彩不仅是构成世界的重要内容，也是画面造型语言的重要元素。

电影的色彩并不只是对现实生活的简单复制，而是一种自觉的审美元素，常常被赋予了更多的表现性和象征性。影视艺术可以通过对色彩的选择、处理来创造出独特的审美价值和审美效果。

影视创作利用人对不同色彩的情绪反应来选择符合剧情、场景气氛、人物心情需要的画面主色和重点色。下表列出了色彩色调运用的效果。

色彩运用的效果

色彩	形象联想	感情特征
红	阳光、火焰、热血等	热情、兴奋、权势、力量、愤怒、色情等
绿	春天、树叶、草坪等	生机盎然、恬静、宁谧、生命、和平等
蓝	苍穹、大海、夜色等	冷漠、深刻、抑郁、平静、无限的空间等
黄	土地、秋天、阳光等	欢快、光辉、成熟、稳重等
黑	夜晚、死亡、煤矿等	阴郁、悲哀、诡秘的行动、恐怖、凝重等
白	冰雪、鸽子、护士等	优雅、纯洁、和平、洁净、高尚、脆弱等

一部出色的影视作品应该有相对统一的色彩基调、色彩趋势，给观众以画面的美感、风格感。电影创作中的色彩创作还要和叙事、主题相结合，有时甚至要让色彩承担表达主题的任务。

电影色调与色彩

（二）镜头语言

按拍摄方法对镜头形式进行分类，镜头可以分为固定镜头和运动镜头。

镜头形式是摄影机 / 摄像机在拍摄时的工作状态。是静止的固定机位拍摄，还是运动起来变化机位拍摄，均应按照创作者的意图及当时的情境而定。前者被简称为“固定镜头”，后者被称为“运动镜头”。

1. 固定镜头

固定镜头是指在摄影机不改变机身位置和没有任何运动时所拍摄的画面。严格的固定镜头是静态构图的单个镜头，只有人物调度变化，没有摄影机的参与，不改变基本构图形式。固定镜头的功能及效果如下：短固定镜头用来描述或强调物件细节和动作细节，是功能性很强的镜头拍摄形式；短固定镜头时间短，画面内的信息集中、明确，常采用近景系列的景别；短固定镜头便于控制画面内的视觉元素，获得平衡优美的构图，编导能够充分控制画面内的各种视觉元素；短固定镜头也常常可以建立镜头的节奏感，是节奏蒙太奇中主要的分镜头形式；固定镜头能建立平稳、客观的视觉效果，创作者的主观介入比运动镜头少，以长固定镜头为主构成的影片的视觉风格会较为平缓。

2. 运动镜头

运动镜头对影视艺术最大的贡献在于它能在一个镜头内呈现完整和连贯的空间。

运动摄影不仅给画面增添了动感，而且使电影有别于其他平面造型艺术，使电影电视艺术摆脱了二维空间的局限。摄影机或摄像机在运动过程中拍出的镜头往往具有更强的艺术表现力。运动镜头主要包括以下五种基本形式（见下表）。

运动镜头的基本形式

运动镜头	运动方式	审美价值
推镜头	由远及近	走入剧中人物内心，强调重要的细节，推进叙事
拉镜头	由近及远	交代环境，引发思考，切换到观众视角，感受故事发展
摇镜头	上下左右旋转	展示人物的高大或物体的宽大，渲染气氛，弧线式的镜头运动，让观众体会光影镜头里悠扬而流畅的视线移动
移镜头	水平方向上下左右	扩大视野，速度快慢能展现情感不同，铿锵有力的镜头运动能带来更丰厚的情感体验
跟镜头	跟随对象等距运动	模拟尾随视角，跟随人物的视线运动，给人带来影视艺术的“沉浸式”体验

在影视片的拍摄过程中，这五种镜头常常结合运用，产生千变万化的运动镜头。它们不仅可以描写人物、展示环境、叙述故事，还可以创造节奏、形成风格、表现意境。如电影《风声》的开场，摄影机通过推、拉、摇、移、跟等方式梳理人物关系，引出故事。

3. 其他镜头

由于分类角度不同，镜头的类型还有很多。常见的其他镜头还有以下几种（见下表）。

其他常见镜头种类

其他镜头	画面特征	审美价值
变焦距镜头	拟推镜头 拟拉镜头	引起注意，产生审视效果 交代环境，引发思考 带来模拟人眼视距变换的动态体验

续表

其他镜头	画面特征	审美价值
快慢镜头	画面变快，降格 画面变慢，升格	气氛紧张，可以体会到影视中的夸张效果 突出细节，能拥有较为梦幻的情感体验
空镜头	没有人物	介绍环境，烘托气氛，能带来强烈的情感共鸣
主观镜头	剧中人的视角	能体验身临其境之感，与人物同呼吸、共命运
长镜头	超过30秒	能体验真实、完整、抒情的影视之美

这里的长镜头是最值得关注的。在故事类影视片中，长镜头往往是艺术水平的标志，具有强烈的文学性，具有纪实的美学倾向，同时又隐含着电影创作者微妙的表达，是非常个人化和作者性的电影手法。

如侯孝贤的长镜头，镜头常常固定地拍摄一个生活场面，没有太多戏剧性的故事，镜头就像时间的见证者，呈现那些再平常不过但却非常动人的人情世故。镜头不靠近或用中近景捕捉或跟随人物的表情动作，非常节制地静止在那里，通过客观而不夸大的叙事，观众可以主动想象镜头外的空间，体会时间的流动。

（三）蒙太奇

蒙太奇原是法国建筑行业术语“montage”，意思是装配、构成，借用到电影中则是剪接、组合的意思，即指依照故事情节的发展和观众注意力和关心的程度把一个个镜头（包括声音）合乎逻辑地联结在一起的一种技巧。如果把影视创作比作文学创作，那么镜头就像字、词、句，蒙太奇就像语法，一篇文章是由许多的字词句按照一定的语法组织连缀起来的，一部影视作品则是由许多镜头按照蒙太奇这种特殊的修饰手段剪辑组合而成的。因此，蒙太奇常被称作“影视文法”。

1. 蒙太奇的功能

蒙太奇的神奇功能是众多理论家津津乐道的，格里菲斯、爱森斯坦、普多夫金、库里肖夫等都对其进行了深入研究。人们普遍认为，蒙太奇既有外在内容的结构作用，又有内在含义的揭示作用。它的功能体现在：叙述故事，展开情节，揭示主题；使画面产生新的含义，激发观众的对比、联想；创造特殊的时间和空间；创造节奏，形成独特的艺术风格。

2. 蒙太奇的分类

基于爱森斯坦的总结，有以下几种基本的电影蒙太奇形式。

第一，杂耍蒙太奇。杂耍蒙太奇又叫“吸引力蒙太奇”，就是挑选一些有感染力的镜头，让它们对观众的情绪施加影响，迫使他们接受影片中的观念。爱森斯坦杂耍蒙太奇手段的核心是创造观众的心理联想，从而在感知和情绪上控制观众，比如在《十月》中将克伦斯基的镜头和孔雀的镜头接在一起，在《战舰波将金号》中将群众起义的镜头和石狮

子雕像的镜头剪接在一起。这种手法能够让创作者抽象的评价和思想以具体可感的形式作用于观众，从而让他们接受被灌输的思想。

第二，理性蒙太奇。爱森斯坦进一步发展了杂耍蒙太奇的思想，提出了理性电影的观念，追求电影富于激情的叙述和理性思想的传达。他从构成电影质感的各个要素出发，以“冲突”“对列”为核心原则逐一分析各种组合可能产生的冲击效果。

第三，垂直蒙太奇。垂直蒙太奇就是将电影声音和画面有机结合而产生的情绪张力，其意义就在于抓住电影画面与声音能产生情绪效果的点，其中的关键就是“运动”，即“作为一段音乐的结构规律和一段图像的结构规律的那种运动。在这里，两者的结构规律、两者呈现和展开的过程和节奏，才是确立两者之间统一的唯一坚实基础”。

（四）影视声音

影视声音是指声音在影视作品中的艺术存在，是指与画面共同构成银屏空间和银屏形象的视觉艺术形态。早在无声电影时期，人们就企图利用钢琴伴奏来给电影的视觉元素增加听觉上的感染力，从某种意义上说，这就是电影声音的开端。1927 年 10 月，第一部有声电影《爵士歌王》的出现，标志着电影进入了视听结合、声画复合的新纪元。

由于人类对声音具有与生俱来的辨别能力，于是创作者不一定要用画面给出声源，观众可以凭音色和日常生活经验判断发声体，不必让镜头把每个声源都用画面交代出来，这使电影在传达信息方面获得了很大的解放。

影视声音能独立地拥有丰富的表现力，而不仅仅是画面的附属，它完全可以成为独立的“声音形象”，是电影语言不断进化、电影声音特性不断被开掘的结果。

1. 影视声音的分类

影视声音可以分为人声、音乐、音响三种。

（1）人声。

人声指人在表达思想和喜怒哀乐等情感时，所发出的具有音调、音色、力度、节奏特征的声音。简单来说，人声就是人物的语言，是电影中人物表达思想、交流感情、传递信息的最基本的方式，也是塑造人物形象、刻画人物性格的重要手段。人声又可分为对白、独白、旁白。它的功能是：配合影像交待说明，推动叙事；语言最主要的功能是提供信息，配合影像交待情节、推进故事；表现人物的心境和情感，塑造人物的性格；直接表达作者的观点和作品的主题，这种情况主要是指旁白。

（2）音乐。

音乐是影视作品中经过加工的要通过演奏、演唱才能形成的声音。音乐所表达的内容不是直接而具体的，但它在激起人的情感和情绪方面的反应是最准确和细腻的。音乐所表现的思想感情不可能像对话和自然音响那样与具体声源有着直接的联系，以及像视觉元素那样具体准确地表现客观表象。音乐所表现的更多不属于题材本身，而是与题材的情感关系。影视音乐的首要功能是创造具有结构意义的节奏，能够刺激观众的情感反应。另外，音乐还有一些其他功能：确立一场戏的情绪、气氛，加强戏剧性效果；配合人物

和画面运动的节奏；概括和暗示主题；创造一种地点感和时代感；提升对话的戏剧效果；揭示人物的内心，塑造人物的形象。

（3）音响。

音响指影视作品中除了人声、音乐之外，在影视时空关系中所出现的自然界和人造环境中所有声音的统称。我们生活在布满声音的环境中，环境音响是电影建立生活真实感所必需的视听材料。音响主要的用途有：一是叙事功能。音响可以传达环境信息，有丰富的视觉感。二是情绪表达。音响可以创造出一个声音环境，形成真实的幻象，烘托出一种情绪气氛。三是转场功能。声音是电影极其重要的转场手段，它不仅可以使上下镜头间建立起联系，还可以使画面的转换实现自然过渡，降低视觉上的跳跃感。

2. 声画关系

影视作品中画面与声音应是相辅相成、缺一不可的。从人们的生活经验出发，我们会觉得人们对视觉画面的正确感觉其实与声音的同步灌输是密不可分的。就表达情绪而言，声音与画面各自所起的作用及其自身的多样性就决定了不同的声画组合就会产生不同的甚至相反的情绪和意义。

声画组合关系

三、影视作品鉴赏方法

影视鉴赏与评论的切入点很重要，不少人满怀感触却不知从何说起。事实上，一部影视作品，既可以从内容方面进行评价，也可以从形式上进行考量。

（一）内容鉴赏

内容方面的鉴赏主要包括以下几个方面。

1. 主旨

主旨是一部艺术作品的灵魂，影视批评家在对具体影视文本进行批评时，首先考虑的是主旨的问题。现代影视作品表现出追求哲理的倾向，给人以强烈的震撼。如中国的第五代导演的作品在表现美学的强劲冲击力的同时，在历史、传统和文化的理性反思上，在现实人生的哲学追问上，也达到了相当的深度。

2. 题材

题材是构成作品故事内容的素材。题材源于生活，是创作者对生活经验的凝练提取。创作者不同的哲学观念、情感倾向、美学趣味和艺术个性决定着对题材不同的选择和处理方式。鉴赏家评价一部作品的题材处理是否成功，可以从题材选择的合理化、题材处理的深度感、题材把握的创新性等方面进行考察。

3. 人物形象

人物形象是文艺作品的核心要素之一。影视创作者根据自己对人与世界的观察和理

解，按照自己的美学观念、艺术趣味、创作能力塑造影视形象。鉴赏家评价影视人物塑造的得失优劣，可从人物形象是否独特、性格是否鲜明突出、形象是否丰满并具有生命力等方面去分析判别。

4. 情节和结构

情节和结构不可截然分割，在某种意义上，情节就是结构，只是情节中所体现出来的结构是表层的，而一部剧作的情感、逻辑的内在结构则是更深层的。节奏是艺术作品形式美中重要的构成因素。在导演的创作意图和美学观念统领下的节奏是影片美学风格的体现，应受到鉴赏家的高度重视。

5. 细节

注重细节使许多平常不易被人们察觉或注意的细枝末节变得更加清楚、鲜明，细节创造了视觉艺术的审美价值。细节在情节、人物性格、行为表现、场景道具、语言等设计中都显示出不可忽视的作用。

6. 语言

影视作品中的语言，不同于其他艺术形式对语言的要求，它受时空限制。因此，影视作品中的人物语言，尤其是对话的设计要言简意赅、鲜明生动。

（二）形式鉴赏

任何艺术都有自己反映社会的独特表现形式，影视艺术因其与生俱来的综合性而呈现出异彩纷呈的特征。我们可以化整为零、由零合整，从组成艺术作品的各项元素中寻求切入点。主要从画面造型语言、镜头语言、蒙太奇、影视音乐方面切入，对影视作品在形式上的表现进行分析。对表现风格也可以进行鉴赏，这是一种更加综合的分析角度。艺术作品的表现风格主要包括以下几个方面。

1. 民族风格

每个民族都有其独特的生活习惯、民族性格、民族感情和民族审美心理，民族的“经验”“感觉结构”必然会对作为某一民族个体的创作者产生浓厚影响，当创作者将民族生活、民族情绪反映到影视作品中时，必然使其带上民族的色彩。

2. 时代风格

影视艺术创作都无法超脱时代的制约和影响。历史时期的社会生活、社会思潮、社会风尚、社会审美心理决定着影视创作者的气质禀赋、性格特征、审美趣味和创作倾向，从而对其作品的内容和形式也产生直接或间接的影响。

3. 艺术风格

艺术风格包括导演的创作风格和演员的表演风格。导演风格对整个影片创作风貌起决定性的作用。演员的表演风格也对影视作品的整体创作风格起着非常重要的作用。

第三节 影视名片欣赏

一、世界电影名片欣赏

（一）《泰坦尼克号》

一支海上探险队在昔日“泰坦尼克号”巨轮沉没处寻找珍宝“海洋之心”，意外地在残骸中发现了一幅女子画像，现已 102 岁高龄的罗丝声称她就是画中人。于是在尘封的记忆中，她开始讲述发生在 1912 年 4 月 15 日悲剧性的一幕。

当年，出身于没落贵族的罗丝与母亲及未婚夫卡尔一道登上了首航的豪华巨轮“泰坦尼克号”，在船上邂逅了贫穷但充满才华的画家杰克，两人一见钟情，产生了炽热的情感。罗丝决心冲破封建贵族的世俗观念，与杰克永远在一起。没想到灾难发生了，巨轮撞上了冰山。在巨轮即将沉没的最后几个小时里，面对生死的考验，这对恋人谱写了一曲凄美动人的爱情悲歌。

《泰坦尼克号》剧照

（二）《小鞋子》

德黑兰郊区的三年级小学生阿里，将妹妹兹赫拉的鞋子拿去缝补，却在买菜时不慎弄丢。为了不让贫困的父母发现，再给家中添负担，兄妹俩商定轮流穿阿里的脏球鞋去上学，每日接力赛般奔跑在换鞋途中。

《小鞋子》剧照

兹赫拉无意间发现同校的一名女孩脚上穿的正是自己的鞋子，当与哥哥前去兴师问罪时，却发现女孩家中一样贫困。善良的孩子什么也没说，默默地返回。阿里和爸爸去帮富人做园丁赚了钱后，他首先暗示爸爸给妹妹买双新鞋子，但在回家路上自行车坏了，两人受了伤而没钱买鞋。

当阿里得知学校马拉松比赛的季军奖品是一双新球鞋时，许诺妹妹一定会为她赢得这个奖品。小兄妹重新燃起希望。比赛开始了，岂料阿里拼命过头，竟拿了冠军。妹妹见阿里没带回球鞋，很失望。阿里脱下破烂的鞋子，坐在水池边，美丽的金鱼温柔地碰触阿里起泡的双脚。而此刻，毫不知情的父亲正带着新鞋子回到家里。

电影剧情简介——《罗拉快跑》《三傻大闹宝莱坞》

二、中国电影名片欣赏

（一）《疯狂的石头》

这是一部关于真假翡翠的故事。重庆某家濒临倒闭的工艺品厂在推倒旧厂房时发现了一块价值连城的翡翠。翡翠一出，引发了各路人物的争相抢夺：厂长老谢为了给八个月没领工资的员工发工资，顶着开发商施加的压力办了一场翡翠展；开发商冯董也有着自己的打算，他让助手秦经理请了国际大盗麦克，想要盗取翡翠；而本地以道哥为首的三人小团伙，也盯着翡翠的动向；厂里的保安队长包世宏与两支觊觎翡翠的“队伍”展开了一系列明暗较量。

《疯狂的石头》剧照

（二）《霸王别姬》

程蝶衣自小被卖到关家科班学京戏。蝶衣与段小楼从小就是好兄弟，他们合演的《霸王别姬》轰动京城。抗战期间，小楼与青楼女子菊仙结婚，蝶衣倍感孤独。中华人民共和国成立后，两人又重新登台演出。随后小楼在巨大压力下揭发了蝶衣的“罪行”，程蝶衣也在绝望中说出了菊仙的身世，菊仙迫于社会压力而选择上吊自尽。11年后，蝶衣与小楼合作的《霸王别姬》成为绝唱。影片通过三位主人公情感上的矛盾，把他们的命运和历史背景融合到一起，展现出他们情感上的纠缠。

《霸王别姬》剧照

（三）《阳光灿烂的日子》

20世纪70年代初的北京城里，铺天盖地的红旗和毛主席语录浸润着人们的心灵，忙着“闹革命”的大人没空理会孩子们。在北京部队大院里藏匿着几个充斥着旺盛荷尔蒙的孩子，他们用逃课、抽烟、打架、在大街拍拖女孩等方式释放着年轻人独有的内心激情。

影片采用了儿童视角与成人视角两个视角的相互转换来讲述故事。故事的基调采用的是儿童视角，即大部分讲的都是少年马小军的成长故事。另外一个视角，即成年之后的马小军的视角。影片是通过成年的马小军的回忆来展开故事的。这两种视角在电影里时而合一，时

《阳光灿烂的日子》剧照

而间离。

影片通过成人视角对“文革”进行“另类表达”，同时又通过青春期少年马小军的感觉给我们还原出一个“青春期”的中国。

影片主要讲述一群孩子在成长过程中表现出的对爱情的渴望、对友谊的真诚、对性的窥视，最终实现自身的蜕变，走向成熟的故事。

影片以纪实的风格，夹带有荒诞的感觉，以回忆的形式将现实和幻想杂糅在一起，并制造出些许悬念，与观众展开“调情”。

影片中，在欢天喜地、手舞足蹈的秧歌中，几个孩子奔跑着，为军人送行，为军人祝福，为军人歌唱。在欢欣鼓舞的情景下，以马小军为代表的少年们游荡在房顶，期待梦中情人的出现。随着时间的流逝，众里寻他千百度，蓦然回首那人却在灯火阑珊处，马小军终于窥视到“爱神”闪烁的样子。

电影剧情简介——《湄公河行动》《集结号》

三、优秀电视剧

（一）《红楼梦》

电视连续剧《红楼梦》以贾家宁荣二府的日常生活为中心，以大观园众女子的生活琐事和悲惨命运为情节，以宝玉、黛玉、宝钗的爱情故事为主线，以金陵贵族名门贾、史、王、薛四大家族由盛到衰的历史为暗线，展现了封建社会的矛盾冲突和终将灭亡的必然结局。长篇小说《红楼梦》以其曲折隐晦的表现手法、凄凉深切的情感格调、深厚高远的思想底蕴，对我国古代封建制度、社会图景、建筑金石、养生医药、服饰礼仪等各领域皆有不可替代的研究价值，达到我国古典小说的高峰，被誉为“我国封建社会的百科全书”。

长篇小说《红楼梦》作为影视艺术创作的经典素材被无数次演绎，但最为人津津乐道的还是 87 版电视剧《红楼梦》。导演王扶林从 1979 年提出构想，到 1987 年完成拍摄，闯过了改编剧本、角色选定、音乐制作、服饰设计、演员培训、实景拍摄等一系列难关。在当时资金不足、技术落后的背景下，导演率领创作团队完成了这部足以载入史册的艺术珍品。在剧本编写上，全剧既忠实于前 80 回的原著，又对后 40 回进行大胆改编，为观众呈现出了不一样的红楼故事。在演员培养上，导演坚持起用新人，全国招募，盛况不亚于当今的“海选”，封闭式培训更是让毫无表演经验的年轻人受益匪浅。作曲家王立平和演唱者陈力演绎的一系列歌曲脍炙人口，成为至今无法逾越的经典。这部剧引领了几代人爱上了《红楼梦》。

（二）《觉醒年代》

《觉醒年代》以 1915 年《青年杂志》问世到 1921 年《新青年》成为中国共产党机关刊物为线索，展示了从新文化运动、五四运动到中国共产党建立这段波澜壮阔的历史画卷。剧中以李大钊、陈独秀、胡适从相识、相知到各自走上不同人生道路的传奇故事为基本叙事线，以毛泽东、周恩来、陈延年、陈乔年、邓中夏、赵世炎等革

命青年追求真理的坎坷经历为辅助线，艺术地再现了一百年前中国的先进分子和一群热血青年演绎出的一段追求真理、燃烧理想的澎湃岁月，生动再现了中国共产党创建的社会背景和艰辛历程，深刻地揭示了马克思主义与中国工人运动相结合和中国共产党建立的历史必然性。

短短六年，中国发生了翻天覆地的转变，这正是中国从迷茫混沌快速走向觉醒理智的年代。“觉醒”的是什么？是国民精神，是民主文化，是民众真正的爱国心，是民族的自尊心，是工人阶级的力量，是救亡图存的上下求索。通过一幕幕客观翔实的历史事件，一个个鲜活生动的历史人物，《觉醒年代》全景式再现了中国共产党从酝酿到成立的过程，让我们重温了那段峥嵘岁月，更深切理解了共产党人的初心与梦想。

作为一部献礼建党 100 周年的历史大剧，《觉醒年代》用生动而富有质感的镜头语言使一个个鲜活的历史人物以蓬勃的朝气走入了当代青年人的心中。剧中有许多被观众津津乐道甚至“出圈”的镜头，比如：在一条大街上，大雨倾盆，路两旁都是急忙避雨的民众和摊贩，可还有个小女孩跪坐在路边，用一双明亮而纯真的大眼睛盯着镜头，与脏乱不堪的脸、破烂的衣衫形成了鲜明的对比。这是毛泽东同志的第一次出场，只见他一只手里紧紧抱着油纸包裹的《新青年》杂志，大步跑向与民众相反的地方，脚边溅起了泥泞……利用慢镜头和对比手法，该镜头暗示了毛泽东同志此时的内心想法：宁愿淋湿的是自己，也不愿打湿的是杂志，更是新的思想，是解救中国的新方法；而脚下的泥泞，弄脏的鞋子和裤腿，则是革命道路上不可避免的阻碍和牺牲的隐喻；最后他大踏步坚定地朝少数人选择的方向前进着，也预示着未来他将带领中国开辟出新的道路。

《觉醒年代》虽然是一部主旋律作品，但它凭着扑面而来的生活气息、生动感人的艺术形象、巧夺天工的镜头语言、亦庄亦谐的审美趣味和蓄势待发的思想光芒，牢牢地吸引了观众的视线，也深深感动了当代青年。

《觉醒年代》剧照

美学实践与思考

1. 课外观影

选择“豆瓣电影排行榜TOP100”的影片观看。

思考：影视之美是如何展示的?

提示：立足影视艺术的表现手法和内容来综合思考。

2. 课后影评

通过课外观影的体验，写一篇影评。要求从画面造型语言、镜头语言、蒙太奇、电影声音、剧情内容等方面着手，并对某一项内容进行深度分析。

3. 思维拓展

文学作品影视化是现在影视创作的常规操作，有人认为影视视听语言并不能完全展现文学作品，无法表现出纯文字特有的魅力；也有人认为影视化后文学作品容易丢失原作的灵魂与精髓；还有人认为影视化可以弥补文字的不足，更立体地展示故事中的场景，更有助于读者理解和感受原作。

你怎么看待影视化文学作品这一现象?

第十一章　摄影之美

导读

美学研究的三大问题：第一，什么是美？第二，什么是美感？第三，什么是美的创造？这也同样是我们在摄影创作和摄影作品鉴赏中常思考的问题。

美国著名摄影家爱德华·韦斯顿在 1951 年的一篇《什么是摄影美？》的文章中曾写道："摄影美这个词只能用在最终完成的照片上。然而，有志于此的摄影家必须记住，是他的观察创造了他的照片。曝光只是记录下了这一刻，冲印技术则完成了照片的最终形态。但最根本的，是他的观察方式，是他对世界的独特解读，决定了这张照片的最终价值。

如果他的观察能够深入挖掘并揭示主题，让观众在凝视照片时能够深刻地体会到他所看到的世界，感受到他当时的情感与思考，那么他就已经赢得了摄影美。而这一切，都建立在他对技术的熟练掌握之上，因为只有技术措施能够精准地表现他的观察，将他的内心世界传递给每一个观众。"

摄影是一门技术，也是一门艺术。摄影与其他门类的艺术一样，其根本是源自社会生活，是艺术家们将自己的审美体验和审美想象通过摄影手段进行升华和表现的结果。摄影是无言的，是一种有形却无界的美的容器。创造摄影作品时能放入多少美，品读摄影作品时能辨析多少美，无不在考验摄影师或观者是否拥有扎实的技术功底，是否有真实开阔的视野，是否对生活有足够的观察和体验。

摄影美的表现是不能离开摄影艺术的物化手段的。本章将带领大家通过摄影的特殊手段，将我们对生活的理解从审美的角度进行表达和创造，以此感受摄影的鲜活生命力。

学习目标

知识目标

1. 掌握摄影艺术的定义、特征与发展历程。

2. 了解摄影的几种常见类型。

能力目标

1. 熟悉摄影艺术的基本要素。

2. 了解欣赏摄影作品的方法，培养摄影作品的鉴赏能力。

素质目标

1. 提升对自然世界、社会生活和艺术作品中美的特征及其意义与作用的认识能力。

2. 提升摄影艺术的艺术表现力和创意实践能力。

思政目标

提升对特定文化情境中艺术作品人文内涵的感悟、领会、阐释能力，在文化理解中培养正确的历史观、民族观、国家观、文化观，增强文化自信。

美学欣赏

《童工》这幅作品，是海因批判精神的集中体现。画面中的女孩，一手扶着窗台，一手扶着机器，疲惫而呆滞的眼神中透露出无尽的悲哀与痛苦。那“V”字形的机器与墙壁，如同一只巨大的钳子，牢牢地束缚着这个无辜的小女孩，使她成为了机器的附庸。浓重的暗色调背景下，正面的拍摄角度使得整个作品充满了凝重深沉的情绪，仿佛观众与作品对象正在进行一场直面现实、正视人生的心灵对话。海因通过他的镜头，让我们看到了那些被过早捆缚在机器上、失去童年欢乐的孩子们，他们的命运，正是资本主义制度下无数劳动者的缩影。

《柏林墙边》是布列松于 1962 年拍摄的经典作品。当时正值冷战期间，在东西柏林交界处，布列松抓到了这样一个发人遐想、引人深思的镜头：双手持拐而行的残疾者，暗示出以前发生过的战争；荷枪的卫兵，又反映出了持续着的对立。这种对比不仅体现在身体状况上，还隐喻着战争与和平、痛苦与健康。画面中阴雨天气的灰暗影调，使得画面有一种低沉的气氛。

这张黑白照片有一大片黑色的区域，在黑色上方又有一个高光的局部，一个女人站

在破旧的小舞台上表演，她的裙摆随着动作飘扬，形成了一种优美的曲线。舞台下面是观众们的黑色的背影。右侧，通过打开的门可以看到室外一些衣着光鲜的男子。这是法国著名摄影大师罗伯特·杜瓦诺 1953 年在巴黎十四街拍摄的《旋转的温达》。照片上的明暗对比具有强有力的矛盾冲突色彩，表达了巴黎大都会隐秘与公开的对比。

《柏林墙边》
亨利·卡蒂埃·布列松（Henri Cartier Bresson）　摄

《旋转的温达》
罗伯特·杜瓦诺（Robert Doisneau）　摄

《白求恩大夫》　吴印咸　摄

《白求恩大夫》是摄影家吴印咸于 1939 年拍摄的一幅照片，生动塑造了国际主义战士白求恩大夫的形象。作品凭借其纪实性和出色的造型感，赋予了照片长久的生命力，并为后续描绘白求恩的文艺创作提供了珍贵的形象参考。画面中，白求恩大夫被置于画面中心，完美捕捉到他全神贯注的工作状态，将观众视线自然引向手术台。合适的光线入射角度使得主体轮廓清晰，并获得了最亮的影调，使照片主角白球恩在画面中脱颖而出，进一步凸显了白求恩的表情与动作。照片中的环境元素——破旧的庙宇、

古朴的房檐与壁画，以及简陋的手术台，都深刻反映了当时的历史背景与工作条件的艰苦，为白求恩大夫的国际主义精神提供了有力的视觉佐证。

《乐园之路》 尤金·史密斯（W.Eugene Smith） 摄

《乐园之路》是史密斯众多佳作中的一幅，通过他的一对儿女展现了人类对美好生活的无限向往。画面中，兄妹二人即将踏入一片未知的树林。妹妹略显胆怯，依偎在哥哥身后；而哥哥则充满了探险的勇气，紧紧牵着妹妹的手，坚定地迈向树林深处。逆光下的背影剪影，勾勒出了他们年少而坚定的身姿，画面充满了动人的情感。这幅作品之所以引人入胜，除了其深刻的主题外，更因为史密斯选择了拍摄孩子们的背影。虽然无法看到他们的表情，但背影所呈现的明暗对比，使得人物形象更加鲜明，姿态更显生动有趣。相较于正面的面部表情，背影更为含蓄，充满了引人深思的韵味。他们背对镜头，面向未知的前方，与身后的景色融为一体，构成了一幅和谐的画面。身后的小路象征着通往光明之路的艰辛与曲折，而前方的光明则是他们追求的目标，也是人类的未来所在。

第一节 摄影艺术之美

人类在远古时代就有艺术，但那时种类很少，最初大约只有绘画、音乐、舞蹈等，而且处于即兴自发状态，并没有清醒地认识到创作规律。随着物质文明的提高，文化艺术日益繁荣，品种越来越多，至今已有音乐、绘画、舞蹈、戏剧影视、建筑、杂技等多种艺术样式，各种艺术样式风采各异，从内容到形式都有自己的特点和美感。比如电影是富有戏剧性的，而且其表现时空十分灵活和自由，但是电影无论如何也不能替代话剧和戏曲。因为话剧和戏曲有它们自己的审美价值，如虚拟的时空、程式化的表演、富有韵律的道白和唱腔等，能带给广大观众特殊的美感。这说明每一种艺术都有其存在的价值与意义，是其他艺术种类无法替代的。

摄影是一门后起的艺术，不像文学、绘画等古老艺术已经经过了几千年的实践与美学总结，摄影艺术在具有其他艺术共性的前提下，亦具有其特有的本质与特性之美。

一、摄影艺术的含义

摄影，是通过以光学成像原理制造出来的机械设备，完成影像显现的创作行为。从艺术角度来看，摄影可以通过构图、光线、色彩等元素，对摄影师的创意和观点作出表达。作为科技与艺术结合的产物，摄影以镜头为媒介捕捉和呈现世界，为观者带来直接的视觉享受和审美体验。

（一）摄影的社会功能

从社会层面来说，摄影的功能包括以下三个方面。

1. 摄影是记录历史的手段

镜头可以凝结住任何选定的风景、人物或事物，对具有历史意义的事件和人物活动进行纪实性的记录。影像可以跨越时间，促使人们反思历史，珍惜当下，展望未来。普利策新闻特写摄影奖作品《饥饿的苏丹》引起世界对非洲贫困和饥饿问题的关注；侯波的《开国大典》系列照片带我们重回中华人民共和国开国大典现场，感受新中国诞生的荣耀；《北京奥运会开幕式》组图展现了中国人民的热情和创造力，也向世界展示了中国的自信。

《饥饿的苏丹》　凯文·卡特（Kevin Carter）　摄

《开国大典》　侯波　摄

2. 摄影是传播文化的媒介

通过摄影作品，人们可以打破地域和语言的壁垒，了解不同地域、不同文化、不同阶层人民的生活状态。无论是遥远的非洲大陆、神秘的亚马逊雨林，还是繁华的都市街头、宁静的乡村田野，我们都能从影像中看到当地的独特景象和人文风情，以愉悦感官，开拓视野，感受到不同文化的魅力和差异，增进对不同文化的理解和尊重。摄影同时可以以独特的视觉语言，将复杂多变的社会现象以直观的形式呈现给大众，让人们能够更直接地感受到时代的脉搏，直观捕捉到国际与国内政治、经济和文化发展的动向。一张展现自然灾害的照片可以唤起人们对环境保护的意识，一张表达社会不公的照片可以引发公众对社会问题的关注，摄影作品通过图像的力量，引导人们思考和行动，从而对社

会产生积极影响。

Ankur Tambde 摄

Smail Serhat Şahin 摄

3. 摄影是科技发展的辅助工具

摄影能够直接作用于科技活动，为天文、医学、考古、人工智能等多个领域提供了有力的支持。航摄专家能从人们不易取得的视点拍摄壮观的水电站大坝和海上石油钻井平台。探险家们可以借助装备高指数闪光灯相机，向人们揭示地下数千英尺处洞穴和裂缝的奥秘。当遇上人类无法接近的、危险的场合，如早期原子弹实验，科学家可利用遥控装置进行远程监控和拍摄。在医学上，胃镜就是通过配有特殊镜头的相机带着可弯曲的光导软管窥视患者的咽喉或胃的内壁，拍下直观的病理照片，供外科医生做出诊断。在工业上，也常使用遥控小车上的相机，沿狭窄的金属管道进行拍摄，清晰掌握管壁受到腐蚀的详细情况。摄影还为人工智能领域提供了丰富的图像数据资源，有助于 AI 在视觉理解、图像增强、创意艺术等领域取得更大的进步。

工业内窥镜在铁路桥梁、涵洞的检测应用

摄影在人工智能领域的运用

（二）摄影美学

摄影的艺术性在于其独特的表达方式和丰富的表现力，而摄影美学则是探讨这种艺术性的学科。摄影美学是将客观存在（被摄对象）作为审美对象，把思维活动者（摄影创作者和欣赏者）作为审美的主体，从审美意识的物化（摄影作品）中研究和阐明摄影艺术的本质、风格、审美特征及所产生的社会影响。

这表明，摄影师镜头下客观存在的现实世界是摄影美学的核心，无论是自然景观、

城市街景还是人物肖像，都是摄影师创作灵感的来源。摄影美学的审美主体包括两个方面：一是摄影创作者的思维活动，即摄影师如何通过观察、思考和选择来表达自己的情感和思考；二是摄影欣赏者的思维活动，即观众如何解读和理解摄影作品，从而产生审美体验。主客体的结合通过摄影作品这一载体进行阐释，完成了摄影艺术性的表达。

摄影美学不仅关注摄影作品的外在形式美，如画面的清晰度、光影的对比与和谐、色彩的搭配与运用等，更强调作品所蕴含的内在美，即摄影师通过镜头捕捉到的瞬间所传达的情感、意境和主题思想。有时候，这些内在美的元素是摄影作品能够打动人心、引发共鸣的关键所在。例如，一张记录贫困地区儿童生活的照片，孩子们的眼神和表情传递出的无助和渴望改变的情感，是任何外在形式美都无法替代的。

二、摄影艺术的历程

（一）摄影术的诞生

1839 年 8 月 19 日，是摄影史上一个具有里程碑意义的日子。在法兰西学术院举行的科学院和美术院联席会议上，法国政府正式认定了达盖尔的银版摄影法，并将这一发明公诸于世，宣布摄影术的创立。这一消息犹如一颗投入平静湖面的石子，迅速激起千层浪。短短 1 个小时内，巴黎的光学仪器商店就被渴望购买这种神奇摄影器械的顾客挤得水泄不通。这一热潮并非短暂现象，它如野火般迅速蔓延，不到 10 年时间，仅在巴黎，就有 2000 台相机和超过 50 万张摄影金属板被抢购一空。这股摄影的狂热更是席卷全球，在美国，1853 年就有超过 1 万名摄影师拍摄了近 30 万张照片。1856 年，伦敦的大学增设了摄影课程，标志着摄影作为一种新的艺术形式正式得到学术界的认可。

摄影术的诞生，以达盖尔银版法的公布为标志。然而，它背后是人类数百年来对捕捉和留住影像的执着追求和共同实践。从暗室成像到针孔成像，再到感光材料的不断试验，无数先驱者为此付出了巨大努力。

谈及摄影术的起源，我们不得不提及三位重要的创始者：约瑟夫・尼埃普斯，他成功拍摄了世界上第一幅永久性照片；路易斯・达盖尔，他发明了银版法摄影术，使摄影技术从实验室走向了大众；塔尔博特，他通过负像到正像的转换，为现代摄影法的发展奠定了基础。正是这些先驱者的不懈努力和贡献，才使得摄影术得以诞生并不断发展，成为今天我们所熟悉并热爱的艺术形式。

（二）摄影术的发展

在卡罗式摄影法之后，摄影术迎来了新的发展阶段。湿版摄影法（wet plate processing）应运而生，它利用玻璃或金属板作为感光材料的载体，并在拍摄前将感光乳剂涂抹在载体上。虽然湿版摄影法对操作环境和时间的要求较为严格，但它却提供了更高的影像质量和更多的曝光时间选择。

干版摄影法（dry plate processing）是对湿版摄影法的改进，它使用了一种可以预先涂好感光乳剂并干燥保存的板材。这种板材可以在需要时直接用于拍摄，无须现场涂抹

感光乳剂，大大提高了摄影的便捷性和实用性，进一步推动了摄影技术的普及和发展。

早期的摄影主要是黑白的，但随着时间的推移，人们对彩色影像的需求越来越强烈。在人类从事有关色彩摄影的各种试验和探索的同时，也采用过多种办法来为黑白影像增添色彩，包括绘画式的手工渲染、调色等工艺。20 世纪初，先驱们通过认识和完善三色理论，乃至加色法、减色法、网屏与彩屏、染料与成色等科技发明和实验上的不断成功，逐步逼近了彩色摄影的实现。自动色调法、染料转移法等方法使得彩色摄影变得更加可行和普及。1935 年，柯达克罗姆（彩色反转片）研制成功并付诸使用，从此，彩色摄影终于梦想成真。继而在 1942 年，彩色负片正式推出。彩色摄影变得像黑白摄影一样方便易行。彩色摄影发展迅速，几十年内便在全球得到广泛普及和应用。彩色摄影技术的出现，极大地丰富了摄影的表现力和应用范围。

数码摄影的发展与起源可以追溯到 20 世纪 60 年代末，当时美国贝尔实验室为了研究存储计算机数据，意外地发明了“电荷耦合器件”（charge coupled device，CCD）这一微电子元件。这一技术的出现，为数码摄影的发展奠定了重要的基础。

在 1975 年，柯达公司的工程师史蒂文・萨森（Steven Sasson）利用 CCD 技术，成功开发出了世界上第一台数码相机的原型机——“手持电子照相机”，并拍下了历史上首张数码相片。因此，他也被称为“数码相机之父”。

然而，尽管数码相机的雏形已经出现，但真正使数码摄影技术得到广泛应用的是索尼公司在 1981 年推出的静态视频“马维卡”（mavica）。这是全球第一台不用感光胶片的电子相机。它的出现改变了传统照相的银盐工艺，将光信号转化为电子信号，以电磁记录手段开创了新的图片影像生成方式。

随后，多家公司都开始了对电子相机的研发工作，包括松下、佳能、尼康、卡西欧、东芝、奥林巴斯等。这些公司纷纷推出了自己的电子相机试制品，推动了数码摄影技术的不断发展和完善。在 1994 年，柯达公司推出了全球首部民用消费型数码相机 DC40，这一产品的出现标志着数码摄影技术正式进入了普及阶段。从此，数码摄影逐渐取代了传统的胶片摄影，成为了摄影领域的主流技术。

数码摄影技术的优势在于其方便、快捷、直观、成本低廉等。数字摄影设备不断更新，数字图像处理系统也逐渐趋于完善。数字摄影技术可以即拍即看，重复使用，而且不会像传统胶卷和冲印胶卷的药剂对环境产生污染。此外，数字摄影技术的数据可以很容易地在电脑系统中进行任意复制、传输和修改，并且依托电脑软件具备的强大图像编辑和处理能力，可以实现多功能全方位的创意设计和特技效果。

三、中国的摄影艺术

（一）摄影技术的引入

清朝末期，在西学东渐的历史背景下，摄影技术也开始在中国生根发芽。这一时期，中国出现了第一代摄影师，他们不仅开启了中国的摄影艺术之路，也为后来的摄影发展奠定了基础。

（二）中国摄影艺术的发展

文化大师对摄影的贡献

随着“五四”新文化运动的蓬勃发展，摄影艺术吸引了众多思想界和文化界领军人物的关注。康有为、蔡元培、胡适、顾颉刚、刘半农、鲁迅、周瘦鹃、徐悲鸿、张大千和丰子恺等文化巨匠，纷纷提出了一系列富有创新性和理论深度的观点，极大地推动了中国摄影艺术的发展，逐渐确立了其作为一门独立学科的地位。

改革开放以来，中国摄影艺术迎来了新的发展机遇。越来越多的摄影家开始关注“人文关怀”这一理念和视角，通过镜头探寻人性、表达情感。进入 20 世纪 90 年代中后期，随着数字影像技术和网络传媒的飞速发展，中国摄影艺术全面融入信息社会。数字摄影器材的便捷、低成本和高度自动化使得每个人都能成为影像的创作者、传播者和欣赏者。数字成像技术的兴起更是标志着传统感光胶片时代的结束，也预示着新的影像文化时代的到来。

四、摄影艺术的审美特征

（一）纪实性与艺术性并存

摄影艺术最本质的特征在于其纪实性，即能够真实、客观地记录现实世界。摄影以真实的画面和情境来呈现世界，它关注人物、事件和环境的自然状态，强调对生活原貌的捕捉和展现。这种纪实性不仅体现在对拍摄对象的真实反映上，还体现在对拍摄时机、角度、光线等因素的精确把握上。纪实性摄影作品往往能够引发观众的共鸣和思考，因为它们所展现的是人们共同经历的生活场景和情感体验。

然而，这并不意味着摄影仅仅是简单的记录工具，它同样具有高度的艺术性。这种艺术性是主观的，摄影师通过追求画面的美感、构图的巧妙、光影的和谐以及情感的表达，运用各种摄影技巧和手法，将现实生活中的元素进行提炼、加工和创造，从而创作出具有深刻内涵、艺术感染力和独特审美价值的摄影作品。

在摄影中，纪实性与艺术性相互交织、相互渗透，共同构成了摄影艺术的独特魅力。无论是何种类型摄影，都需要摄影师具备敏锐的洞察力、独特的审美眼光和精湛的摄影技巧，只有这样才能创作出具有深刻内涵和独特魅力的摄影作品。

（二）瞬间性与永恒性统一

摄影艺术能够捕捉瞬间的美好，将那些稍纵即逝的瞬间定格为永恒。每一幅作品都是对生活中某个独特、不可复制的瞬间的定格。按下快门的时机稍纵即逝，未能捕捉的那个特定的瞬间便会如流水般逝去，其蕴含的形象、情感和故事也将随之改变，甚至永远消失在时间的洪流之中。正因为摄影作品的这一特性，它也带来了挑战。摄影师需要在等待中寻找最佳时机，敏锐地捕捉那些具有代表性、典型性的瞬间。亨利·卡蒂埃·布列松（Henri Cartier Bresson）的作品《圣拉扎尔火车站后面》以其独特的视角和捕捉“决

《圣拉扎尔火车站后面》 亨利·卡蒂埃·布列松（Henri Cartier Bresson） 摄

定性瞬间”的能力，将这样一幅画面定格下来：前景中跳跃的男子，其身影恰好跟背后张贴的广告中跳跃的女子相似，一前一后，相映成趣，被称为在相机手动年代对动态瞬间最完美的记录。

（三）形象性与情感性并重

摄影作品作为一种视觉艺术，其最直观的表现方式就是通过画面传递视觉信息。摄影的形象性不仅体现在图像的内容上，更通过构图手法、色彩选择、用光等多个方面得以展现。优秀的摄影作品往往具有强烈的视觉冲击力，能够迅速吸引观者的注意力。同时，这种视觉冲击力还能够引发观者的情感共鸣，让观者在欣赏作品的过程中感受到摄影师所要表达的情感和思想，产生强大的感染力和传播力。

例如：在人物摄影中，摄影师需要捕捉人物的典型瞬间和典型部位，以展现出人物的性格、情感和内心世界；在风景摄影中，则需要通过选取独特的视角和构图，来展现大自然的壮丽和辽阔。在黑白摄影中，摄影师可以通过强烈的黑白对比来营造一种深沉、压抑的氛围；而在彩色摄影中，则可以通过丰富的色彩和光影变化来传递出欢快、明亮等不同的情感。

丘吉尔的一张来自优素福·卡什（Yousuf Karsh）肖像照就是形象性与情感性的绝佳体现。在第二次世界大战的关键时刻，丘吉尔到美洲发表演讲，寻求国际反法西斯力量的支持。尽管战争的压力沉重，但他在演讲中却表现得从容不迫。为了捕捉丘吉尔的威严和决心，年轻的摄影师卡什在演讲结束后，巧妙地夺走了丘吉尔的雪茄，引发了丘吉尔的怒目而视。这一瞬间被卡什敏锐地捕捉，照片中的丘吉尔一手叉腰，一手握杖，展现出了他威严且不可侵犯的形象。这张肖像超越了“形象照”，成为了力量的象征，被广泛传播于反法西斯的战场上。

《温斯顿·丘吉尔》 优素福·卡什 摄

（四）技术性与思想性结合

摄影作品的实现，离不开对技术、器材的依赖和对思想的依赖。为完成摄影，摄影

师需要掌握一定的摄影技术和设备操作技能。这包括了对光线、曝光、构图、色彩等技巧的理解和运用。摄影师需要了解如何根据拍摄环境和主题选择合适的光圈、快门速度和 ISO（International Standards Qrganization）值，以获取清晰的、有层次感的图像。同时，构图技巧也是摄影中不可或缺的一部分，它决定了画面中的元素如何排列，如何引导观众的视线，以及如何传达摄影师的意图。

仅有技术和技能是不够的，摄影还需要各种器材和设备的硬件支撑。这些器材和设备包括相机、反光板、滤镜等。相机是摄影的核心设备，它决定了图像的成像质量和细节表现。镜头则是相机的“眼睛”，不同的镜头能够带来不同的视角和视觉效果。闪光灯和反光板则能够帮助摄影师在光线不足或需要特殊效果时获得更好的拍摄效果。滤镜则能够改变光线的颜色和强度，为摄影师提供更多的创作选择。

然而，技术和工具只是手段，艺术才是目的。摄影创作的核心在于表达摄影师的思想和情感。思想决定了摄影师如何看待世界，如何理解事物，以及如何表达自己的观感和思考。摄影师的思想和情感通过镜头和图像传达给观众，引发观众的共鸣和思考。摄影师需要在技术的基础上发挥自己的艺术创造力，将技术与艺术相结合，创作出具有深刻内涵和艺术感染力的作品。

第二节　摄影手法及审美

布列松大师曾经提出过一个引人深思的问题：“有时，你会感到眼前的景物万事俱备，几乎可以拍成好照片了，只是还缺了一点什么。缺的究竟是什么呢？”这背后其实涵盖了摄影艺术的多个层面，而摄影技术无疑是构成这幅画卷不可或缺的一块拼图。

当我们欣赏那些令人叹为观止的摄影佳作时，往往会为那些“决定性瞬间”的捕捉而赞叹不已。然而，这些佳作并非是仅仅依赖于运气诞生的。摄影师的敏锐意识和精湛技术才是他们能够捕捉到这些瞬间的关键。在摄影创作中，意识和技术二者缺一不可。因为那些“决定性瞬间”如同流星般短暂，只有摄影师在极短的时间内意识到拍摄题材的出现，并且迅速而熟练地运用技术手段（如光圈、快门速度、光影关系等），才能成功地将这些瞬间定格为永恒。

一、曝光

在英文中，摄影“photography”本意为光画，由此可见光与摄影的密切关系。在摄影的世界里，曝光是创作的起点。它决定了照片的明暗、对比度和色彩饱和度，进而影响着整个作品的视觉效果和情感表达。曝光过度可能让画面失去细节，曝光不足则可能让画面显得沉重或无法看清。摄影创作技能的进阶中，如实获得清晰的影像应是不可或缺的前提，这要求我们首先要有正确的曝光。

（一）曝光的概念

曝光，指被摄影物体发出或反射的光线，通过照相机镜头投射到感光片上，使之发生化学或物理变化，使感光材料产生潜影的过程。

在胶片摄影中，曝光发生化学反应形成潜影，需要通过进一步的化学显影才能得到最终的影像。在数码摄影中，曝光发生的是物理反应，在感光元件上形成电荷，并通过电子技术将这些电荷转化为可见的影像。

在摄影过程中，可以通过调整相机设置来调整曝光，这就涉及光圈、快门速度和感光度 ISO 三个关键因素，它们共同决定了进入相机的光线量，影响作品的明暗表达。被称为曝光三要素。

（二）曝光三要素

曝光三要素分别为光圈、快门速度、感光度 ISO。

想象一下，当我们身处一个昏暗的房间内，房间内的光线不足，以致看不清楚室内的细节。为了增加室内的亮度，我们可以通过调整窗帘来增加光线的进入量。窗帘就像摄影中的曝光控制工具。

光圈就好比窗帘的开合程度，拉开的面积越大，更多的光线就会进入房间；快门速度就是窗帘打开的时间，时间越短，进入房间内的光就越少；而感光度 ISO 则决定了我们的眼睛对光的敏感程度，当我们直视光源，对光量的感受就更强烈。这个类比中的进光量，就是直接反映在摄影作品中影响明暗程度和质感的曝光量。

1. 光圈

光圈指用来控制光线透过镜头进入机身内光量大小的装置。这个装置通常在镜头内，由镜头决定，可以通过调整其大小来控制通过镜头的光线量。

具体来说，光圈由几片极薄的金属片组成，这些金属片可以形成一个中间能通过光线的孔。这个孔的大小可以调整，以改变进入镜头的光线量。光圈开得越大，通过镜头进入的光量也就越多；反之，光圈开得越小，通过镜头进入的光量也就越少。

2. 快门速度

快门速度表示光线通过镜头进入相机时，照射在图像感应器（如胶片或数字传感器）上的时间长短。快门速度一般通过机身来控制（部分单反胶片机由镜头控制）。

在摄影中，快门速度通常以秒或分数秒（s）来表示，例如 1/100s、1/500s、1/1000s 等。较快的快门速度（如 1/4000s）允许更短的时间窗口让光线进入相机，适用于捕捉快速移动物体的场景，如体育摄影或野生动物摄影。较慢的快门速度（如 1s 或更长）则允许更长时间的光线进入，这在需要更多光线来正确曝光的低光条件下非常有用，同时也适用于拍摄如流水、云彩等需要长时间曝光才能呈现出特殊效果的场景。

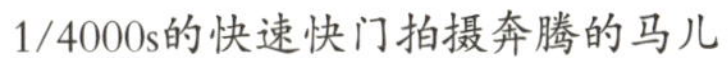

1/4000s的快速快门拍摄奔腾的马儿

慢速快门下的车流和星轨

3. 感光度 ISO

感光度 ISO 指相机感光元件（如胶片或数字传感器）对光线的敏感程度。ISO 值越高，传感器对光线的敏感度就越高，可以在更暗的环境下拍摄出明亮的照片。一般来说，常见的 ISO 值从 100 或 200 开始，并随着数值的增加而逐渐增大，例如 400、800、1600 等，最高可达 25600 或更多。

然而，提高 ISO 值不只会让照片变得更亮，也会引入更多的噪点。噪点也称颗粒或数字噪声，会损失照片色彩的鲜艳度和自然感觉，从而影响画面的表达。因此在选择 ISO 值时，摄影师需要在曝光和噪点之间进行权衡。在光线充足的条件下，建议使用较低的 ISO 值以获取最高质量的图像；而在光线较暗的环境中，可以根据需要逐渐提至高 ISO 值，直至达到所需的曝光效果，同时保持噪点在可接受范围内。

（三）正确的曝光

通常来说，正确的曝光意味着在图像中既不过曝（即高光区域过亮，细节丢失）也不欠曝（即暗部区域过暗，细节无法呈现）。当曝光正确时，图像的亮度适中，色彩自然，细节丰富，能够真实地反映拍摄场景的特点和氛围。当然，有时为了取得某种特殊的艺术效果而有意识地使曝光过度或曝光不足，这种不准确曝光也可理解为正确曝光。

1. 曝光过度

曝光过度是指在摄影过程中，由于曝光时间过长或光线过强，导致感光元件接收到的光线过多，从而造成图像过亮、细节丢失的现象。当曝光过度时，图像的高光区域会变得非常明亮，甚至呈现为纯白色。这种纯白色通常意味着细节的完全丢失，即使通过图像编辑软件进行后期处理也会受到限制，难以还原真实的细节和颜色。

2. 曝光不足

曝光不足是指在摄影过程中，由于曝光时间过短或光线不足，导致感光元件接收到的光线过少，从而造成图像过暗、细节不清晰的现象。

当曝光不足时，图像的暗部区域会显得特别黑，几乎看不到任何细节。图像后期可以局部调亮，最大限度还原区域的细节和质感，但如果画面已经呈现纯黑色，则无法恢复应有的细节和色彩状态。

3. 曝光补偿

曝光补偿是一种便捷的曝光控制方式，它允许拍摄者根据环境光源的亮度和个人需求，在曝光三要素以外有意识地变更相机自动演算出的“合适”曝光参数，从而让照片更明亮或更昏暗。

具体来说，当拍摄环境比较昏暗时，如果照片过暗，可以通过增加曝光补偿值（如 +1EV、+2EV）来提高画面亮度，以突显画面清晰度。相反，如果照片过亮，可以通过减少曝光补偿值来降低画面亮度。

有时，当我们拍摄白色或明亮的物体时，相机测光系统可能会误以为环境很明亮而造成曝光不足，为了避免这种情况，我们需要增加曝光补偿；而当拍摄黑色或暗部的物体时，为了避免曝光过度，需要减少曝光补偿。

二、焦距

在摄影中，焦距是指从透镜中心到光聚集之焦点的距离，也是指从相机镜头到成像平面的距离。焦距通常用毫米（mm）来表示，它是决定成像大小和镜头视角的主要因素，是镜头的重要性能指标。

有时候，摄影会受到位置的限制无法拍摄到想要的画面。想象一下，在一场足球比赛中，坐在观众席的你想要为喜爱的球员记录下关键瞬间，但你可能被其他观众或障碍物阻挡了视线，或拍摄的画面中球员的身影太小，无法看清；当你旅行至一处景点，想要拍摄面前恢弘壮丽的建筑，但相机只能囊括其中部分，而你也无法后退到足够远的地方来捕捉整体的画面。这些时候，我们就需要调整镜头的焦距来解决问题。

（一）焦距对画面的影响

焦距对于摄影作品的影响主要体现在以下几个方面。

1. 取景画面大小不同

焦距越短，视角越大，拍摄到的画面范围越广；焦距越长，视角越小，拍摄到的画面范围越窄。当我们想表现宽广的视野、宏伟的建筑或丰富的全景时，多采用短焦距来纳入更多的画面；当我们需要在远处进行拍摄，或想在画面中放大被拍摄物以增加视觉冲击力时，则可以通过长焦距来实现“望远镜”的功能。

2. 透视关系不同

简单来说，透视关系就是画面中物体之间的相对大小、距离和位置关系，它影响着观众对画面的空间感知。

短焦距镜头会产生较强的透视效果，使画面中的近处物体显得较大，远处物体显得

较小，前景和背景之间的距离感增强，给人一种强烈的空间感和立体感；而长焦距镜头则会削弱透视效果，使画面中的物体大小差异减小，前后景之间的空间压缩感增强，透视效果变得不那么明显。

在实际运用中，改变焦距以增加画面的透视感，有助于吸引观众的注意力，引导他们深入探索画面内容。通过透视关系，摄影师可以控制画面中的元素，使主体更加突出，或影响画面的整体氛围和情绪表达。例如，通过夸张透视效果可以强调画面的动态感和速度感；而通过弱化透视效果则可以营造出平静、悠远的画面氛围。

3. 景深表现不同

景深是摄影中的一个重要概念，它是指在相机镜头或其他成像器前沿能够取得清晰图像的成像所测定的被摄物体前后距离范围。换句话说，当对某一物体对焦后，在焦点前后一定范围内的所有景物都可以被清晰地拍摄下来。这个范围就是景深，而画面中的其他部分，则呈现不同程度的虚化。

通过焦距的调整，我们可以在一定程度上改变画面的景深。焦距越短，画面景深越大，画面中的清晰范围越广；焦距越长，画面景深越小，画面中的清晰范围越窄，虚化模糊的内容越多。

对景深的控制是摄影的主要技术之一。运用这种控制，我们可以缩小景深，仅仅清晰地表现重要的物体而使其突出，让不需要的物体虚糊而被隐去；我们也可以扩大景深，使所有的被摄体在画面上都清晰地展现，表现出它们的每一处细节。在摄影时，尽可能采用最小景深或最大景深的调节，以增强上述效果。

影响景深的因素

（二）焦距镜头的分类

根据长度和特性，焦距镜头有以下常见类型。

1. 超广角镜头

超广角镜头，焦距一般在 24 mm 以下，视角远大于人眼视角，属于极端的广角镜头。这种镜头能够拍摄到非常宽广的画面，存在明显的画面畸变，带来强烈的视觉冲击力和空间感，常用于希望容纳更多元素的风景摄影或创造独特视觉效果的创意摄影中。

2. 广角镜头

广角镜头，焦距通常在 24 mm 到 35 mm 之间，视角大于人眼视角。拍摄的画面宽广，景深大，有利于获得被摄画面全部清晰的效果。同时，透视感强烈，可以营造具有视觉冲击感的画面，相较超广角镜头，画面畸变的情况有所改善。广角镜头适合拍摄较大场景的照片，如建筑、集会等，在婚纱摄影中也多有运用。

3. 标准镜头

标准镜头，焦距大约在 40 mm 至 60 mm 之间。这种镜头的视角与人眼的视角相近，

是最常用的镜头之一。标准镜头拍摄出的画面透视关系自然，没有明显的畸变。同时，标准镜头在表现画面细节方面具有较高的能力，可以清晰地呈现出被摄物体的纹理和质感。该镜头通用性强，适用于多种拍摄场景，如普通风景、人像、街拍等。

4. 中长焦镜头

中长焦镜头，焦距范围通常在 75 mm 至 135 mm 之间，视角适中，能够拍摄到较为清晰的画面，同时具有一定的压缩感，可以突出主体并简化背景。由于可以拍摄出自然、柔和的画面效果，该镜头常用于人像摄影，也被称为人像镜头。

5. 超长焦镜头

超长焦镜头，焦距超过 200 mm，视角狭窄，但具有极强的远摄能力，可以拍摄到远处的细节和景象。同时，由于焦距较长，景深较浅，超长焦镜头可以营造出强烈的虚实对比效果。该镜头适用于拍摄远处的景物，如野生动物、体育赛事等。

不同焦距的镜头类型在视觉表现、拍摄范围、透视效果等方面各有特点。这些特点使得它们能够满足摄影师在不同拍摄场景下的多样化需求。因此在选择镜头时，确实需要根据拍摄需求和场景来仔细挑选合适的焦距，以达到期望的摄影效果。

三、用光

无论是黑白胶片，还是彩色胶片或是数码影像，如果我们将摄影师的照相机比作创作的“画笔”，那么光线无疑就是他们手中的“油彩”。摄影师用光线来描绘、涂抹每一张照片，就像画家精心挑选和运用油彩一样。他们细心地观察光线，敏锐地捕捉其变化，用光线的质地、强度和方向来塑造画面的明暗、层次和质感。在摄影师的眼中，光线不仅是照亮画面的工具，更是表达情感、营造氛围和传达主题的媒介。

在摄影中，用光是一门复杂深邃的学问，其中多个要素都直接影响着作品效果的呈现，比如光度决定了照片的整体亮度，光度过高或过低都可能影响照片的曝光，进而影响作品的视觉效果。

光型和光比多运用在人造光源下，需要通过一些辅助器材进一步实现光的表达。光型指的是各种光线在拍摄时的作用，常分为主光、辅光、背景光等；而光比则指的是照明环境下被摄物暗面与亮面的受光比例，对照片的反差控制有着重要意义。画面中反差大则视觉张力强，反差小则柔和平缓。如在人像摄影中，反差能很好地表现人物的性格，高反差显得刚强有力，低反差显得柔和。

其他要素还包括光位、光质和光色，分别代表着光的方向、强度和颜色。

（一）光位

光位是指光源相对于被摄体的位置，即光线的方向与角度。光位可分为以下三种基本类型。

1. 顺光

顺光照

顺光是指光源照射方向与相机拍摄方向一致的光线条件。换句话说，当光源位于被摄体的正面或稍微偏离正面时，这种光线条件就被称为顺光。

在顺光条件下，光线均匀地照射在被摄体上，因此被摄体的细节和色彩能够得到很好的呈现，画面明亮且不会产生强烈的阴影。这种光线条件非常适合拍摄人像、风景、建筑等需要展现细节和色彩的题材。

然而，顺光也可能导致一些问题。由于画面中没有强烈的明暗对比，几乎没有色调的层次，照片可能会显得较为平淡，缺乏立体感，顺光也因此常被称为平光。此外，顺光下拍摄人像时，如果光线过强，可能会导致人物面部细节丢失，出现“过曝”现象。

2. 侧光

侧光是指光源从被摄体的左侧或右侧射来的光线。在这种光线条件下，被摄体会形成明显的受光面、阴影面和投影，画面明暗配置和明暗反差鲜明清晰，景物层次丰富，空间透视现象明显，有利于表现被摄体的空间深度感和立体感。

前侧光照

正侧光照

侧逆光照

侧光包括多种类型，如前侧光、正侧光、侧逆光等，它们的具体特点和应用场景各不相同。前侧光是从被摄体的侧前方射来，与被摄体成 45° 左右的角度，这种光线比较符合人们日常的视觉习惯，可以较好地表现被摄体的立体形态和表面质感，多为室内人像拍摄的主要光线；正侧光则是当光线与被摄体成 90° 左右的角度时，投影落在侧面，景物的明暗阶调各占一半，能比较突出地表现被摄景物的轮廓，体现立体感、表面质感和空间纵深感，因此有时也被称为“结构光线”；而侧逆光通常表示光线从被摄景物的侧后方射来，能让被摄物的轮廓更加鲜明，尤其适合拍摄剪影效果。

侧光是最常用的一种光线条件，因为它可以很好地表现景物的层次与线条结构、立体感和轮廓线，使画面影调变化丰富。同时，侧光可使被摄体投影落于画面内，有利于构图。

3. 逆光

逆光照

当光源位于被摄体的正后方，即光线照射方向与相机拍摄方向完全相反时，这种光线条件就被称为逆光。摄影的逆光是一种

Tran Tuan viet 摄

非常具有挑战性和表现力的光线条件，它能使画面产生完全不同于我们肉眼在现场所见到的实际光线的艺术逆光效果。

在逆光摄影中，画面暗部占比增大，相当部分细节被阴影所掩盖，被摄体以简洁的线条或很少的受光面积凸显在画面之中，强化被摄体的主体感。这种大光比、高反差给人以强烈的视觉冲击，从而产生较强的艺术造型效果。

另外，逆光的运用可以增强画面的纵深感。早晨或傍晚的逆光会使色彩构成发生远近不同的变化；前景暗，背景亮；前景色彩饱和度高，背景色彩饱和度低，使空间的纵深感得到增强。

逆光也常用于透光物体的表达。逆光的照射使透光物体的色明度和饱和度都得到提高，使顺光光照下平淡无味的透光或半透光物体呈现出美丽的光泽和较好的透明感，使同一画面中的透光物体与不透光物体之间亮度差明显拉大，明暗相对，大大增加了画面的艺术效果。

（二）光质

光质指光线聚、散、软、硬的性质。光质一方面决定了阴影的强度和柔和度，对物体表面纹理和细节的展现有着重要影响；另一方面，光质还会影响画面的色彩饱和度，在柔和的光线下，使色彩通常看起来更加鲜艳和饱和，营造出浪漫、温馨的氛围，而在强烈或直射的光线下，使色彩显得较为平淡或失真，传达紧张、刺激的情感。

Sergey Maximishin 摄

1. 聚光

聚光是指光线相对集中，具有明确的方向性和强度。聚光可以产生强烈的阴影和高对比度，有助于突出被摄物体的形状和纹理。在摄影中，聚光常用于强调特定的细节或创造戏剧性的效果。

2. 散光

与聚光相反，散光是指光线分散、柔和，没有明显的方向性。散光可以减少阴影，降低对比度，使画面看起来更加柔和、自然。在摄影中，散光常用于人像摄影和风景摄影，以营造柔和、浪漫的氛围。

3. 硬光

硬光通常指直射的、强烈的光线，如正午的阳光。硬光能够产生清晰、硬朗的阴影和高对比度的图像。在硬光条件下，物体的表面纹理和细节可以得到很好的表现。但是，如果硬光过于强烈，可能会导致高光区域过曝，阴影区域过暗，影响画面的整体质量。

4. 软光

软光是指柔和、均匀的光线，如阴天或多云天气下的光线。软光能够减少阴影，降低对比度，使画面看起来更加柔和、细腻。在软光条件下，物体的表面细节和纹理可以得到很好的保留，同时避免高光区域过曝和阴影区域过暗的问题。

（三）光色

在物理学中，为研究黑体辐射，科学家们虚构了一种黑色物体——绝对黑体。这是一种能够吸收所有投射到它上面的光，而不反射或透射任何光的物体。研究发现，黑体被加热时，会发出光，且光的颜色会随着温度的升高而改变。就像夜晚的篝火或营火，火焰的底部通常是蓝色的，这是因为火焰底部的温度较高，产生了较短的蓝光波长，而火焰的上部则因为温度较低，更趋近于橙红色。

为了量化这种颜色变化，人们引入了色温的概念。而摄影中对光色，也就是光源的颜色的研究，也常用色温来表示，单位是开尔文（K）。

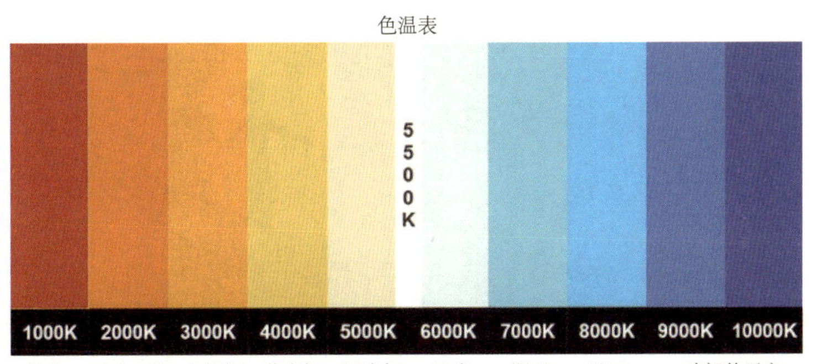

不同光源环境下的大致色温

不同的色温对应着不同的光色，如低色温（2700K～3200K）呈现暖色调的黄色光，高色温（5000K～6500K）则呈现冷色调的蓝色光。这些不同的光色会对摄影作品的色调、色彩饱和度和对比度产生影响。

我们常对不同的色彩有不同的情感体验。例如，暖色调（如红色、橙色和黄色）通常传达出温馨、舒适、浪漫的情感，而当看到冷色调（如蓝色、紫色）则感觉置身清新、冷静或忧郁的氛围。因此，对光色的运用可以使摄影师与观众建立情感共鸣，增强画面的情感表达。

总之，用光技巧不仅会让照片质量跃升到一个新的高度，更能使作品焕发出独特的艺术魅力和表现力。摄影师们始终致力于学习、琢磨和掌握不同光线条件下的拍摄技巧，他们深知，只有深刻理解并巧妙运用光线，才能在拍摄中挥洒自如，创作出那些令人心驰神往的佳作。

四、构图

什么是一张好照片？每个人对美的理解和感受都有所不同，但从受普遍认可的摄影原则和艺术审美来看，一张好照片至少应具备以下三个要素：明确且富有深意的主题、聚焦注意力并突出主体、简洁明了的画面。这三方面的要求都离不开摄影师对画面内容的构造。面对相同的被摄物体和环境，不同的摄影师可以定格出不同的美妙画面，这种技巧被称为摄影构图。

常见的构图方法有九宫格构图法（又称三分法）、对称构图法、引导线构图法、框式构图法、满画面构图法等。

（一）九宫格构图法（三分法）

无论在何种美学中，黄金分割比例都有着举足轻重的地位。这种数学上的比例关系，其特点在于将一条线段分割为两部分，使得较长部分与整体长度的比值等于较短部分与较长部分的比值的 0.618 倍。这种比例在自然界和人造物体中广泛存在，被许多艺术家和设计师视为创造美感和和谐的重要工具。

陆文斌　摄

Jeff Rayner　摄

九宫格构图法就是黄金分割比例运用的延伸。这种构图方法用三分线将画面分切割

为九宫格，将画面中的内容以交点或线为参考进行排布。画面的重点通常位于交点附近，以增强画面的视觉吸引力和深度。这种构图方式能够创造出更加平衡和美观的画面，被广泛运用到摄影作品中。

（二）对称构图法

对称构图法是指将画面分为两个或多个相等的部分，通过图形、线条、色彩等元素在画面中的均衡分布，达到一种和谐、稳定、庄重的视觉效果，使画面更加具有吸引力。

受儒家思想“中庸之道”的影响，中式美学注重整体的和谐与统一，强调事物的完整性和对称性。而对称具有一种天然的平衡感和稳定性，能够给人们带来安定和舒适的视觉体验，因此在中式艺术中被大量运用。摄影中的对称运用，同样能够营造出一种威严、庄重的气氛，体现出中式美学中对于礼仪、尊严的重视。

《小树》　Linda Repasky　摄

《创造的迷宫》　Ingo Rasp　摄

（三）引导线构图法

引导线构图法指利用照片中的线条或具有方向性的元素来引导观者的视线，使观者的目光自然地汇聚到画面的焦点或主体上，从而突出画面主题并增强画面的视觉冲击力。

引导线并不一定是具体的线条，只要是有方向性的、连续的东西，都可以被称为引导线。线条不必是笔直的，也可以是弯曲的、波浪形的。除了有形的线条，无形的线条如光线、人的目光视线、色彩的交界线等，也可以作为引导线使用。

Vivian Maier　摄

Sergey Maximishin　摄

（四）框式构图法

框式构图法是一种利用画面中的框架元素来构建照片构图的技巧。这种构图方法的主要特点是通过在画面中加入一个或多个框架元素，如窗户、门框、树枝等，以前景的遮挡引导观众的视线来突出或强调主体。同时，框式构图使画面呈现出近大远小的效果，增加画面的层次感和深度，还能通过画框的装饰性和艺术感，使画面更加美观和有趣。

Sergey Maximishin　摄

在使用框式构图法时，需要注意以下几个方面：首先，要确保框架元素与主体之间具有相关性，避免选择与主题无关的框架元素；其次，要注意框架元素的形状、色彩和大小，避免过大或突兀的框架影响主体的地位；最后，框架自身的美感也会影响画面的简洁和舒适感。

（五）满画面构图法

满画面构图法也称满幅构图或满构图法，是一种将画面的主题以及其他元素填满整个画面的构图方式。这种构图方法充分利用了空间，使得画面看起来充实、有力、有韵律，并达到最大的视觉冲击力效果。

满画面构图法的视觉特点是密集、复杂，画面边缘少有留白，往往可以带给观者以鲜明的视觉冲击。在元素丰富甚至密匝的画面中，疏密变化对于节奏控制尤为有效；大小对比则可以使元素之间产生张力；色彩对比能带来视觉韵律和冲击；动静虚实则可以营造出动感和空间氛围。

满画面构图方法特别适用于需要强调主题、突出画面张力或创造强烈视觉冲击的场合，重复的情感表达能够最大限度地增强画面的氛围感。不过在使用满画面构图法时，要注意避免画面的刻板和无趣，要学会运用不同的手法去破局，创造出独特而有趣的画面效果。

《酱油村》　Thea Mihu　摄

《伊朗传统节日》　Ahmed Halabisas　摄

第三节　摄影的分类

摄影可以根据不同的标准和角度进行分类。按不同的拍摄对象，摄影可分为风光摄影、人像摄影、动物摄影；按不同的拍摄风格，摄影可分为纪实摄影、创意摄影、艺术摄影等；按不同的拍摄方式，摄影可分为摆拍摄影与抓拍摄影；按不同的拍摄场景，摄影还可以分为商业（产品、广告）摄影、婚纱摄影、新闻摄影、体育摄影等。这些分类并不是绝对独立的，很多摄影作品可能同时属于多个分类。根据自己的需求和创作意图选择适合的分类和风格进行拍摄，是摄影师进行创作和艺术表达的重要技能。

一、风光摄影

风光摄影是一种独特的艺术表现形式，它以大自然作为拍摄主题，捕捉并记录下其壮丽，以此表达摄影者对大自然的认识，进而反映个人的内心感受。风光摄影成了连接有形世界（即大自然）与无形世界（即人的意识）的桥梁，它借助自然景色抒发情感，捕捉那些与摄影师情感相契合的画面。这种摄影方式让人们更加亲近大自然，更加深入地体验山水的魅力，从自然中汲取灵感与智慧。正如古人所言："近山者仁，近水者智。"风光摄影不仅满足了人们对美的视觉追求，更在心灵上给予了人们深深的满足与宁静。

这就是说，风光摄影并非仅仅是对大自然的一种简单记录，它更是摄影者对自然美

的独特诠释与再创造，是摄影家内心深处审美感受的具象化表达。我们身处一个充满美的世界，但很多时候，这些美并不符合我们习以为常的视觉期待，因此常常被我们忽视。这种忽视并非真的未看见，而是因为我们未能感知到其美的所在，从而选择性地忽视。

为了在创作中真正捕捉并表达这些美，我们需要摒弃那些固有的视觉概念，去深入挖掘那些最真实、最本质的元素。我们需要超越事物的表面，去探寻那些隐藏着的审美因素，如色彩的搭配、光影的层次、和谐的构图、对比的张力、空间的深度、韵律的流动等。我们要学会在繁杂中找寻秩序，在简约中体会丰富，在繁复中提炼单纯，去挖掘景物深层的意境。

风光摄影需要掌握的要领

一幅优秀的风光摄影作品，不仅仅展现了景物的外貌，更通过其形态、光影、色彩等元素传递了摄影者内心的情感、思绪和意念。它是有形与无形的结合，是景物与心灵的交融，是拍摄者与他人情感沟通的桥梁。

二、人像摄影

自19世纪30年代摄影技术问世以来，人像摄影就作为其主要应用之一而迅速发展。早期的肖像摄影，如达盖尔式摄影法，虽然技术局限且成本高昂，但已能捕捉到人物的静态形象，成为了贵族的“永久镜子”。

到了19世纪中叶，随着摄影技术的进步和成本的降低，肖像摄影开始走向平民化。许多摄影师开始探索不同的摄影风格和技术，以捕捉人物的真实情感和个性。其中，主观肖像摄影和客观肖像摄影成了两大主要流派。主观肖像摄影注重表现人物的精神状态和个性，而客观肖像摄影则更强调观众对被摄者形象的揣摩。

在20世纪初，人像摄影进一步成熟和多样化。摄影师们开始尝试使用不同的光线、构图和色彩来表现人物，形成了各具特色的艺术风格。同时随着摄影技术的不断进步，人像摄影的画质和表现力也得到了极大的提升。如今，人像摄影已经成为了一种广泛应用的摄影艺术形式。随着数码相机和智能手机的普及，人们可以更加便捷地拍摄和分享自己的人像照片，也随着社交媒体的兴起，人像摄影也成为了人们展示自我、表达情感和记录生活的重要方式。

（一）外在形象的精准捕捉

精准捕捉人物的外在形象，包括面容、体态等，是一幅成功人像作品的基础。人像摄影大多发生在有准备的拍摄场景中，我们需要做好前期准备，选择合适的造型和道具，运用适宜的布光使得画面人物状态良好。

1. 前期准备

一般情况下，我们希望人像摄影作品中，能够使读者的所有注意力都集中到人物上，所以背景的选择需要足够干净、简洁。与风光摄影不同，风景好的地点并不一定适用于

人像摄影，因为在拍摄环境比较复杂的情况下很容易把人物淹没在背景中，所以尽量对拍摄背景做“减法”是比较有效的手段。

拍摄主体的服装及随身携带的道具都能给照片增加叙事性，这些细节可能成为决定照片成败的关键。服装是塑造角色和身份的重要工具，通过选择合适的服装，可以迅速让观众对拍摄主体的职业、性格、文化背景等产生直观的认识。比如，在复古风格的照片中，选择具有时代特色的服装就能更好地营造出怀旧的氛围。道具的加入也可以为照片增添趣味性和互动性，可以更加深入地表达拍摄主体的情感状态和心理变化。尤其是当拍摄对象为非专业模特时，道具的运用还可以帮助其“有事可做”，减少其被拍摄时的紧张无措感。

不同焦距下的人像差异

2. 布光方式

光线照向人物的角度和强度会影响其面部阴影和眼神，使其呈现不同的状态。合理的布光方式能在人像摄影中起到扬长避短的作用，比如通过面部轮廓上的阴影使脸型显瘦，或补充一定的光源减少面部因不平整产生的阴影沟壑。

人像布光方式

（二）内在精神的深刻表现

在人像摄影中，追求外在的美貌固然重要，但更重要的是深入挖掘和刻画人物的个性与内心活动。只有通过捕捉和表现这些真实而深刻的情感与个性，摄影者才能拍摄出鲜活、真实且充满人性光辉的人像作品。在表现人物内在精神上，模特的表情体态、镜头的视角以及一些特殊的艺术手法都可以产生强大的影响力。

1. 模特的表情体态

人像摄影可以分为肖像、半身像、全身像，但无论画幅如何，人物在画面中的主体地位都是不可动摇的。所以人像摄影特别强调面部表情、形体、姿态等表现情绪的调度与塑造。每个人的经历都是独一无二的，这些经历会在他们的脸庞上镌刻下岁月的痕迹，在他们的眼神中流露出不同的情感与心境。摄影师需要敏锐地捕捉这些细微的神态变化，透过镜头探寻人物的内心世界。

2. 镜头的角度

镜头的角度同样能够瞬间影响观者对拍摄对象的认知。北岛敬三的作品《1983 年 9 月 19 日，东柏林》中，他尽可能地接近了拍摄对象，以齐腰的角度向上仰拍人物。这样的拍摄角度使镜头下的人物看起来远远超出其实际高度，成为如巨石般有力的存在。而辛迪·舍曼（Cindy Sherman）的自拍照中，她穿着学生制服，弯腰坐在地板上，俯拍的手法让人直观地感受她的恐惧和脆弱。镜头与被拍摄者的角度关系，在一定程度上等同于读者与画面人物的地位关系，因此运用极端的构图视角可以很好地塑造特定的角色。

但更多时候，我们会选择与拍摄对象平等的平视视角。对于聚焦在脸部特写的照片，

可以尝试将拍摄视角调整至与人物的鼻尖处于同一水平线上；当拍摄四分之三的肖像照时，建议将视角与拍摄对象的胸部平齐；在全身照的拍摄中，将镜头与人物的腰部平齐，以此保证镜头的中立视角。

《1983年9月19日，东柏林》 北岛敬三 摄

辛迪·舍曼（Cindy Sherman） 摄

三、广告摄影

广告摄影是以摄影艺术为表现手法，以传播商业信息或广告意念为职能的一种专业摄影。其本质并非追求纯粹的审美或艺术表达，而是侧重于创造引人注目的视觉印象，以此吸引目标受众的注意力，进而促进广告信息的有效传递。

随着摄影技术的不断发展，广告摄影的表现手法也日益丰富多样。从早期的多底套放技术到现代的 Photoshop 后期处理，这些技术不仅极大地丰富了广告的表现力，还使得广告摄影在创作过程中能够更加灵活自如地展现创意和想象。

在不违背事物本质真实性的前提下，广告摄影可以创造出令人惊叹却又合情合理的视觉效果，使消费者在欣赏广告的同时，也能够感受到摄影艺术的魅力。这种真真假假、亦幻亦真的艺术效果，正是广告摄影独特魅力的体现。

（一）摆拍的艺术

在广告摄影中，摆拍是一个至关重要的环节，它涉及对场景、道具、模特、光线等多个元素的精心布置和安排。摄影师需要选定最佳角度，做好最周密的安排，布置最适当的灯光，完成最恰当的曝光。广告摄影照片中的每一个存在，都是摄影师严谨思考后的结果。“没有一个细节是多余的”，这是广告摄影的“摆”必须要实现的目标。

场景是摆拍的基础，它为整个广告作品提供了一个背景和舞台。在选择场景时，需要考虑到广告的主题、风格和目标受众。例如：如果广告主题是时尚，那么场景可能需要选择现代、时尚的都市环境；如果广告主题是自然，那么场景可能需要选择户外、自然的环境。场景的设计也需要考虑到广告的整体氛围和情感表达，通过色彩、布局、装饰等元素来营造出符合广告主题的氛围。

不同的色彩能够引发不同的情绪体验。例如：红色常常与热情、活力、爱、愤怒等情绪联系在一起，因为它能够引起人们视觉上的强烈冲击和兴奋感；蓝色则通常与平静、安宁、信任等情绪相关联，因为它能够让人感到放松和舒适；黄色常常使人感到快乐、温暖和希望，因为它具有明亮和活泼的特点；绿色则常常象征着自然、健康和和平，因为它与大自然中的植物紧密相关。相应色彩的背景与道具的选择，会使得产品的呈现事半功倍。

王老吉广告　刘开友　摄

道具在广告摄影中起着画龙点睛的作用。通过精心选择和使用道具，可以增强广告的视觉效果和情感表达。道具的选择需要根据广告的主题和目标受众来进行，它们应该能够吸引观众的注意力并传递广告要表达的信息。同时，道具的布置也需要考虑到场景的整体效果和画面的构图，以确保道具与场景和模特的协调一致。

（二）质感的呈现

产品的质感能够直观地展示产品的真实面貌，帮助消费者更好地了解产品的特点和性能。通过摄影作品呈现出的产品质感，消费者可以更加直观地感受到产品的材质、工艺和细节，从而做出更明智的购买决策。

产品的质感不仅关乎产品如外观、材质、纹理等的物理特性，还涉及观众对产品的整体感知和印象，同样影响观众对品牌形象和价值观的理解。这要求摄影师将产品的物理特性和情感价值相结合，打造出具有吸引力和感染力的广告作品。

照片的色彩、对比度、锐度等都会对产品质感的呈现起到关键作用。

对比度是指图像中明暗区域最亮的白和最暗的黑之间不同亮度层级的测量。差异范

《安静》苏英俊　摄

围越大代表对比度越大，差异范围越小代表对比度越小。对于金属、玻璃或珠宝等具有光泽和反射特性的产品，高对比度可以更好地捕捉和展示其独特的光泽和质感。低对比度可以产生柔和、宁静的感觉，适合用于展示温馨、舒适的产品，如家居用品、纺织品等。

锐度有时也被称为“清晰度”，它反映了图像平面清晰度和图像边缘锐利程度。将锐度调高，图像平面上的细节对比度也更高，看起来更清楚。在高锐度的情况下，图像的边缘和细节部分会呈现出锐利的特点，给人一种清晰、鲜明、干脆的感觉。低锐度的画面显得更为柔和，同样也适用于相应的产品表达。

（三）创意运用

在现今这个快节奏、高效益驱动的经济社会，人们对于缺乏冲击力和创新性的图片往往持冷漠态度，视其为“视觉垃圾”，难以引起人们的注意。因此，不少广告作品，它们不仅在形式上新颖独特，内容上也充满了惊喜和新颖性，能够给予观众一种耳目一新的感觉，让人印象深刻并牢牢记住广告的内容。这种显著的广告效果差异，究其根源，主要在于广告摄影“创意”的质量。优秀的创意能够显著提升广告的吸引力，使其在众多信息中脱颖而出。

创意是广告摄影的灵魂。创意就是设计一个能使读者“冲动”的事件，不需要合乎逻辑，要“荒诞”和“疯狂”。广告摄影中的创意，是摄影师学识、文化、艺术修养的综合体现，是智能与灵感撞击后迸发出的灿烂火花，同时，创意也是对每一位广告摄影师知识、才能、技巧的考验。没有创意的广告摄影只是对商品本身的直观表述，就像没有灵魂的肉体一样没有生命力。

《意大利面造型师》　尤里·瓦西里耶夫（Yuliy Vasilev）　摄

四、新闻摄影

蒋齐生在1986年的《再议照片“形象说话”与文字关系》一文中，对新闻摄影下了这样一个定义：“新闻摄影是一种运用摄影技术、技巧、摄制图片进行新闻报道的宣传形式。作为一种视觉新闻，新闻摄影是新闻形象的现场摄影纪实，以附有文字说明的照片形式传递信息。”

新闻摄影以其独特的视觉形象作为传播新闻的主要手段。它既不同于电视新闻的流动图像，也不同于文字新闻的抽象表达。电视新闻虽然能展示形象，但它是动态、流动的；而文字新闻虽可阅读，却缺乏直观的视觉形象。新闻摄影则凭借其静态的瞬间画面，以视觉感知的方式向受众传递新闻，这是其独特的性质和显著的特征。新闻摄影的文字说明虽然重要，但画面形象才是其传递新闻信息的核心，它以其直观、生动的形象，迅速、有效地吸引和影响受众。

一图胜千言。新闻摄影是摄影艺术在新闻报道中的具体应用，它通过捕捉现实生活中新近发生且具备一定新闻价值的事件来反映现实。优秀的新闻照片不仅具备高度的新闻价值和报道价值，而且其内容往往聚焦于公众所关心的热点话题或具有典型意义的新闻事件。

新闻摄影的重点与价值

美学实践与思考

1. 了解一位世界知名摄影师，并品读他的一幅作品。
2. 阅读苏珊·桑塔格的《论摄影》，并与同学交流摄影与社会真实生活的关系。
3. 记录并拍摄校园风景，以“最美校园”为主题，创作一部摄影艺术作品。

第十二章　建筑之美

导读

建筑是人们最值得自豪的文明之一，建筑艺术具有强大的生命力，能够跨越历史，流传千年。我们随时随地都能感受到建筑的美。现代化的高楼大厦仪态万千，新颖别致；古建筑艺术工艺精湛，博大精深。建筑用它独特的语言诉说着民族的故事，见证着时代的变迁。德国作家歌德说："建筑是凝固的音乐。"法国作家雨果说："建筑是用石头写成的史书。"巨大的建筑是由一木一石叠起来的，散发出让人无法抗拒和逃避的艺术之美。

人们常用"衣食住行"来形容人类生活的内容，而排在人类四大生活必需品的第三位便是住，居住以建筑为依托，所以建筑也被誉为"人类历史文化"的纪念碑。它不但传承着历史，也铭刻着人类文明和文化的发展轨迹，有着厚重的民族精神和深刻的文化内涵。

中国的传统建筑如同一本厚重的历史书籍，传播着传统的政治、经济、文化、科学、哲学等知识，纵观中国古代建筑，在几千年的历史长河中，无论是宏伟的皇家宫殿、庄重的寺庙、清幽的园林，还是多姿多彩的民间宅院，都用其独特的表达方式传承着文化的内涵，中国的传统文化理念在自古至今的传统建筑中得到了最充分的展现。传统建筑融合了丰富的装饰艺术、雕刻工艺和建筑美学，体现了特定时期的设计风格和工匠技艺，是不可多得的艺术瑰宝，对现代建筑设计有着重要的启发作用。

建筑的意义远远超出了其作为物理空间的存在，它是人类文化和文明的物理体现，是技术、艺术、社会需求和环境适应性相互交织的结果。建筑是一种视觉艺术，通过空间、形态、色彩、材质等元素的组合，展现出美学价值和设计师的创意理念。建筑艺术反映了时代的审美趋势、文化特色和个人风格。每一座建筑都是特定时期材料科学、结构工程、施工技术和环境保护技术的综合展现。建筑工艺的进步往往伴随着建筑技术的革新，从古老的石材建筑到现代的智能绿色建筑，无不体现了人类对自然规律的掌握和利用。

建筑是社会结构和文化身份的象征，从宫殿、庙宇到普通民居，不同的建筑类型和

风格承载着不同社会阶层的价值观、宗教信仰和历史记忆，承载着人类历史具有一定的文化内涵。

许多建筑成为历史的见证，通过它们可以阅读过往的岁月，了解人类社会的变迁和发展。对古迹和历史建筑的保护，是进行文化传承和历史教育的重要内容。

学习目标

知识目标

1. 了解建筑的含义与分类。
2. 掌握建筑的本质与特征。
3. 掌握建筑语言及建筑审美方法。
4. 了解中国传统建筑艺术特征。

能力目标

1. 认识并能辨别各类建筑。
2. 运用建筑审美方法欣赏不同建筑之美。

素质目标

1. 增强认识中国传统建筑美的自觉性。
2. 提升建筑与居住环境审美修养。

思政目标

1. 学会分析和欣赏传统建筑。
2. 在学习传统建筑过程中增强热爱祖国、热爱中国优秀传统文化的意识。

美学欣赏

中国传统建筑赏析

天人合一的建筑理念。宏村位于安徽省黄山市黟县东北，背倚雷岗山，面临西溪，布局基本上保持坐北朝南状。整座村庄傍西汐而聚，地势高，朝向良好，形成枕山、环水、背屏的理想环境，成为人与自然恰当结合的光辉典范。整个村落格局以月沼为中心，连接前街、后街、上水圳水巷街，并以其为主贯穿线，南北向又有西溪河畔、茶行弄、中山路等街巷，形成网络式的街巷空间格局。宏村选址和布局，遵循的是天人合一、尊重

宏村建筑布局

故宫太和殿屋顶神兽

自然、利用自然的理念，村落整体轮廓与地形、地貌、山水等自然风光和谐统一。

礼制文化在建筑上自觉体现。中国传统以建筑形式区分人的等级，达到维护阶级社会秩序的目的。严密的等级制度，把建筑布局、规模组成、间架、屋顶做法以及细部装饰都纳入等级的限定，形成固定的形制，长期延续并趋向固定程式，从而使得整个建筑体系呈现出建筑形式和技术工艺的高度规范化，保证了建筑体系发展的持续性、独特性。故宫就是一座严格遵守礼制、尽显皇家威严的建筑。以其屋顶为例，黄琉璃覆盖其上，为皇家的专用色。故宫几乎所有宫殿的屋脊上都有小兽，它们叫垂脊兽，兽的等级、大小、奇偶、数量、次序等都有严格规定。例如：在故宫太和殿的角脊上，排列着 10 个琉璃坐姿小兽，成双数，为最高等级；乾清宫是皇帝理政和居住的地方，地位仅次于太和殿，檐角兽减去“行什”，为 9 个；坤宁宫明代是皇后寝宫，清代祭神和举行婚礼之用，檐角兽为 7 个；东西六宫是后妃居住的地方，檐角兽为 5 个；宫墙门檐角则多为 1 个，即琉璃小兽只有“龙”种。

第一节　建筑的含义与分类

一、建筑的含义

建筑是建筑物和构筑物的通称，是人类用物质材料修建或构筑的居住和活动的场所。建筑艺术是指按照美的规律的空间原则，将实用性与审美性相结合，运用形体、线条、采光、色彩、质感、装饰、空间组合等建筑独特的艺术语言，建构出实体形象造型与空间的艺术，它使建筑形象具有了文化价值和审美价值。

二、建筑的分类

分类标准不同，建筑的类别也就不同。依据建筑的不同风格，建筑可分为古典风格建筑、现代风格建筑和后现代风格建筑；依据建筑的不同功能，建筑可分为住宅建筑、生产建筑、公共建筑、文化建筑、园林建筑、宗教建筑、陵墓建筑等；依据不同民族地域，建筑可分为地中海建筑、法式建筑、意大利建筑、英式建筑、北美建筑、中式建筑等；依据建筑不同方式，建筑可分为哥特式建筑（崇尚高耸，高耸的尖塔、超人的尺度和繁缛的装饰是其主要特点）、巴洛克建筑（偏好富丽的装饰和雕刻，建筑元素多用曲面和椭圆形空间）、洛可可建筑、园林建筑、概念式建筑等。

中国古典风格建筑

法国凡尔赛宫

三、建筑艺术的本质与特征

（一）建筑艺术的本质

建筑是一种由人创造的、凝聚了人所创造的物质内容和精神内容的实体。这种实体不是一种自然的生成物，而是社会的产物；不是一种由自然恩赐的物质，而是一种由人的智慧所创造的文化。

（二）建筑艺术的特征

1. 四度空间性

建筑的四度空间性直接决定了建筑在空间中排列的序列原则，这就是理性化与美化的结合。在中外建筑史上，有许多达到“山色湖光共一楼”境界的建筑，也有许多具有“窗含西岭千秋雪，门泊东吴万里船”美态的建筑。建筑物装点了周围的环境，而周围的环境又以自己的妙趣升华了建筑的美意，两者相互作用，相得益彰，生动地表现了建筑艺术“整体空间美”的神韵。

2. 视觉性

建筑的造型能直接表现出建筑美的风格形态。作为人类创造的一种物质性财富，建筑的造型不可避免地要受到它的物质性实用功能的制约；同时，作为一种精神财富，它又必须为满足人的不同的精神需要而服务。建筑视觉美与色彩缤纷之间存在密切的关系，建筑的色彩能有力地烘托建筑美的情调和意味，深化建筑美的境界及相应的审美效果。

3. 时代性

建筑艺术是时代内在结构的结晶，刻画出了各个时代的历史特征，显示出不同时代的面貌。建筑是一定时代意识观念的显现，建筑作为人的一种精神创造物，正如恩格斯形象地指出过的一样，它在被创造之前就已经以观念的形式存在于人的大脑中了。

4. 民族性

从一定意义上讲，民族、环境和时代对建筑民族风格或民族性形成的影响较明显，也较直接。不同的民族创造了不同风格、不同造型的建筑，同时也在其所创造出的建筑中展现了本民族的风俗、文化，并闪烁着实物智慧结晶。例如，中国古代建筑的一个重要的特征就是具有鲜明的人文主义品格，即集中体现了中华传统文化与精神。

第二节　建筑审美方法

一、建筑艺术的语言

建筑拥有自己的艺术语言和表现手法，空间、形体、比例、均衡与对称、韵律等因素共同构成了建筑艺术的造型美。

（一）空间

空间是建筑基本的外在形式要素，主要通过创造各种和谐的内外空间来实现其实用性。同时，巧妙地处理空间可以增强建筑艺术的表现力，从而创造具有特定心理效果的艺术境界。如中国传统建筑空间艺术中高层次的追求，要求建筑不是突兀地出现在某一自然环境中，而要与周围的环境相互交融，形成整体。以北京颐和园为例，作为皇家园林，其建造风格融南北特色，成为“壮观神州第一”的著名游览胜地。园内知春亭为重檐四角攒尖顶，倚柱可眺全园景色。亭畔遍植垂柳，春来柳丝吐绿，“见柳而知春”，是以命名。亭畔昆明湖解冻，“春江水暖鸭先知”，又再次与亭名相应。畅朗秀丽的知春亭，与连接双岛的木桥和东岸的文昌阁一起构成了一组水陆相谐的清爽景观。

颐和园知春亭

（二）形体

形体主要是指建筑物的总体轮廓，通过线条和形体、空间和实体的不同组合方式，以及建筑与环境的和谐统一，突出建筑物独特的个性色彩和特有的艺术感染力。例如，我国的万里长城是世界奇观，雄伟的城墙、超长的躯体、蜿蜒的身形，这一切都在漫长的历史岁月中展现着不老的奇韵雄风。

万里长城

（三）比例

比例主要是指建筑物各组成部分的对比关系。建筑中长与高的比例、凹与凸的比例、实与虚的比例等，都直接影响着建筑美。巴黎圣母院大教堂外部有一扇巨大的门，门的四周布满了雕像，一层接着一层，石像越往里层越小。所有的柱子都挺拔修长，与上部尖尖的拱券连成一体。中庭又窄又高。从外面仰望教堂，那高峻的形体加上顶部耸立的钟塔和尖塔，使人感到一种向蓝天升腾的雄姿。巴黎圣母院大教堂外部的主立面是世界上哥特式建筑中最美妙、最和谐的，竖直与水平的比例近乎黄金分割比（1 ∶ 0.618），立柱和装饰带把立面分为 9 块黄金分割比矩形，十分和谐匀称。

（四）均衡与对称

均衡与对称是建筑美在形式上的体现。均衡主要是指建筑在构图上的形式和谐，是通过建筑的大小、轻重、色彩、方位（前后、左右、上下等）及其他视觉要素的分布作用于视觉判断。均衡法则的运用能够增加建筑的美感，使建筑呈现出严肃庄重的感觉。对称是指同形同量的形态，中外很多古代建筑都以对称为美的基本要求，用以表达秩序、稳定、庄重等感觉。

（五）韵律

韵律是指通过有规律的变化和排列，利用建筑物的墙、柱、门、窗等有秩序地重复出现，产生一种节奏美或韵律美。在这一点上，建筑物和音乐具有内在的共同之处，因而人们分别把它们说成是“凝固的音乐”和“流动的建筑”。

二、建筑艺术的欣赏

建筑美是一定的社会审美意识与特定的建筑表现形式的有机统一，建筑美以造型、意境和环境为载体。因此要获得建筑美的愉悦，就应从造型美、韵律美和环境美的角度来欣赏建筑。

（一）造型美

建筑的造型美主要表现为建筑的轮廓美、装饰美和风格美，是建筑体型、细部、色彩、尺度、比例、均衡、韵律等审美要素的体现。

我国古代的建筑一般都由屋顶、屋身和台基三部分组成。屋顶的样式丰富，变化多端，但总离不开悬山顶、硬山顶、庑殿顶、歇山顶、攒尖顶、卷棚顶等基本的样式。除此之外，还有一些比较特殊的屋顶，如十字脊屋顶、盔顶、盝顶、万字顶、扇面顶等。这些不同的屋顶相互组合、穿插，又会形成新的屋顶形式。这些屋顶具有流畅的曲线和飞檐，王安石的诗句“飞檐出风雨，洒翰落虹蜺”（出自《静照堂》）就生动地形容了古建筑的屋顶。远远伸出的屋檐、富有弹性的屋檐曲线、微微起翘的屋角、灿烂夺目的琉璃瓦，这样的组合使建筑物产生了独特而强烈的视觉效果和艺术感染力。屋身正面多是开敞的门扉；台基常常以白石雕刻而成，配以栏杆和台阶，是建筑物形成稳固视觉形象的重要因素。

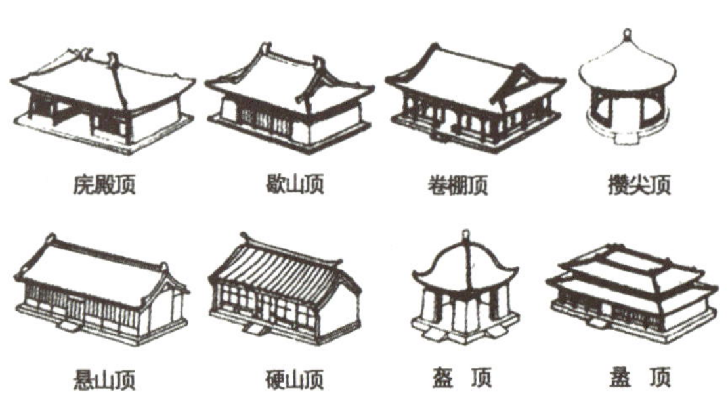

古代建筑屋顶的样式

故宫白色的台基

色彩是影响建筑艺术效果的重要因素，能直接展示设计师的想象力。设计师对建筑灵活地融入色彩，能够创造出新颖的造型。在建筑构造上运用色彩，可以起到凸显、解释建筑结构的作用。例如，北京故宫中的建筑主体为红墙黄瓦，给人厚重、坚固之感，体现了皇权的威严，白色雕栏、青绿带金的彩绘与四季的自然景色融为一体，令整个建筑物充满了生趣。民居建筑一般多以素色为主，这样显得朴素而淡雅；如果在一个白色的空间内，配上蓝色、黄色等色彩艳丽的休闲座椅，则会让人不自觉地放松身心，惬意地休憩。

西方古代建筑多以石块、砖土为主要材料，独特的石质梁柱使建筑富于立体感、空间感，气势宏伟。中国古代建筑多以木材、砖瓦为主要材料，注重序列组合的群体布局。例如，承德避暑山庄由皇帝宫室、皇家园林和宏伟壮观的寺庙群组成，借助自然和野趣的风景，形成了东南湖区、西北山区和东北草原的布局，构成了中国版图的缩影。这里融汇了江南水乡和北方草原的特色，成为中国皇家园林艺术荟萃的典范。

（二）韵律美

自然界及人类社会中存在着很多规律的重复、秩序的变化。韵律本是用来表现音乐和诗歌中的起伏和节奏感的，后来成了建筑美学的基本法则之一。韵律同样是建筑的灵魂，在造型艺术中发挥着重要的作用，建筑呈现出的韵律往往通过建筑总体布局或单体元素有规律、有秩序地重复来实现。建筑的韵律美主要有连续韵律、渐变韵律、起伏韵律、交错韵律等表现形式。

1. 连续韵律

连续韵律是指在建筑中运用一种或几种组成要素时，这些要素连续重复出现所产生的韵律感。例如，我国的万里长城，逶迤蜿蜒，依山傍水，豪放刚毅，每隔一段距离设置的烽火台就有一种很好的节奏感。古希腊建筑帕特农神庙正立面轮廓是一个矩形，它的长约是宽的 1.6 倍，比例匀称，风格刚劲雄健而全然没有重拙之感，阳光照射林立的柱子所产生的仪式感和深度感是传统的石质外墙所无法呈现的。建造者采用了圆柱收分

线技术，对建筑正立面和侧立面的柱子及柱顶过梁做了微小的变形，使得柱子本是弯曲或下垂的线条看起来成了完全的直线，获得了完美的线条和比例。

帕特农神庙

2. 渐变韵律

渐变韵律是指建筑的某些组成要素进行有规律的增强或减弱，形成一种统一和谐的节奏感。例如，天坛的祈年殿就是一座鎏金宝顶的三重檐圆形大殿，殿檐用蓝色琉璃瓦铺砌，表现出盘旋向上、层层叠迭的节奏感。白色雕栏以对称的形式有规律地排列，与祈年殿交相呼应，给人一种流动变化的视觉感。又如，上海金茂大厦的平面构图是双轴对称的正方形，从平面正方形的对角线看，构成了两个最佳视角，在外形设计上充分体现了渐变的韵律感。

天坛祈年殿

3. 起伏韵律

起伏韵律是指建筑的某些组成部分进行有规律的增减变化，让建筑形体的组合或细节处理呈现高低错落、起伏生动的效果。例如，澳大利亚悉尼歌剧院体现的就是这种起伏韵律美。悉尼歌剧院的外观为三组巨大的壳片。第一组壳片在歌剧院基座两侧，四对壳片成串排列，三对朝北，一对朝南；第二组在歌剧院基座东侧，与第一组大致平行，形式相同而规模略小于歌剧厅；第三组在它们的西南方，规模最小，由两对壳片组成。从整体上看，悉尼歌剧院的外形如波浪起伏，不规律中给人一种强烈的节奏韵律美感。

悉尼歌剧院

4. 交错韵律

交错韵律是指运用各种造型因素（如空间虚实、疏密、大小、曲直、高低、粗细、明暗等）进行有规律的纵横交错、相互穿插处理，使建筑形成一种丰富的韵律感。例如，北京故宫中由一组组房屋有机结合的院落，有的横长，有的纵深，有的空阔，有的狭长，使得整体建筑的空间结构显示出一种节奏的美。

（三）环境美

人与建筑的和谐是建筑的最高追求，建筑的美离不开其与周围环境的和谐共存。中国哲学崇尚天人合一，与自然和谐相处，因此中国古建筑很早就运用了韵律、和谐、对比、对称、轴线等设计手法，使建筑在保持合理功能的同时，达到最佳的观赏效果。建筑若无花草树木的润饰，就会显得单调无生机；自然风景中若无建筑点缀，就会缺少神韵。例如，位于山西悬瓮山下的晋祠，是一处山环水绕、藏风聚气、环境清幽的胜景。这里山形奇特，脉理清晰，清泉涌动，曲径通幽，大大小小的建筑散布其中，自然山水与人文建筑有机地结合在一起，显得十分和谐。

晋祠

第三节　中国传统建筑审美

一、中国传统建筑发展概况

（一）远古时期的建筑

巢居演变房屋的过程

远古时期的人类为了遮风避雨，取暖避暑，避免自然灾害和其他动物的侵害，常常要借助自然资源。我国在旧石器时代，原始人就已经知道利用天然洞穴作为栖身之所，不过那时还谈不上建筑。新石器时代，黄河中游的氏族部落以黄土层为墙壁，用木构架，用草泥建造半穴居住所，进而发展为地面上的建筑并形成聚落。在

这些聚落中，居住区、墓葬区、制陶场分区明确，布局有致；木构架的形制开始出现，房屋平面形式也因造作与功用不同而有圆形、方形、吕字形等。这是我国古建筑的草创阶段，也是我国最早的建筑文化。

（二）夏商周时期的建筑

考古发现，夏朝出现了夯土建筑，有了建于高大夯土台上的宫室。商周时期，中国建筑的主要特征，如庭院形式、对称布局、木梁架结构、单体造型、大屋顶等已初步形成，不过因诸侯割据而南北各异，建筑群中亦逐渐开始体现人与人的关系和等级制度。到了春秋战国时期，中国大地上先后营建了许多都邑，夯土技术已广泛运用于筑墙造台，木架构技术较之原始社会已有很大提高，已有斧、刀、锯、凿、钻、铲等加工木构件的专用工具。

以宫室为中心的都城均为夯土版筑，有城墙，墙外有护城河，出入城墙有高大的城门。宫殿布置在城内，建在夯土台之上，木构架已成为主要的结构方式，屋顶已开始使用陶瓦，木构架上开始饰用彩绘，这标志着中国古代建筑已初具雏形，也为中国古代建筑的发展奠定了基础。

（三）秦汉时期的建筑

秦汉时期，社会生产力有了巨大发展，国家统一，国力富强，中国古代建筑出现了第一次发展高潮。秦始皇吞并六国之后，建立起中央集权的帝国，并且动用全国的人力、物力在都城咸阳修筑都城、宫殿、陵墓。汉取代秦后，经过半个多世纪的休养生息，又进入了大规模营造建筑时期。

汉代建筑主体的木构架已趋于成熟，重要建筑物上普遍使用斗拱。屋顶形式多样化，庑殿、歇山、悬山、攒尖、囤顶等均已出现，有的被广泛采用。砖石结构和拱券结构有了新的发展。秦汉时期已有雕刻和彩绘，建筑布局舒展、整齐，具有明确的伦理、等级、秩序等内涵，表现出了刚健、质朴的风格。

（四）隋唐时期的建筑

汉末到南北朝时期，随着佛教的传入和盛行，南北民族的大融合，众多文人、士大夫归隐山林，山水诗、山水画出现，建筑艺术文化在传统的理性精神中加入了许多浪漫情调，至唐代形成了理性与浪漫相交织的盛世风貌。

唐代前期，经过 100 多年的稳定发展，经济繁荣，国力富强，在都城长安与东都洛阳继续修建规模巨大的宫殿、苑囿、官署，还在都城和地方城镇兴建了大量寺塔、道观，并续凿石窟佛寺。宏伟规整的都城，恢宏舒展的宫殿、坛庙，规模巨大、形制多样的寺塔、石窟，造型浑厚，装饰华丽，展示出了博大壮美的风格特征。

在此期间，建筑艺术日臻成熟，建筑技术有了新的发展，建筑群体的布局有了空间感；木建筑已定型化，在建筑设计中运用木构架的设计标准解决了大面积、大体量的技术问题；砖石建筑有了进一步发展，佛塔采用砖石构筑者增多；朝廷制定了营缮的法令，设置有掌握绳墨、绘制图样和管理营造的官员。

（五）宋元明清时期及近现代的建筑

在建筑艺术方面，自北宋起，就一改唐代建筑宏大雄浑的气势，向细腻、纤巧方面发展，建筑装饰也更加讲究，园林艺术更加兴盛，此时的斗拱体系、建筑构造与造型技术达到了很高的水平。宋代是中国封建社会建筑艺术发生较大转变的时期，并影响着之后元、明、清几代的建筑艺术。

元代营建大都及宫殿，虽然在建筑布局方面较宋代更为成熟、合理，但在规模与质量上都不及宋代。尤其在北方地区，一般寺庙建筑做工粗糙，用料草率，常用弯曲的木料做梁架构件，许多构件被简化了。

明清时期，建筑业趋向程式化、定型化，建筑规模不断扩大，但建筑装饰也变得琐碎繁复起来。砖已普遍用于民居砌墙；琉璃面砖、琉璃瓦的质量提高了，应用更加广泛。经过元代的简化，至明代，定型的木构架形成了，梁柱构架的整体性加强了；建筑群的布局更为成熟。此时官僚地主兴建私家园林蔚然成风，尤其在经济比较发达的江南一带，给后世留下了一些别具特色的园林佳作。中国传统建筑艺术日趋完善，至清代已成熟，城市街巷规格方整，宫殿陵墓建筑定型化，形制增多，手法多样。其总体风格是雍容、典雅、严谨、清晰。

由于中国封建社会的发展已进入尾声，社会经济、文化发展缓慢，建筑的历史也只能是最后的发展高潮了。

二、中国传统建筑的特点

（一）以木材为主要建筑材料

中国传统建筑使用木材作为主要的建筑材料，创造出了独特的木结构形式，以木材为骨架，既有很强的实用性，又形成了优美的建筑构架。维护结构与支撑结构相分离，抗震性能较高；取材方便，施工速度快。如故宫博物院太和殿是现存最高等级的木制框架式结构的古建筑，它规模宏大，气魄恢宏，据史料记载太和殿经历了清康熙十八年（1679 年）发生的 8 级地震和雍正八年（1730 年）发生的 6.5 级地震而没有遭受破坏，这正是框架结构的优点和建筑材料取材木料的完美结合取得了抗震效果。但缺点是易遭受火灾、白蚁侵蚀、雨水腐蚀，相比砖石建筑维持时间不长；由于施工量的增加，成材的木料紧缺；梁架体系较难实现复杂的建筑空间。

（二）保持梁架结构

中国传统建筑以立柱和纵横梁枋组合成各种形式的梁架结构，使建筑物上部荷载经由梁、立柱传递至地基。墙壁只起围护、分隔的作用，不承受荷载。

（三）多采用斗拱形式

用纵横相叠的短木和斗形方木相叠而成的向外挑悬的斗拱，本是立柱和横梁间的过

斗拱

渡构件，后来逐渐发展成为上、下柱网之间或柱网与屋顶梁架之间的整体构造层，这是中国古代木结构构造独特而巧妙的形式。

（四）实行单体建筑标准化

中国传统的宫殿、寺庙、住宅等，往往是由若干单体建筑结合配置成组群的。单体建筑不管规模大小，其外观轮廓都由台基、屋身、屋顶三部分组成。下面的台基由砖石砌筑，托着整座房屋；屋身立在台基上，柱子、斗拱、梁枋等制成骨架，其间安装门窗隔扇。上面的屋顶用木结构屋架建造，屋面做成柔和、雅致的曲线，四周均伸展出屋身，上覆盖青灰瓦或琉璃瓦。单体建筑的平面通常都是长方形，如有特殊用途的也采取方形、八角形、圆形等。而作为园林中观赏用的建筑，也有采取扇形、套环形等平面。

（五）重视建筑中轴对称式组群平面布局

建筑中轴对称组群平面布局的原则是内向含蓄，多层次，力求均衡对称。除特定的建筑物，如城楼、钟鼓楼等外，单体建筑很少露出全部轮廓。每一个建筑组群少则有一个庭院，多则有几个或几十个庭院，组合多样，层次丰富，弥补了单体建筑定型化的不足。一般来说，建筑中轴对称组群平面布局遵循左右对称的原则，房屋在四周，中心为庭院，如明清两代首都北京城，即以皇城为中心，沿着一条长达7.8千米的中轴，从南端的永定门为起点，地安门北面的钟鼓楼为终点，中间布置城阙、牌坊等各种建筑，辅以两边的殿堂，东面太庙，西面建设祭坛，城外四面有天、地、日、月四坛，雄浑大气，有机而成，共同构筑出重叠的空间序列。皇城背后的万岁山（景山）王峰丛峙（主山），中峰处在全城的中轴线上，又在南北两城墙中间，形成了全城的制高点，它使得全城堂堂正正，庄严而又均匀大方，以城市的中轴

北京城中轴对称布局

线控制了城市的规模和布局。

（六）灵活安排空间布局

在安排建筑空间布局时，室内间隔一般采用隔扇、门、罩、屏等便于安装、拆卸的活动构筑物，以便任意划分、随时改变。庭院与室内空间是相互关联的统一体，为建筑创造小自然环境准备了条件，可栽培树木花卉，可叠山辟池，可搭凉棚花架，有的还建有走廊，作为室内和室外空间的过渡。

（七）运用色彩装饰手段

颐和园长廊彩绘

对于木结构建筑的梁柱框架，需要在木材表面涂刷油漆等防腐材料，由此发展出中国特有的建筑油饰、彩画。中国古代建筑常用青、绿、朱等矿物颜料绘成色彩绚丽的图案，增加建筑物的美感。木制装修构件加上着色的浮雕、装饰的平面贴花和用木条拼镶成的各种菱花格子，是实用兼装饰的杰作。北魏以后出现的五彩缤纷的琉璃屋顶、牌坊、照壁等，使得建筑物更加绚丽多彩。如颐和园长廊是中国廊建筑中最大、最长、最负盛名的游廊，也是世界第一长廊。长廊中间建造了象征四季的“留架”“寄澜”“秋水”“清遥”四座八角重檐的亭子，这四座亭子既有点景作用，又可支撑长廊。长廊沿途穿花过树，越石跨水。行走廊中，景随步移，变化多端，美不胜收。廊内还有西游记、岳母刺字等彩绘，不但丰富了长廊景物，更引人入胜，别有一番风味。

三、中国园林典型类型

中国传统园林艺术以追求自然精神境界为最终目的和最高目标，以展现“虽由人作，宛自天开”的效果。中国传统园林艺术体现了中国文化的内蕴，是中国五千年文化造就的艺术珍品，是中华民族内在精神品格的写照，我们一定要继承与发展。

中国传统园林亦称中国古代园林或古典园林，其历史悠久，内涵丰富，特征鲜明，多彩多姿，极具艺术魅力，在中国古代建筑中堪称艺术极品。

（一）皇家园林

皇家园林是专供帝王休息享乐的场所。古人秉持“普天之下，莫非王土”的理念，

即国家的山河都属于皇家所有，所以皇家园林一般都规模宏大，真山真水较多，园中建筑色彩富丽堂皇，体型高大。现存著名的皇家园林有北京颐和园、北京北海公园、河北承德避暑山庄。

1. 北京颐和园

颐和园是中国现存规模最大、保存最完整的皇家园林。颐和园位于北京西北郊，主要由万寿山和昆明湖组成。乾隆继位以前，在北京西郊一带，已建有四座大型皇家园林。从海淀到香山，这四座园林自成体系，相互间缺乏有机的联系，中间的“瓮山泊”成了一片空旷地带。乾隆十五年（1750 年），乾隆皇帝将这里改建为清漪园，以此为中心把两边的四个园子连成一体，形成了从现在的清华园到香山长达 20 千米的皇家园林区。咸丰十年（1860 年），清漪园被英法联军焚毁。光绪十四年（1888 年），慈禧太后以筹措海军经费的名义动用 3 000 万两白银重建清漪园后，改称颐和园。

颐和园佛香阁

颐和园自万寿山顶的智慧海向下，由佛香阁、德辉殿、排云殿、排云门、云辉玉宇坊，构成了一条层次分明的中轴线。

万寿山后山、后湖古木成林，有藏式寺庙、苏州河古买卖街。后湖东端有仿无锡寄畅园而建的谐趣园。谐趣园小巧玲珑，被称为“园中之园”。

颐和园长廊位于万寿山南麓，面向昆明湖，北依万寿山，东起邀月门，西止石丈亭，全长 728 米，共有 273 间廊房，是中国园林中最长的游廊，1992 年被认定为世界上最长的长廊，列入“吉尼斯世界纪录”。廊上的每根枋梁上都有彩绘，共有图画 14000 余幅，内容包括山水风景、花鸟鱼虫、人物典故等。画中的人物画均取材于中国古典名著。

佛香阁位于万寿山前山中央部位的山腰，建造在一个高 21 米的方形台基上，是一座八面三层四重檐的建筑。阁高 41 米，阁内有 8 根巨大铁梨木擎天柱，结构复杂，为古典建筑中的精品。原阁咸丰十年（1860 年）被英法联军烧毁后，光绪十七年（1891 年）慈禧太后花了 78 万两银子对其重建，是颐和园里最大的工程。阁内供奉着“接引佛”，供皇室在此烧香。关于佛香阁的层数，还有一个故事：当年乾隆皇帝修清漪园时，佛香阁是按照杭州六和塔样式设计建造的，但乾隆皇帝要求把塔身设计得比杭州六和塔高出两层，也就是他想把佛香阁建成九级浮屠塔。让人诧异的是，塔修到八层时倒塌了。乾隆认为这是上天在警告自己，于是改变设计方案，变成了今天的三层。

2. 避暑山庄

承德避暑山庄

避暑山庄位于河北承德，又名承德离宫或热河行宫，清康熙帝时开始建造，是中国清代皇帝夏天避暑和处理政务的场所。避暑山庄是清朝皇帝为了实现安抚、团结中国边疆少数民族，巩固国家统一的政治目的而修建的一座夏宫。

避暑山庄借助自然和野趣的风景，形成了东南湖区、西北山区和东北草原的布局，共同构成了中国版图的缩影。宫殿区建于南端，是皇帝行使权力、居住、读书和娱乐的场所，至今珍藏着两万余件皇帝用过的陈设品和生活物品。避暑山庄这座清帝的夏宫，包含了以多种传统手法营造的 120 多组建筑，融汇了江南水乡和北方草原的特色，是中国皇家园林艺术荟萃的典范。避暑山庄分宫殿区、湖泊区、平原区、山峦区四大部分。宫殿区位于湖泊南岸，地势平坦，是皇帝处理朝政、举行庆典和生活起居的地方。该区占地 10 万平方米，由正宫、松鹤斋、万壑松风和东宫四组建筑组成。湖泊区在宫殿区的北面，湖泊包括州岛面积约 43 公顷。该区有 8 个小岛屿，这些小岛屿将湖面分割成了大小不同的区域，使湖泊区显得层次分明，洲岛错落，碧波荡漾，富有江南鱼米之乡的特色。平原区在湖泊区北面的山脚下，地势开阔，有万树园和试马埭，呈现了一种碧草茵茵、林木茂盛的茫茫草原风光。万树园北依山麓，南临湖区，占地 80 公顷，园内遍植名木佳树，西边地面空旷，绿草如茵，为皇帝巡游山庄时放牧之地。

（二）私家园林

私家园林是供皇家的宗室外戚、王公官吏、富商大贾等休闲的园林。其规模较小，所以常用假山假水、建筑小巧玲珑的建筑，表现其淡雅素净的色彩。现存的私家园林有北京的恭王府，苏州的拙政园、留园、沧浪亭、网狮园，上海的豫园，等等。下面选取拙政园、留园予以介绍。

1. 拙政园

被称为“中国园林之母”的拙政园作为私家园林的代表，是苏州园林中面积最大的古典园林之一。拙政园始建于明代，由嘉靖年间御史王献臣初建。“拙政”二字，取自晋朝《闲居赋》中的“孝乎惟孝，友于兄弟，此亦拙者之为政也”。体现了王御史归隐田园“笨拙的为人处世之道”和归隐田园之心。拙政园自建园 500 多年来，几度分合，以“私园”为始，曾做“金屋”藏娇，或是“王府”治所，留下了许多值得探寻的典故和遗迹。

苏州拙政园

拙政园全园分为东、中、西三个部分。东部山地相间，开阔疏朗，充满天然野趣。中部山光水影，花繁树茂，亭阁楼榭，曲径通幽，是全园的精华所在。西部水浪起伏，庭院错落，水波倒影，清幽恬静。东园面积 31 亩，以“归园田居”为主。该园包含四个景区，据记载有放眼亭、夹耳岗、啸月台、紫藤坞、杏花涧、竹香廊等诸胜。中园有涵青池，池北为主要建筑兰雪堂，兰雪堂周围以桂、梅、竹屏之；池南及池西，有缀云峰、联壁峰，峰下有洞，曰“小桃源”。步游入洞，如渔郎入桃源，桑麻鸡犬，别成世界。兰雪堂之西，梧桐参差，茂林修竹，溪涧环绕，为流觞曲水之意；北边系紫罗山、漾荡池；东边为荷花池，池中有林香楼。家田种秫，皆在望中。拙政园现有的景物大多为新建，重要的景点有秫香馆、松林草坪、芙蓉榭、天泉亭等。园的入口设在南端，经门廊、前院，过兰雪堂，即进入园内。园的东侧为面积旷阔的草坪，草坪西面堆有土山，山上有木构亭，山四周流水萦绕，岸柳低垂，间以石矶、立峰，临水建有水榭、曲桥。西北土阜上密植黑松，枫杨成林，林西为秫香馆（茶室）。再西有一道依墙的复廊，上有漏窗透景，又以洞门数处与中区相通。

苏州留园

2. 留园

留园位于江南古城苏州，以园内建筑布置精巧、奇石众多而闻名。留园原是明嘉靖年间太仆寺卿徐泰时的东园，后在清嘉庆年间，刘恕以故园改筑，名为寒碧山庄，又称刘园。同治年间盛旭人购得，修葺一新，取名留园。封建科举考试的最后一个状元俞樾作《留园游记》，称其为天下名园之冠。园内建筑的数量在苏州诸园中居冠，厅堂、走廊、粉墙、洞门等建筑与假山、水池、花木等组合成数十个大小不等的庭园小品。留园在空间上的突出处理，充分体现了古代造园家的高超技艺、卓越智慧和江南园林建筑的艺术风格和特点。园中有湖石峰十二，其中冠云峰最为突出。从布局上看，留园分为中区、东区、北区和西区四个主要部分，而以中区和东区为全园的精华所在。

中区山水兼具，是全园的精华所在。中区的东南地带开凿有水池，西北地带堆筑假山，建筑错落，是典型的南厅北水、隔水相望的江南宅院模式。东区以建筑取胜，重檐叠楼，曲院回廊，疏密相宜；奇峰秀石，引人入胜。北区有竹篱小屋，并有新辟盆景园，颇具乡村田园风味。西区是全园最高处，环境僻静，富有山林野趣，以假山为奇，土石相间，堆砌自然。冠云峰位于留园东部、林泉耆硕之馆以北，因其形又名观音峰，是苏州园林中著名的庭院置石之一，充分体现了太湖石“冠云峰瘦、漏、透、皱”的特点。

（三）寺庙园林

“山即是寺，寺即是山。”寺院园林是中国文化最理想的景观映射，身在其中，即身在山中，又心在物外，正是中国传统精神追求的大隐境界的表象。论其数量，寺庙园林比皇家园林、私家园林的总和还要多几百倍。寺庙园林集皇家园林和私家园林之所长，同时又突破两者选址的局限，广泛分布在自然环境优越的名山胜地，正可谓“可惜湖山天下好，十分风景属僧家”。寺庙园林优美的自然景色、独特的环境景观、完美结合的天然景观与人工景观令皇家园林和私家园林望尘莫及。

寺庙园林

五、中国园林的构成要素

耐人寻味的园林要素都是大自然的组合，中国自然天成的思想指导着园林构成，一园囊括天下景是造园人的审美追求。

（一）叠山

山是园林的骨架，在中国古典园林中，一个最重要的构成要素即为叠山。叠山也称“掇山”，指将山石堆叠成山的过程。叠山是造园技艺的精华之一，以模仿真山真水为主，受中国山水画的影响而具有深厚的文化内涵。

园林中的山可分为三类：土山、石山和孤立的石峰。土山平缓，适宜绿化，但不耐风雨冲刷，容易造成水土流失。在江南地区多用太湖石进行“叠山”。为了点缀园林庭

院中的空间，孤峰以其独特之姿，成为“点睛之笔”。苏州留园的冠云峰，上海豫园的玉玲珑和杭州的绉云峰都是著名的孤峰。

（二）理水

“山嵌水抱”，山以得水而活，水以得山而媚。山与水在园林构成中同等重要，山属阳，水属阴，以各种不同的水型，配合山石、花木和园林建筑来组景，为传统造园手法，也是园林工程的重要组成部分。人们在游园的过程中，或观赏景物在水中的倒影，或观赏水中各样的游鱼，或观赏水中莲花……可谓怡情养性。

园林的理水之法包括掩、隔、破。以建筑或植物绿化掩映池水边缘，造成“池水无边”或“水自来”的感觉是为掩。以步石、小桥等横断于水面，使水面产生“空远幽深”之感，是为隔。以大石、水生植物等置于水中，增加水面范围，产生“深邃风致”幻觉，是为破。

（二）植物

“山得草木而华”，植物是园林构成要素中最为重要的生命元素，以形、色、味、意表达园林的主旨，植物配置的结果直接影响到一个园林的功能发挥。“姿美”，指树的整体形态，树冠大小，树枝疏密，树皮质感，树叶颜色，都表现了自然之美。“色美”，指红色的枫叶，青绿的竹叶，白皮松斑驳的树干，白色的玉兰花，黄色的迎春花，等等，众多颜色构成了自然之美。“味美”，指四季常有绿，月月有花香。“意美”，指松柏象征长寿，莲花象征无暇，竹子象征高洁，牡丹象征富贵，等等，寓意深远。

（四）建筑

园林建筑物作为景点的一部分，既是景观，又可以用来观景，因此除去实用功能，对其还有美学方面的要求。楼、台、亭、阁、轩、馆、斋、榭，经过巧妙的构思，运用设计手法和技术处理，集功能、结构、艺术于一体，成为古朴典雅的建筑艺术品。人们常常用山水诗、山水画寄情山水，表达追求超脱与自然协调共生的思想和意境。古典园林中常常以楹联匾额、刻石、书法、文学、哲学、音乐等形式表达景观意境，从而使园林的构成要素富于内涵和景观厚度。

“亭者，停也，人所停集也。”亭作为园林建筑主要的构成之一，可用来休憩、遮阳、避雨，常与山、水、植物结合组景。

“廊”，可用来休息和遮阳防雨，并且具有分隔空间的功能。中国古典园林中最为著名的廊为颐和园的长廊。

“榭”，《园冶》中提到“榭，借也”，常建于水边或湖畔，借以成景。

“舫”，为水上建筑，用来衬托水景。

“轩与台”，轩是小巧玲珑、开敞精致的建筑物台。其特点是台基能保持其牢固，台面能保持其平坦，四周虚敞，结构稳重。特别是高台，不但可供人登临眺望，而且可供人披襟快意。

“楹联”，作为“画龙点睛”镌刻在于门柱上的对联，常起到怡情点景的作用。拙政园梧竹幽居，楹联为“爽借清风明借月，动观流水静观山”。

“匾额”，悬挂于门楣上的题字，突出主题，说明重点。

“刻石”，在山石上题字题诗，既苍劲又有力。

与中国五千年历史积淀一样，中国古典园林经历了万千岁月，留存下来的数量依然很多。中国园林秉承“虽由人作，宛自天开”的艺术原则，将建筑、书法、绘画、诗文、雕刻等艺术融为一体，在世界园林史上占有很重要的地位。

美学实践与思考

1. 搜集自己家乡的特色建筑或园林的资料，分析其中蕴含的传统艺术与现代风格。

2. 每个人心目中都有一个最好的居住环境，即使受现实所限无法实现，也可以尽量向它靠拢。请选择一套50平方米的一居室或者是100平方米的三居室，其他条件不限，设想一下你将为自己或家人打造一个怎样的居住环境。

参考文献

［1］张建. 大学美育［M］. 北京：高等教育出版社，2017.
［2］仇春霖. 大学美育［M］. 北京：高等教育出版社，2005.
［3］王德岩. 大学美育讲义［M］. 北京：清华大学出版社，2017.
［4］李泽厚. 美的历程［M］. 上海：上海三联书店，2009.
［5］朱光潜. 西方美学史［M］. 北京：人民文学出版社，2008.
［6］朱光潜. 美是一生的修行［M］. 北京：现代出版社，2019.
［7］宗白华. 美学散步［M］. 上海：上海人民出版社，1981.
［8］王一川. 大学美学［M］. 北京：高等教育出版社，2007.
［9］王一川. 大学美育［M］. 北京：北京师范大学出版社，2021.
［10］曾繁仁. 美育十五讲［M］. 北京：北京大学出版社，2012.
［11］杜卫. 高等美育教师手册［M］. 合肥：安徽教育出版社，2024.
［12］蒋勋. 美的沉思［M］. 长沙：湖南美术出版社，2014.
［13］郑为. 中国彩陶艺术［M］. 上海：上海人民出版社，1985.
［14］沈从文. 中国古代服饰研究［M］. 上海：上海书店出版社，2007.
［15］蔡元培. 美育与人生［M］. 杭州：浙江人民美术出版社，2024.
［16］韩林德. 石涛评传［M］. 南京：南京大学出版社，1998.
［17］高亨. 周易古经今注［M］. 北京：中华书局，1984.
［18］陈鼓应. 老子注释及评介［M］. 北京：中华书局，1984.
［19］陈鼓应. 庄子今注今译［M］. 北京：中华书局，2009.
［20］杨伯峻. 孟子译注［M］. 北京：中华书局，2008 .
［21］杨伯峻. 论语译注［M］. 北京：中华书局，2007.
［22］王川. 大学美育［M］. 北京：新华出版社，2021.